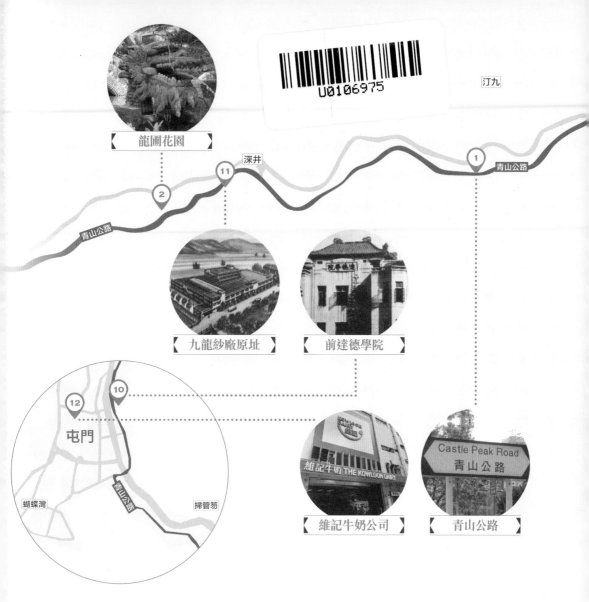

汀九

U0106975

龍圃花園

深井

青山公路

② ⑪ ① 青山公路

青山公路

九龍紗廠原址　前達德學院

⑫ ⑩

屯門

蝴蝶灣　青山公路　掃管笏

維記牛奶公司　青山公路

景點簡介地圖

青山依舊

① **青山公路**
屯門

② **龍圃花園**
青龍頭青山公路青龍頭段 32/42 號

③ **深水埗軍營原址**
麗閣邨、麗安邨及深水埗公園

扎根立業

④ **華南漂染廠原址**
青山公路荃灣段

⑤ **南聯實業有限公司原址**
葵涌和宜合道

⑥ **嘉頓中心**
深水埗青山道 58 號

安身立命

⑦ **上李屋邨原址**
深水埗順寧街

⑧ **石硤尾邨**
深水埗

⑨ **李鄭屋邨**
深水埗

④

荃灣

葵涌

南聯實業有限公司原址

⑤

金山郊野公園

石硤尾邨

荔景

青山公路

李鄭屋邨

華南漂染廠原址

美孚

青山道

⑨

⑦

長沙灣

③

⑥

⑧

深水埗

上李屋邨原址

深水埗軍營原址

大角咀

旺角

安於不安

⑩ **前達德學院**
屯門青山公路新墟段馬禮遜樓

⑪ **九龍紗廠原址**
青山公路深井段

⑫ **維記牛奶公司**
屯門新安街 7 號

嘉頓中心

主編

鄭宏泰　周文港

地道山青

火紅織染百業興

中華書局

封面圖片

1950 年代的青山道
鳴謝：許日彤

各部分插扉圖片

第一部分　青山依舊

攝於 1946 至 1947 年間的深水埗軍營
圖片來源：岑智明

第二部分　扎根立業

早期嘉頓青山道廠房
圖片來源：嘉頓有限公司

第三部分　安身立命

上李屋邨內的擴建大樓。攝於 1950 年代。
鳴謝：香港房屋協會

第四部分　安於不安

圖中為位於清水灣道的九龍維記牛奶公司牧場，現址為彩雲邨。攝於 1950 年代。
圖片來源：https://gwulo.com/media/44102
鳴謝：Daniela Ahwee（九龍維記牛奶公司創辦人陳伯維之曾孫女）

目錄

前言
向北望

粗略地說，第一次鴉片戰爭發生之後，殖民統治下的香港在不同時期的重要發展都因「向北望」——即向北方發展——而取得一浪接一浪的發展機會。1841 年，英軍登陸，開展了以進出口貿易為主軸的商業城市建設。初期，香港的發展步履蹣跚，後來因美國及澳洲發現金礦，興起了淘金潮，香港島以北的華南一帶華工南來，透過香港出洋，成為帶動香港發展的重要動力。

第二次鴉片戰爭之後，清廷割讓界限街以南九龍半島土地，標誌着另一次「向北望」。香港利用維多利亞港這個水深海闊的優良海港，發揮巨大商業效益，加上幅員增加，因此可逐步發展起來。

到了 1898 年，英國政府再次「向北望」，乘着日本在甲午戰爭挫敗滿清，對中國任意魚肉之時，強迫租借新界大片土地，令香港幅員及資源再一次擴大，不但人口及資源倍增，可以發揮的經濟協同效益亦同步跳升。

日後，無論是 1978 年後「改革開放」政策下的企業北移，資源、資本及資訊上可與中華大地結合，令香港可以更好地開拓海外市場；或是在 1997 年回歸之後繼續向北望，吸納內地紅籌、國企與各種各樣的

民營企業與人才到港，壯大本地商業、經濟與人口組成等，都令香港社會有了脫胎換骨的轉變，可見「向北望」與香港社會發展的緊密相連。

回到本講座系列的主題上，我們也沿着這個「向北望」的方向前進。起步時，我們聚焦荷李活道，了解早期華洋雜處與商業發展活力；其後登上半山電梯，鳥瞰不同街角發展歷程；接着回到文咸街，了解該區不同時期的商業脈搏；之後北望九龍，既檢視彌敦道的開山鑿路，又細味窩打老道如何在建設花園城市的計劃中衝出界限街，直通獅子山。

在 2022 年的講座中，我們再向北望，以連結九龍與新界的青山道為主題，探討那些發生在青山道旁的人與事，發思古之幽情，訴說當中難忘點滴。

不說不知，青山道又稱青山公路，乃香港其中一條最長的道路，其名稱源於青山（Castle Peak）。青山，海拔 583 公呎，位於屯門市西方，最早時被稱為屯門山，又稱杯渡山。「屯」是屯兵之意；「門」是海門的意思。屯門位於珠江出口處，具有重要地理價值，所以唐代官府曾駐兵屯門，視為南疆門戶，以防外侵。

後來，由於高僧杯渡禪師曾在屯門山修道，因而有杯渡山之稱；至於杯渡禪師居住的地方，後人稱為杯渡岩。五代時，南漢派駐的軍官陳延，曾鑄造杯渡禪師石像，為母祈福延壽，石像現時仍在青山寺後的杯渡岩上。隨着樹木多年生長，屯門山漸變得綠蔭處處，後來相信因此得青山之名。

英國租借新界後，據說有測量官員到了屯門山，從山頂岩石處遠眺，一望無際，看到的美景，猶如從歐洲城堡上遠望山巒般，於是將其命名為「Castle Peak」，意為城堡山，惟當地村民仍朗朗上口，喜歡以青山之名稱之。

1899 年，英國接管新界後，開始建設通往新界的道路，連結九龍。最早開闢的道路是大埔道，於 1912 年完成；而連接九龍與荃灣、屯門、元朗、上水等的道路，則要在 1911 年才動工，並定名為青山道。公路

最早的一段由粉嶺經上水、元朗至青山，於 1914 年完成；而由九龍深水埗經荔枝角、葵涌、荃灣而至青山的一段，則於 1920 年才完工。

隨着新界衛星城市的發展，到了 1970 年代，新界區的青山道改名為青山公路，只有在深水埗一段依舊沿用青山道本名。青山道雖已改名青山公路，但英文名稱卻沒改變。[1]

翻開香港公路地圖，不難看到，青山道是一條跨區弧形公路幹線，南端起自深水埗與欽州街及大埔道南段相交，一直向西延伸至荔枝角、美孚，出葵涌，抵荃灣，再取汀九、深井、青龍頭、小欖、掃管笏至屯門，接着北走經藍地、元朗，至新田，然後轉向東走，穿古洞，抵粉嶺的粉錦公路，與北區醫院相對。可以這樣說，整條青山公路把九龍西部與新界南部、西部和北部多個地區的許多新市鎮連接起來，對各區的經濟發展起着舉足輕重的作用。[2]

一如過去，本書由四個部分——「青山依舊」、「扎根立業」、「安身立命」、「安於不安」——組成，以多元立體的方式，展示青山道連結九龍、新界，推動城市發展的力量，同時細味圍繞這條大道的人情逸事及文化沉澱，訴說香港一路走來的不凡和傳奇。

對於上述講座系列能夠圓滿完成，而此書亦能夠出版，除了要鳴謝香港歷史博物館之外，更要向黃紹倫教授、梁元生教授、孫文彬博士、梁佳俊博士、許楨博士、王國璋博士和閻靖靖博士等表示由衷感謝，沒有他們一直給予寶貴意見、指正和協助，整個系列實在無法順利完成。我們要特別鳴謝研究助理李明珠小姐的全力籌辦、安排，以及出版時的用心校對。再者，俞亦彤小姐、蔡振華先生、黃碧珩小姐、張婉瑩小姐、盧諾希先生、胡凱嵐小姐、譚仲明先生、吳彥龍先生、郭芷淇小姐、黃莉莎女士及陳奕康先生對講座的支援，以及設計師黃希欣小姐設計的精美講座海報和地圖，我們同樣心存感激。此外，十分感謝政府檔案處歷史檔案館、香港天文台、香港房屋協會、英國國家檔案館、嶺南大學、恩光書院、龍圃花園、嘉頓有限公司、Gwulo.com、Hoard's Dairyman

Magazine、何世柱先生、岑智明先生、周薇薇女士、馬冠堯先生、高添強先生、許日彤先生、許楨博士、陳小琨先生、陳奕康先生、馮錦榮教授、葉永成先生、劉蜀永教授、蕭險峰先生、Heywood Family、Daniela Ahwee 女士、Brian Edgar 先生和 E. M. Ride 女士慷慨提供圖片，以及陳綺嫻女士和蔡利民博士協助校對。最後，更要感謝香港中文大學前副校長暨香港亞太研究所高級顧問張妙清教授、香港中文大學新聞與傳播學院教授暨香港亞太研究所所長馮應謙教授，以及嶺南大學校董會主席姚祖輝 BBS 太平紳士、嶺南大學潘蘇通滬港經濟政策研究所督導委員會委員關百豪博士、陳浩華博士、榮譽所長魏向東教授、所長何濼生教授等的大力支持，使本系列講座及出版得以成功舉辦和完成。

本書出版期間，儘管我們已經努力校訂和增補，礙於才疏學淺所限，難免可能出現一些糠秕錯漏，敬請各家專家、學者、相關家族及團體的後人和普羅讀者見諒。如蒙惠賜南針，請致函香港沙田香港中文大學利黃瑤璧樓五樓香港亞太研究所（或電郵 vzheng@cuhk.edu.hk）與宏泰，又或者致函香港大埔香港教育大學 A 座一樓校友及拓展事務處（或電郵 chowmankong@eduhk.hk）與文港聯絡。

鄭宏泰、周文港
二〇二四年五月

參考資料

滄海遺珠：〈道不同不相為謀：戰後初年新界公路變革〉，Medium 網站，擷取自 https://medium.com/ 滄海遺珠 -alternative-hk/1950s-nt-highways-df006f63588f（瀏覽日期：2024 年 4 月 17 日）。

1   爾東：《趣談新界街道》（香港：明報出版社，2006），頁 151-152。

2   樊桂英、牛汝辰、吳郁芬：《香港地名詞典》（北京：中國社會出版社，1999），頁 156。

作者簡介（按筆畫順序排名）

卜永堅

2007 年獲牛津大學東方研究院博士學位，2006 年起任教香港中文大學歷史系，研究領域涵蓋明清社會經濟史、法制史、區域史等，著有 *The Rise and Fall of a Public Debt Market in 16th-Century China*、《遊戲官場 —— 陞官圖與中國官制文化》等專書及學術論文若干篇。現任香港中文大學歷史系副教授。

岑智明

香港科技大學客席教授、香港天文台前台長，香港氣象學會前任會長。於 1986 年加入香港天文台，2011 年晉升為天文台台長，2020 年退休。自 1997 年開始在國際航空氣象事業上作出貢獻，積極參與「國際民用航空組織」和「世界氣象組織」的工作，並於 2010 至 2018 年獲選出任世界氣象組織航空氣象學委員會主席，是首位華人出任這個要職。熱愛研究天文氣象及歷史，近年參與出版《觀雲識天賞光影：有趣的雲和大氣光學現象》、《颱風解密：你也可以做天氣達人！》及《CMS 天文調查隊》，推廣氣象及天文科普。

周文港

現為香港教育大學協理副校長（大學拓展）。周博士在香港大學考獲經濟社會學哲學博士，並取得香港中文大學學位教師教育文憑、香港浸會大學一級榮譽文學士學位。過去曾擔任嶺南大學潘蘇通滬港經濟政策研究所副所長、中國經濟研究部副總監、STEAM 教育及研究中心總監。研究興趣包括中國區域經濟發展、內地與香港的經濟發展、應用公共政策、華人家族企業、「一帶一路」倡議、高等教育發展等，曾參與的研究報告達數十份，相關出版物十多本；並恒常應邀就中國區域經濟、高等教育發展等問題發表演講。

馬冠堯

退休工程師，廣東台山人，香港出生，香港歷史愛好者。畢業於香港浸會學院、蘇格蘭登地大學（University of Dundee）、香港大學工學院、香港城市大學社會科學院和香港大學文學院，著有《香港工程考》、《香港工程考 II》、《香港建築的前世今生》、《車水馬龍：香港戰前陸上交通》、《戰前香港電訊史》，及《港島北岸百年變遷》（與張順光合著）。

梁元生

1980 年獲加州大學（聖巴巴拉校區）博士學位，1992 年起任教香港中文大學歷史系，2004 年 4 月晉升歷史學講座教授，歷任系主任、文學院院長、崇基學院院長、中國文化研究所所長等職，研究領域涵蓋中國近現代史、城市史、儒學史、中國基督教史、海外華人史等，著有《林樂知在華事業與萬國公報》、《上海道台研究》、《晚清上海：一個城市的記憶》等專書及學術論文多篇。現任香港中文大學當代中國文化研究中

心主任，歷史系榮休教授。

莊玉惜

現任香港中文大學香港亞太研究所副研究員，香港大學社會學博士。研究興趣是政商及政社關係、公共衛生、小販政策，並著有 *Toilet as Business for the Hygiene of the Chinese Community in Colonial Hong Kong*、《有廁出租：政商共謀的殖民城市管治（1860–1920）》、《街邊有檔大牌檔》、《街邊有檔報紙檔》及《香港棉紡世家：識變，應變和求變》等。

許楨

倫敦政經學院社會科學碩士、香港大學亞洲研究中心博士，現任香港中文大學未來城市研究所管理委員會副主席、香港智明研究所研究總監。研究範疇包括：（一）城市學及土地經濟：法蘭克福學派及社會市場經濟（SOME）、地稅、老齡化社會、印太城市網絡；（二）國際關係：中美經貿關係、印太安全形勢、台港政黨發展及選舉政治；（三）中國歷史：中古史、北亞及中亞遊牧民族史、香港抗戰史。曾先後於中大全球政治經濟社會科學碩士課程、港大中國商業學院任教。政經社評論見諸：新華社、中國中央電視台（CCTV）、英國廣播公司（BBC）、美國有線電視新聞網（CNN）、德國之聲（Deutsche Welle）、法國國際廣播電台（RFI）、今日俄羅斯（RT）等媒體。

黃紹倫

香港大學社會學榮休教授、香港中文大學香港亞太研究所榮譽高級研究

員、香港中文大學中國文化研究所當代中國文化研究中心名譽高級研究員等。先後在香港大學及香港中文大學取得社會科學學士及碩士，之後負笈英國牛津大學，獲得文學碩士及哲學博士學位，曾擔任香港大學亞洲研究中心主任。除華人家族企業外，主要從事企業家精神、商業網絡、華人社會文化、移民現象、香港社會調查與分析、中國社會學的發展等研究。

劉蜀永

香港史專家，中國社會科學院近代史研究所研究員，嶺南大學香港與華南歷史研究部高級研究員，香港地方志中心副總編輯。主編、合著或獨著的著作有《二十世紀的香港》、《20 世紀的香港經濟》、《簡明香港史》、《香港史 —— 從遠古到九七》、《劉蜀永香港史文集》、《香港志·總述　大事記》、《港九大隊志》、《侯寶璋家族史》、《香港史讀本》、*An Outline History of Hong Kong* 等。

蔡利民

香港出生及長大，現任流星語音樂中心總監，同時為自由寫作人。香港大學社會學系社會科學學士、美國加州大學洛杉磯分校社會學系文學碩士、香港中文大學決策科學與企管經濟系哲學博士。在學院所受的訓練是社會學及研究方法，一直對香港及港人故事具有濃厚的興趣，著有散文集七本、委約專書《為您做足 100 分》（與江瓊珠合著）、地區專題《踏着回憶走過來 —— 從明華大廈開始》及歷史小説《消失的隧道》，另有「香港街角故事」系列之專題文章多篇。

鄭心靈

現為香港理工大學醫療及社會科學院康復治療科學系學生，自小受歷史與文化研究薰陶，好看相關書籍，對香港社會發展興趣濃厚，學業之餘，常協助相關研究。

鄭宏泰

現任香港中文大學香港亞太研究所副所長（執行）、社會與政治發展研究中心主任、全球中國研究計劃聯席召集人、中國文化研究所當代中國文化研究中心副主任、香港亞太研究所電話調查研究室總監。在香港大學先後考獲工商管理學士、哲學碩士及哲學博士學位，主要從事華人家族企業研究、企業家精神與社會網絡、華人社會變遷與身份認同、香港金融市場變革與發展、香港和澳門社會調查與分析，以及中國軟實力與「一帶一路」研究等。

蕭國健

珠海書院歷史研究所文學博士、珠海書院歷史研究所碩士、香江學院外國語文學系學士。歷任香港理工大學客座講師、香港中華文化促進中心香港史專題講師、廣東暨南大學客座教授。主要研究領域包括地方史、方志學、族譜學、明清史等，出版專著、發表論文數十種。現任香港珠海學院中國文學系榮休及兼任教授。

第一部分

青山依舊

青山公路：
歷史與文化

蕭國健

前言：青山公路建造之原因

　　1899 年，英國根據《展拓香港界址專條》接管深圳河以南、後被統稱為「新界」的土地，成為香港殖民管治地一部分。出於軍事佈防及發展新土地的需要，香港政府隨即為新界地區的交通基建進行規劃，其中包括興建連結新界各區及九龍市區的公路。繼大埔公路於 1902 年落成後，青山公路上水至青山（今屯門）段亦於 1914 年建成；青山至深水埗段則於 1920 年完工。此後大半個世紀，大埔公路與青山公路分別以東、西兩線，合組成為新界地區的舊環迴公路，也是連接九龍與新界僅有的兩條公路。[1]

一、青山公路之起點及終結點

　　青山公路與大埔公路的起點均位於深水埗桂林街交界處。青山公路沿新九龍（現九龍一部分）及新界西部向西北方而建，途經長

青山道與大埔道之交界處

沙灣、荔枝角、葵涌、荃灣、深井、小欖、屯門等地，繼而轉向東
北伸延，經洪水橋、元朗、米埔、古洞穿越新界北部的平原，直至
上水終結。過往青山公路可於上水再次連接大埔公路，通往新界東
部甚或返回九龍，惟現時大埔公路已縮短至林村，兩者不再在新界
的終點相連。[2]

荃錦公路

　　荃錦公路（Route Twisk）位於荃灣區和元朗區石崗之間，原是
駐港英軍的軍用道路，在 1950 年，駐港英軍為方便運送軍用車輛和
物資出入新界及進行防禦工事而建，後來英軍又在 1951 年 9 月起在
荃錦公路沿途闢建石崗軍營。1953 年 6 月 29 日，荃錦公路正式通
車，1961 年 5 月 25 日開放荃錦公路給公眾使用，但公路直至 1977
年 11 月 25 日才獲正式命名。[3]

青山公路上

青山公路全程共分為 22 段，位於九龍市區的一段中文稱為「青山道」，英文名稱同為「Castle Peak Road」，且不論中英一律不設地區分段；而位於新界的各路段均會附加地區後綴以作辨識，例如「青山公路—青山灣段」（Castle Peak Road — Castle Peak Bay）。

由於青山公路綿延甚長，又一直是傳統上的交通要道，因此坊間至今仍留有不同有關青山公路的別稱。葵涌段因位處葵涌道以上之山腰，所以俗稱「上路」；荃灣段至青山灣段，因位處屯門公路以下之海邊，俗稱「下路」；元朗段處於元朗市核心地帶，被稱為「元朗大馬路」，至今依然通用。[4]

青山公路之里程碑

昔日青山公路的起點，是當時九龍交通要衝尖沙咀碼頭。沿路使用里程碑，並刻有「青山公路 XX 咪」作為地址標示，代表該處與尖沙咀碼頭（經彌敦道）的距離。里程碑所示距離以「咪」（即 Mile，英里音譯）計算，尤見於由荃灣至屯門一帶之沿岸，如汀九是「青山公路 11 咪」，釣魚灣是「青山公路 13 咪」，青龍頭為「青山公路 14 咪」，舊咖啡灣、加多利灣是「青山公路 18¾ 咪」等。但由於缺乏保護，至今僅存數塊。[5]

早年新界沿路標誌性建築不多，市民往往以青山公路多少「咪」來表達所在地，成為青山公路的特點，有些甚至演變為地名。現存里程碑有「青山道 5 咪」，位於鐘山台南方約 100 米、呈祥道以北；「葵涌段 8 咪」，位於德士古道圓環公園，及「8½ 咪」，為荃灣中約、大河道，建於該處的中國染廠大廈商場有部分範圍於 2016 年翻新後，改名為「8 咪半」；「荃灣段 9 咪」，位於柴灣角，有一家以該里程數命名的餐廳；「汀九段 10 咪」，位於油柑頭；及「潭尾段 29 咪」，位於牛潭尾、竹園。[6]

青山道葵涌段 8 咪里程碑

中染大廈商場翻新後，改名為 8 咪半商場。

二、青山公路上之軍營

　　青山公路是傳統上來往新界西及九龍的必經要道。軍事方面，駐港英軍曾於深水埗設有深水埗軍營（現深水埗公園及麗閣邨一帶），於新咖啡灣沿岸有歌頓軍營及掃管軍營，及於上水設有天祥軍營（現北區醫院），掌握了青山公路與大埔公路由九龍起點至新界終點間的地帶，可見該公路早年的軍事重要性。[7]

歌頓軍營（1931–1997）

　　該軍營為香港屯門海岸防衛軍營，位於屯門區青山公路掃管笏近新咖啡灣，範圍包括屯門掃管笏及咖啡灣一帶，於 1931 年創立，稱哥頓軍營（Gordon Hard Camp），又稱下掃管軍營，以紀念英軍哥頓少將（Major-General Charles George Gordon, 1833–1885）

深水埗軍營界石

而命名。哥頓少將於 19 世紀中葉，曾協助清朝政府平定太平天國之亂，獲清廷賜贈提督銜，別號中國哥頓（戈登），其後於蘇丹（Sudan）之加登（Khartoum）殉難。「Hard」意為「清除船底（hull）所黏附之藤壺（barnacles）之地」，或為「岸邊防線」。

　　該軍營為步兵及海軍陸戰隊訓練營，由英女皇直屬喏喀工程兵團（Queen's Gurkha Engineers）駐守，分兩部分，中為青山公路分割，公路以北稱哥頓北軍營（Gordon Hard North），白色小屋「水谷」（Watervale）位於其面海之小丘上。公路以南稱哥頓南軍營（Gordon Hard South），營房多為單層半圓形鐵皮活動房屋（Nissen hut type single-storey building）。南軍營海濱處為哥頓船艇修理廠（Gordon Hard Boat Club），創立於 1940 至 1960 年代，有廁所及泳池，供守軍及軍眷使用。[8]

掃管軍營（1931-1994）

　　歌頓軍營之東部為掃管軍營（Perowne Barracks），是紀念曾駐守該地之喏喀旅長蘭斯洛寶隆少將（Major-General Lancelot Perowne of the Gurkhas Brigade）。該軍營又名寶隆軍營，毗連歌頓軍營，位處屯門區青山公路掃管笏近黃金海岸，至九逕山山腰；創立於 1931 年間，與歌頓軍營同為英女皇直屬喏喀工程兵團駐守。主建築上有巨大之交疊喏喀刀徽號，營內有可供直昇機起降之場地。後因興建屯門公路，分為南北兩部分。軍營於 1994 年停用，並交回香港政府管理。該營地曾供嶺南大學作臨時學生宿舍。營內仍存喏喀廟（Gurkha Temple，三級歷史建築）及 Kesarbahadur Hall（三級歷史建築），紀念 1945 年殉職之喏喀軍曹 Gurung Kesar Banadur。[9]

掃管軍營內的喏喀廟（三級歷史建築）

上述兩軍營皆已關閉，遺址已發展成為屋苑。

天祥軍營（1949–1976）

天祥軍營（Dodwell's Ridge Camp）位於上水丙崗，建於 1949 年，佔地約 17.5 英畝，有七十多座建築物，於 1977 年改建為皇家香港警察少年訓練學校（Royal Hong Kong Police Cadet School，簡稱 RHKPCS）的營地「天祥營」，1989 年結束。該地現為北區醫院，於 1998 年 11 月 14 日啟用。[10]

三、公路沿線之古村莊

因前清時，該地沿海地區治安不靖，入居者多於內陸立村定居，以避海盜之擾，著名有清快塘村、圓墩村、田夫仔、大欖涌、

掃管笏村等。其後，治安得到改善，始有深井村、青龍頭村及大欖涌胡屋等沿海村落之遷建。

清快塘村與深井村

荃灣清快塘村傅氏，原籍惠州府歸善縣，清乾隆年間，其祖昌榮公落擔清快塘村之地，開墾建村。其後人口眾多，族人遂分遷荃灣、屯門及深井等地。如今，該村大部分房屋已荒廢，只餘一家居民，村內祖祠亦已廢圮。惟距村前不遠之昌榮公祖墓仍存，族人於春秋間仍有前往祭祀。山下之深井村，因 1974 年開始建造荃屯高速公路，舊村遂被清拆，政府於路旁山坡處另建新深井村；新村路旁食店林立，且多以燒鵝見稱。

圓墩村與青龍頭村

清初，廣東省五華長樂鐵爐壩村之鍾麒麟公，舉家南遷廣東省新安縣官富司地，即新界南部濱海之地，初住七渡河。其時，以沿海寇患嚴重，鍾維前公遂遷今青龍頭村背後海拔約二百餘公尺高之山上，建圓墩村定居，以農耕為活。至清代中葉，海寇之患消除，鍾氏人口繁衍，遂分達才祖、廣仁祖及廷彩祖三大房，廷彩祖房分遷濱海處，建青龍頭村，以漁農為業，二村相距約 1,000 公尺。

田夫仔

田夫仔位於大欖郊野公園中心地帶，客籍蔡氏於清中葉間立村。

大欖涌村

大欖涌村之胡氏原籍廣東新安（今寶安）縣白芒花，清代中葉間，其祖妣因與族內兄弟失和，遂遷他處發展。出發前本欲掘出父母骸骨，攜往落擔地，再行安葬，以示孝行不忘本，惟於匆忙間，

只獲亡母靈骨。二人行數天後，抵今大欖涌之地，落擔蓋寮，拓地墾耕，以漁農為業，開村立業。因其只攜亡母骸骨遷葬，故至今該族只有太婆墓。自開基後，該族人口繁衍，子孫昌盛，分五大房，族人分遷八鄉馬鞍崗、大嶼山陰澳，及於濱海處另建大欖涌胡屋。

掃管笏村

掃管笏村以陳、李、程三姓居民為主，其中以陳姓人氏最多。陳姓祖籍江西，初移居廣東五華，300 年前遷入掃管笏定居。該村之李氏原籍福建上杭，北宋間遷廣東長樂（五華）；清初，維良公之長子鼎元與次子鼎漢二公始移居掃管笏村定居。最後復有程姓入住，隱入較近山窩處開發。[11]

戰後，不少外地人士沿青山公路旁定居開村，著名有小欖村、聯安新村、稔灣村及三聖墟等。

小欖村

小欖村鄰近掃管笏村，由掃管笏村分支而成，雜姓，屬新村。

聯安新村

聯安新村位大欖涌海旁，由大欖涌村非原居民蓋搭寮屋而成，雜姓，屬新建村。

稔灣村

稔灣村原位於后海灣畔，為客籍鄭氏所創建，村民以漁農為業，於近岸淺水處種蠔。該村於 1990 年代遷往黃金海岸嘉和里村現址。

三聖墟（邨）

1921 年，普濟會於青山灣麒麟崗上興建一座聖廟，名「三聖

廟」。時新界民政署長彭德（Kenneth M. A. Barnett，任期 1954–1958）以該廟甚具特色，遂將該地易名為「三聖墟」。1950 年代，遷至屯門灣之漁民在碼頭附近搭建棚屋，出售漁獲，逐漸成為屯門海鮮集中地之三聖墟。1976 年，政府進行青山灣填海工程，清拆三聖村。村民遂被遷往老鼠洲徙置區及新興建之三聖邨。歷多年發展，三聖邨一帶已開設不少海鮮飯店，形成「海鮮街」。

四、公路沿線之名廈

龍圃花園

　　龍圃花園（Dragon Garden），或稱龍圃別墅，簡稱龍圃，是一座具有特色及歷史價值之私人大宅，位於新界深井青龍頭青山公路旁，佔地約 8.5 公頃。大宅由「西餅皇后」李曾超群之已故家翁李耀祥博士於 1948 年購買青山公路旁邊地段，為慶祝李耀祥夫婦結婚 50 周年紀念所建造，更特意邀請首名於美國賓夕凡尼亞大學留學之華人建築師朱彬設計。[12]

龍圃花園

　　該花園建築糅合中式傳統園林設計，及西式建築文化元素之特色。裝飾以龍為主題，園林式大宅外有城牆，其內裝飾以龍為主題，內有二十多座參考宮廷風格的建築，大量運用磁磚及馬賽克；其依山而建之亭台樓閣，及全港最大之羅漢松林，構成一個獨特之園景。花園頂部建有李公陵墓。大宅可遠眺龍鼓水道及青馬大橋，景色優美。

　　1960 至 1980 年代，龍圃曾長期向公眾及遊客開放，亦曾開放游泳池予學生使用。1974 年，占士邦電影《鐵金剛大戰金槍客》以及李小龍電影之《龍爭虎鬥》，皆曾在此取景拍攝，[13] 租借費用則捐作慈善之用。

　　2006 年，李耀祥部分後人欲將大宅出售重建，惟最後放棄。同年被古物古蹟辦事處列為二級歷史建築，並於 2011 年 10 月 24 日確定評級。2016 至 2021 年，龍圃花園由基督教院校恩光書院管理並作為其郊區校園，並「提供公眾和學生有關價值及文化教育，紀念李耀祥博士生命，怎樣啟迪同學面對自己的時代」。[14]

紅樓

　　紅樓（Pink Villa）位於深井嘉頓對面山頭上，建於 1950 年。現為救世軍營地。

白樓

　　白樓位於深井青山公路對面，1930 年代建造，為印裔商人律敦治當年開設香港啤酒廠時所建；其後賣予政府，用作財政司官邸。回歸後，改建為機場核心計劃展覽中心。

「水谷」（Watervale）

　　新咖啡灣畔背後陸地，為一廣闊谷地，中有一小溪自山上流入

海中。溪畔近海處有一小丘，英文名為 Watervale（中譯「水谷」），上有白色小屋名為 Watervale House。1933 年 1 月 12 日，一位出入口公司經理屋大維·亞瑟·史勿夫（Mr. Octavius Arthur Smith）購入該處作私人住宅。1935 年 9 月，馮銳（Edmund E. Vong, 1899–1936）以港幣二萬元購買此屋。

　　馮銳，又名馮梯霞，出生於廣州，曾往南京就學，獲留美獎學金，前往美國康乃爾大學（Cornell University）深造。他在 1924 年畢業，獲農業科學博士（Ph.D. in Agricultural Sciences）。畢業後，曾於美國農業部工作，繼往歐洲考察農務，回國後從事教育及研究工作。1931 年 11 月，馮銳任廣東省農林局長，積極運用科學方法種植甘蔗及提煉蔗糖，在其領導下，中國首間現代蔗糖生產工場於廣東省成立，因此被譽為「嶺南糖業先驅」及「中國現代糖業之父」。馮氏居廣州東山，惟因工作間中需前來香港，故於屯門新咖啡灣畔營建居所，與妻子陳昭宇（Sophia Chen Chou-yu）及兩女

已改建為機場核心計劃展覽中心的白樓

兒停居。1936 年夏，因廣東政治形勢改變，馮氏避亂南遷香港，寓居「水谷」。是年 9 月，馮氏卒，年三十餘。馮氏卒後，商人謝國柱（Kuo-chu Hsieh）購入該地營居。謝氏經營中國海外蛋類包裝公司（Chinese Overseas Egg Packing Company），亦為中國腸衣公司（China Casing Company）公司經理。

1949 年中華人民共和國成立，港府為增強香港地區防務，遂於屯門地區增闢軍營，1949 年 7 至 10 月，港英軍部多次徵用該地，作為軍營用途。1950 年 3 月，駐守該地之英軍人數日增，同時，謝氏以「水谷」面積狹小，不敷應用為由，將其租予港英軍部，月租港幣 670 元。1959 年，軍部購入該地，用作軍營之軍官會所（Officers' Mess）。1994 年軍營關閉，營地交還政府。「水谷」建築物獲原貌保留，古物諮詢委員會評定為二級歷史建築，擬作活化應用。

該建築分主樓及副樓兩部分：主樓為單層高建築，各立面皆有不同建築設計，主要立面向海與山坡，正立面朝南，具 L 形平面及特色窗台。外牆有特色飾面，古典鋼窗，垂直流線型角線壁柱及飛簷等，屬西方古典建築風格。大廳保留壁爐與煙囪，及拱門佈局，別具簡單之古典建築特色。副樓高兩層，用作宿舍。[15]

容龍別墅

容龍別墅位於青山公路 19 咪，近青山灣咖啡灣，舊為一所度假別墅，1939 建成。該別墅面臨大海，風景優美，設有酒店、露天茶座、游泳池、小型動物園，是香港人舊日旅遊名勝，遊客可於該處游泳及打麻雀。1950 至 1960 年代，別墅以露天茶座為主，不少粵語片包括《情海茫茫》（1965，謝賢、羅蘭主演）、《金屋雙嬌》（1963）等曾取景於此，該地且為明星拍拖聖地。該別墅於 1989 年拆卸，1991 年改建成容龍居，1993 年開設容龍酒家。[16]

嘉多利（嘉道理）別墅

加多利灣又稱嘉道理灣，位於青山公路青山灣段青碧街盡頭，該灣為一小海灣，1940 年代建有嘉多利（嘉道理）別墅及青山灣碼頭，該海灣及碼頭以香港望族嘉道理家族命名。

嘉道理家族為巴格達米茲拉希猶太族裔，先世居印度孟買。早期在上海經營酒店，1866 年（清咸豐五年）創辦香港上海大酒店有限公司，1886 年（清光緒六年），老嘉道理攜兩子伊里士・嘉道理（Ellis Kadoorie, 1865-1922）及艾利・嘉道理（Elly Kadoorie, 1867-1944）抵達香港。20 世紀初，建成九龍鶴園街電廠，主要供電給半島酒店。1917 年，伊里士・嘉道理獲英國封贈爵士，1922 年心臟病突發逝世。艾利・嘉道理於 1926 年獲贈 KBE 勳銜，1944 年逝世。伊里士・嘉道理終生未娶，家族財產由艾利・嘉道理的兒子羅蘭士・嘉道理（Lawrence Kadoorie, 1899-1993）及賀理士・嘉道理（Horace Kadoorie, 1902-1995）繼承。

1899 年（光緒二十五年），羅蘭士・嘉道理出生於香港半山區羅便臣道，除經營能源工業外，亦經營地產、船務、工程、建築、酒店等。因長袖善舞，躍居世界級富豪，曾是香港首富，擁有物業無數。1917 年，被英皇室冊封為勳爵，並獲多國最高榮譽勳銜，且曾獲鄧小平接見。其弟賀理士・嘉道理於 1902 年出生於英國，曾因創立嘉道理農業試驗推廣農場、嘉道理農業輔助會及嘉道理農業貸款基金會，而獲頒 OBE 勳銜。[17]

該灣名加多利灣，以該處有嘉多利別墅而得名。該別墅後園臨海部分，四周有圍網與加多利海灘分隔。其旁舊有之碼頭，於 2001 年政府已將之拆卸，另建有蓋之新碼頭。其旁面海之岩石上，仍存古炮兩門，可供欣賞。

該兩門古炮均為西洋前膛鐵炮，24 磅及 32 磅炮各一門，右首炮身上無銘文可供研究。左首一門有皇冠標誌，及「BP」字樣，皇

位於加多利灣的古炮

冠標誌顯示該炮經英國皇家軍械廠檢定，BP 全名為 Bailey Pegg & Co.（貝利佩克公司），可證該炮為 19 世紀中葉英政府鑄造之大炮。炮身上應有粗箭頭陰紋徽號，為驗炮之證明，顯示該炮經政府官方驗明合格可用。炮之編號、炮重及出廠年份，惜皆剝落模糊不清，未能加以研究。

　　近年，小欖至三聖段之公路已被擴闊，沿途且有不少新型屋苑落成。

五、公路沿線之廟宇

青龍頭天后宮、金花廟、觀音廟

　　青龍頭村位於新界之南岸，東為深井村，西為大欖涌村，該村濱海處有一凸出石角，石角之東為青龍灣，角西有一長形闊的大海灣，沙白且幼，古名白沙灣，青龍頭村建於灣畔。

位於青山道青龍頭段路旁，有天后宮、金花廟、觀音廟三廟宇並排，該排廟宇本建於濱海處，現在廟前已建公路，路面較廟址高，且廟周圍遍植樹木，故廟被遮蔽。入口處為牌坊，位正中者為天后宮，門旁聯云：「德配玄穹，永垂恩蔭；坤承無極，廣被昭靈。」該聯為光緒十四年（戊子年，1888 年）順德張壽崑所撰書。其旁為觀音廟（舊稱貞烈祠）及金花廟，三廟內有橫門相通。

天后宮內有一銅鐘，上鑄「光緒戊子季夏吉日，省港恒順鮀渡敬立」字樣，是該年重修時所致送。廟內壁上嵌有清光緒十四年（1888 年）重修該廟時所刻之「重建白沙灣天后宮碑銘」，文云：

　　嘗稽天后坤德，維烈海宇，昭垂母儀，英哲眉壽，配乾心旌，護國降福，華夷多祐；閭閻萬古蒸嘗，以亨以潔，聿修宮宇，神其戾撫，惠我無疆，此邦永祐，以經以營，畫棟絹薨，敬恭神德，通觀厥成，土宇峨峨，庇民孔多，釐我士女，來遊來謂，后尸燕傾，饗格靈阿。今上御丁亥秋吉，凡我官商，咸策群力，廟貌是新，官牆閨飾，毀瓦悉更，畫塈重拭，時維秋令，鳩工告竣，迨其吉今，神人共慶，其神維何，天之后聖，其地維何，白沙佳境，溯迴曩昔，波臣雪劇，風伯為威，榱題狼藉，土人潛商，莫敢迫遑，伐彼松柏，翦彼苞桑，是修是葺，草草斯張，今也不然，翬飛煥群，朱旛擁殿，翠仗當筵，一方壯麗，后座華妍，新廟奕奕，膏澤綿綿，俾爾商而致富，俾爾言而喬遷；河之清矣，昔不如今，海之晏矣，神其后歟。勒銘金石，文仿碑陰，千萬斯年，神德垂葆；執事有格，神悅人欽；芳名附勒，濟濟如林。
　　　　潯陽香海劉錫棠敬撰。省城正興街泗源劉深高刻字。
　　　　值理張壽崑、陳經民、林毓芬、梁鴻達、葉森、劉國祥。

觀該碑文意，可見當時該廟香火原甚盛。

金花廟內祀奉金花夫人，兩旁配祀十二奶娘。廟內之銅鐘上鑄「凷，嘉慶二十四年（作者按：1819年）仲春吉旦，萬聚爐造」。

觀音廟舊稱貞烈祠，內祀觀音慈航及當年太歲。原日供奉之「皇清待旌貞節烈女之神位」，則已移置廟後之「皇清待旌貞女墓」旁。

皇清待旌貞女墓

觀音廟後有一清同治九年（庚午年，1870年）所建之貞女墓，墓碑上刻「皇清待旌貞女墓」。左旁文云：

> 同治庚午夏辰，林分尹一鶴，書以汪藩參履仁，為貞女徵詩啟，來屬淦為納擴之文。淦素不文，焉敢贅詞，然以貞女大節，又不願辭，謹將其大槩誌之。貞女姓氏不知，里居莫辨，傳聞墜奸人術，逼作青樓妓，矢志一死以全其夫，遂葬魚腹。於同治庚午六月廿二日，其靈不滅，浮屍於汲水門前，于役諸公，異於岸旁，謀葬焉。嗚呼！貞女一弱女子耳，其正氣凜然，橫行天地間，有鬚眉者，對之抱愧多矣。非巾幗中烈丈夫，焉能若是哉？茲以同治九年六月廿三日，葬貞女於白沙灣之兆，淦再拜為銘，銘曰：光爭日月，女之烈兮，志凜霜冰，女之貞兮，既烈且貞，待褒旌兮。

右旁刻字為：

> 廣東補用分府鄒印淦謹泐，委員廣東補用巡政廳林印一鶴、幫辦廣東補用藩參軍汪印履仁、坐辦汲水門洋藥釐務廣東補用分府周印書中、幫辦廣東補用縣左堂孫印椿國、惠州府歸善縣廩生李印德儀等同立。同治九年歲次庚午季夏吉旦。

觀碑文所載，可見墓中人之貞烈，雖為奸人所迫，仍能以一死

而存其節，故得官方為之立墓，並待褒旌。

大欖角天后古廟

　　大欖角天后古廟，位於大欖涌村口青山道旁，規模甚小，面海而立。該廟由大欖涌村胡氏所創建，其創建年份難考，清同治十年（1871 年）及 1955 年重修，2007 年重建，獲今貌。

　　該廟為單間式建築，門額「天后古廟」，門聯云：「天德巍峩長庇祐，后恩浩蕩永扶持。」廟內中奉天后神位，神龕上懸「大欖涌村天后元君」布帷，為民國六十七年（戊午年，1978 年）時所上，龕旁聯云：「慈航善渡風波靜，聖德馨音俎豆新。」神位前為拜桌。

　　廟內並無銅鐘、銅鼎、香爐等物可供研究；惟於左壁上嵌有民國四十四年（乙未年，1955 年）重修大欖涌天后廟引言，文云：

　　　　蓋聞神恩廣大，濟萬物以咸亨，廟宇維新，垂千秋之壯麗，物隨時進，神與人同；興安居則威靈顯赫，長處樂則恩澤宏施。大欖涌前天后古廟，本屬巍峩古式，惟因年煙日久，雨打風搖，棟樑將傾，廟宇成欲塌之象，進香者有危險之虞。茲欲修葺，賴眾力而易為，願善長樂解豐囊，盼仁翁共勷義舉；樂捐者多多益善，好善者小小無拘。眾擎乃能易舉，集腋方可成裘；俾得指日興工，崇朝告竣；他日廟貌一新，神恩普濟，善男信女，福有攸歸，仁人君子，功垂不朽，是為引。後起人；趙聿修、李培、胡福、胡連、胡培光、胡生、胡敬業、胡宏庭、胡鴻展、李奇文、胡少明、胡丁發、胡愛、黃福、胡容利、黃錫記、胡樹南。重修於民國乙未年十二月二十六日立。

掃管笏村天后古廟

　　掃管笏村天后古廟位於屯門東南部掃管笏村，為掃管笏村之主

廟，毗鄰桂馥堂陳氏宗祠，建於清朝初年，為附近青龍頭及屯門之鄉民集資興建，現址為 1990 年代重建。該廟為兩進三間式建築，門額「天后古廟」為辛未年（1991 年）重修時立，神壇正中供奉天后坐像，其前旁立千里眼及順風耳兩護衛神像。[18]

掃管笏關帝古廟

青山公路與掃管笏村路交界旁，有關帝古廟，該廟面朝青山公路及青山灣，廟道入口旁，有佛號石碑一塊，相信該處常有交通意外。該廟名關聖帝宮，建於清朝初年，為陳、李、程三姓村民所建，清光緒二十四年（1898 年）重修一次。現址為 1990 年代擴建青山公路時重建，廟門石額「關聖帝宮」上刻有「庚午年」（1990 年）及「大眾重修」字樣，門聯「名垂千古英雄氣，忠超日月義雲天」，為毗連之黃金地產題贈。廟為綠瓦頂單間中式建築，神壇正中為關公像，旁立為其子關平及護將周倉。[19]

掃管灘天后古廟

位於屯門青山公路掃管笏段，有掃管灘天后古廟，該廟原坐落在海灘邊，始建年份無考，相傳創建於清朝初年，為陳、李、程三姓村民所建。1980 年代擴建青山公路時，將古廟納入黃金海岸歐陸式建築群內，1992 年重建落成。該廟為綠瓦頂單間中式建築，廟內主祀天后，配祀神農。[20]

青山三洲媽廟

青山三洲媽廟，原位麒麟崗，1967 年創建。據云：廟內天后神像原供奉於國內台山上川島三洲塘，1951 年，當地駐軍徵用該廟為營房，廟遂關閉，神像被棄，幸為漁民梁勝利收獲，並於其艇上供奉。1967 年，經於天后像前卜杯請示，獲天后首肯，於麒麟崗下海

青山三洲媽廟

濱，建廟供奉，其後該地填海清拆，廟遂安置於三聖邨對面。1987
年獲政府撥地，於原址重建，同年 7 月開光。廟內有 1996 年立碑記
可考。該廟為單間式建築，門額木刻「青山三洲媽廟」，門聯「三洲
揚聖域，媽廟蔭屯門」，廟內供奉天后、龍母、太歲、關帝、黃大
仙、太白金星、佛祖、老子及孔子等神位。[21]

三聖廟

　　三聖廟，本稱聖廟，位麒麟崗公園旁小山上，建於 1921 年，由
李法文法師與普濟會及港九船塢業人士集資興建，1997 年 8 月 26 日
獲評定為二級歷史建築。該廟因供奉孔子（儒家聖人）、釋迦牟尼
（佛祖）及老子（道教聖人）三位聖人而命名。相傳建廟覓地時發現
一石洞，洞藏一尊銅麒麟像。故稱立廟之地為麒麟洞，附近小山崗
為麒麟崗。

三聖廟

　　該廟為三進三間式建築，門額「聖廟」，兩旁對聯：「智仁勇三德，儒釋道一家。」正門對出建有「九宮八卦魚池」，魚池底部佈下了八卦法陣。據稱，此法陣匯聚天地靈氣，不少在此許願的善信都覺得非常靈驗。廟內設有佛祖殿、十大仙殿、觀音殿、紫微殿、三聖殿、太歲殿、福德祠、祖師堂及孝思堂。[22]

六、公路沿線之海浴勝地

　　青山公路之汀九段至屯門間，沿海為一長而廣闊之海灣，內有不少適合泳客游泳之海灘。該等泳灘均屬康樂及文化事務署管轄，提供救生員服務及其他康樂設施，包括公眾燒烤場、兒童遊樂場及快餐亭等。其著名的有：汀九灣泳灘（11¾咪）、麗都灣泳灘、海美

青山灣泳灘

灣泳灘、釣魚灣泳灘（13 咪）、青龍頭公眾小泳灘、小欖泳灘、黃
金泳灘（18 咪半）、黃金海岸酒店、舊咖啡灣泳灘、新咖啡灣泳灘、
加多利灣泳灘（18¾ 咪）及青山灣泳灘（19 咪）等。

結語

　　青山公路自 20 世紀初建成後，已成為九龍與屯門兩地之主要交
通幹線，惟因屯門新市鎮之發展，該地人口激增，該公路漸感不敷
應用，故於 20 世紀末在公路旁較高處，增建屯門（高速）公路，連
接九龍與屯門，以舒緩青山公路之擠迫交通。

　　近年，青山公路沿線兩旁已發展，並建有多座低密度屋苑。隨
着該地人口日漸增加，該公路日後想必恢復繁忙。

本文圖片提供及鳴謝：陳奕康（攝於 2023 年）

注 釋

1　〈青山公路〉，維基百科網站，擷取自 https://zh.wikipedia.org/wiki/ 青山公路（瀏覽日期：2024 年 5 月 10 日）。

2　同上。

3　〈荃錦公路〉，維基百科網站，擷取自 https://zh.wikipedia.org/wiki/ 荃錦公路（瀏覽日期：2024 年 5 月 10 日）。

4　〈青山公路〉，維基百科網站，擷取自 https://zh.wikipedia.org/wiki/ 青山公路（瀏覽日期：2024 年 5 月 10 日）。

5　同上。

6　同上。

7　同上。

8　蕭國健：〈咖啡灣畔掃管軍營與駐港啹喀兵〉，《紫荊雜誌》，2018 年 1 月。

9　同上。

10　〈天祥軍營〉，維基百科網站，擷取自 https://zh.wikipedia.org/wiki/ 天祥軍營（瀏覽日期：2024 年 5 月 10 日）。

11　〈青山灣畔之掃管笏村〉，《紫荊雜誌》，2017 年 12 月。

12　〈龍圃花園〉，維基百科網站，擷取自 https://zh.wikipedia.org/wiki/ 龍圃花園（瀏覽日期：2024 年 5 月 10 日）。

13　同上。

14　〈恩光書院與龍圃花園完成了五年合作〉，恩光書院網站，2021 年 4 月 13 日，擷取自 https://www.lumina.edu.hk/post/lumina-college-fulfills-five-year-partnership-with-dragon-garden?lang=zh（瀏覽日期：2024 年 5 月 10 日）。

15　發展局：〈屯門區議會：前哥頓軍營 Watervale House 活化項目〉，2016 年 8 月，頁 1–2，屯門區議會網站，擷取自 https://www.districtcouncils.gov.hk/tm/doc/2016_2019/tc/dc_meetings_doc/9752/dc_2016_026.pdf（瀏覽日期：2024 年 5 月 10 日）。

16　〈容龍別墅〉，維基百科網站，https://zh.wikipedia.org/wiki/ 容龍別墅（瀏覽日期：2024 年 5 月 10 日）。

17　蕭國健：《簡明香港近代史》（香港：三聯書店，2013），頁 167。

18　〈青山灣畔之掃管笏村〉。

19　同上。

20　同上。

21　〈青山灣三聖廟巨石顯靈傳說〉，《紫荊雜誌》，2019 年 1 月。

22　同上。

青山道上的香江傳奇：
李耀祥與龍圃[1]

梁元生、卜永堅

前言

　　李耀祥（1896-1976）為香港著名商人和慈善家，他在青山道建造的龍圃，集私家花園、社交平台、家族墓園於一身，由中國近代著名建築師朱彬設計，李耀祥親自監造，始建於 1948 年，完成於 1960 年代末，前後將近二十年，是迄今為止香港最大的私人花園別墅之一。[2] 自 2006 年，龍圃被香港特區政府古物古蹟辦事處列為二級歷史建築。[3] 學術界對於龍圃已有相當的關注和研究，[4] 本文在前人研究的基礎上，進一步分析龍圃的歷史和意義。

一、龍圃之興建

　　龍圃數座主要建築均由「基泰工程司」的朱彬設計。該公司於中國近代建築史上著名的原因，在於它是由中國人開設的建築設計公司，而其英文名稱「Kwan, Chu and Yang Architects and

青龍頭噴泉

Engineers」，更披露了該公司的人物信息。Kwan 即關頌聲（Kwan Sung Sing），Chu 即朱彬（Chu Pin），Yang 即楊廷寶（Yang Ting Pao），三人都留學美國，學成歸國，用今天的話來說就是「海歸」。關頌聲，祖籍廣東，落戶天津，畢業於美國麻省理工學院建築學系，1921 年回國，在天津租界開設建築設計公司。當時，天津租界工部局（即天津租界的管理當局）一般只發建築設計公司的經營牌照予西方人士。由於關頌聲畢業於美國，擁有美國建築學學位，得到天津租界工部局認可，因此成為首個在西方租界開設建築設計公司的中國人，堪稱創舉。朱彬、楊廷寶分別在 1924 年、1927 年畢業於美國賓夕凡尼亞大學，回國後加入關頌聲的基泰工程司。關頌聲留學美國時認識了宋子文、宋美齡兄妹，因此之故，與國民黨關係頗為密切。1927 年，蔣介石北伐成功，關頌聲將基泰工程司總部

從天津遷往南京。十年後抗戰軍興，關頌聲也追隨着，並於 1938 年將基泰工程司遷至重慶。[5]

　　基泰工程司成立之後，在相當長的一段時間內，是中國人開設的最大型建築設計公司。1930 年落成之南京中央體育場田徑場和京奉鐵路瀋陽總站、1933 年落成之南京中央醫院、1935 年落成之南京國民黨黨史陳列館、1936 年落成之上海大新公司、1938 年落成之成都四川大學圖書館，都是該公司手筆。關頌聲於 1941 年離開該公司，張鎛遂以董事身份在華北淪陷區繼續經營。1945 年，日本投降，抗戰勝利，張鎛將基泰工程司於 1948 年遷至香港，朱彬也於 1949 年來港，負責該公司在港業務。[6]

　　朱彬是廣東南海人，1896 年生，1918 年畢業於清華大學，留學美國賓夕凡尼亞大學，1923 年取得建築學碩士學位。朱留學美國期間結識梁思成、關頌聲等，1924 年回國，娶關頌聲二妹為妻，也加入了關頌聲的基泰工程司。朱彬早年的建築設計項目包括北京 1927 年落成之大陸銀行、天津 1928 年落成之中原公司等，其工作態度嚴謹認真，建築設計風格以新古典主義和現代主義為主。朱彬在 1949 年來港，同年取得香港建築師牌照，翌年成為中國建築師學會註冊會員，1965 年成為香港建築師學會註冊會員。朱彬在香港完成了四十多個建築設計項目，包括 1954 年落成之萬宜大廈，1958 年落成之德成大廈，1961 年落成之陸海通大廈、萬國殯儀館，1962 年落成之東亞銀行旺角大廈、英華書院、聖馬可中學、基督教深井靈光小學、赤柱聖士提反女校小學及幼稚園（當時稱為 Henrietta School），1963 年落成之先施保險大廈，1966 年落成之香港宣教會恩磐堂等等。朱彬在 1970 年退休，翌年逝世，享年 75 歲。[7]

　　值得一提的是，朱彬經手的三個建築設計項目：萬宜大廈、陸海通大廈和東亞銀行旺角大廈，都是由李耀祥的李耀記負責其潔具及管道工程，[8] 可見李耀祥與朱彬頗有交情。這也不奇怪，因為李耀記

負責建築物的潔具和管道工程，與建築師形成長期合作夥伴關係是很正常的。但李耀祥、朱彬兩位是如何認識？據李耀記僱員余標回憶，李耀祥於某年的北京之行認識了朱彬，並委託基泰工程司負責龍圃數座建築的設計。可惜有關李耀祥和朱彬之間的交往，筆者找不到更多資料。無論如何，朱彬在龍圃設計的建築有三座：逸亭、陵墓、金禧閣。[9]這三座建築也是龍圃最重要的建築，因此說龍圃是朱彬設計，並不為過。有關龍圃自 1948 年以來的歷史演變，詳見下表。

龍圃大事年表

年份	大事
1948	李耀祥購置龍圃所在的地段，開始興建龍圃。
1949	向港府提交圖則（俗稱「入則」或「入積」），申請興建更衣室。
1950	游泳池落成。
1954	員工宿舍建成，向港府提交圖則，申請興建逸亭。
1955	逸亭落成。
1957–1958	噴泉、游泳池、更衣室、觀音洞、宋亭、正門落成。
1959	向港府提交圖則，申請興建墓園。
1961	向港府提交圖則，申請興建知樂亭。
1962	知樂亭落成。
1963	墓園的碑亭、牌樓、壽堂落成。
1968	金禧閣落成。
1970	碑亭內安放〈李耀祥博士事略〉碑。
1971	向港府提交圖則，申請在墓園內興建一對小亭子。

（續上表）

年份	大事
1972	墓園內之一對小亭子落成。
1976	李耀祥逝世。
1999	颱風引發山泥傾瀉，破壞龍圃部分結構。
2004–2005	龍圃沿青山公路的一部分因道路改善工程而拆去。
2006	李耀祥及夫人陳月瓊的遺骸由後人移走，圓拱形陵墓亦移平。龍圃被港府評為二級文物。

資料來源：Ho, P. P., Leung, Y. S., Kenward Consulting, Nicolson, K., et al., "Conservation Study of Dragon Garden at Tsing Lung Tau," (unpublished research report, Hong Kong: Chinese Heritage Architecture Unit, Department of Architecture, The Chinese University of Hong Kong, 2007), 43–44. 另參考李耀祥生平資料。

二、龍圃之建築格局

龍圃位於今天香港新界西的青龍頭青山公路深井段 42 號，面積達三十多萬平方呎，相當於半個維多利亞公園。內有四十九棵高大的羅漢松，是香港最大的羅漢松林。由山腳而上，二十多座建築分佈於中軸線上。[10] 具體而言，龍圃的建築格局可分成四區：

1. 最靠近南正門的游泳池及更衣室，位於龍圃的西南角；

2. 龍圃中央的金禧閣、逸亭。金禧閣是李耀祥為慶祝 1967 年與太太金婚紀念而建；

3. 龍圃最高處的墓園，包括牌樓、壽堂、碑亭、陵墓各一座，小亭子一對；及

4. 散處龍圃四周的亭台樓閣。[11]

游泳池及更衣室

從南面的正門進入龍圃，首先看見的建築就是游泳池與更衣室。游泳池四周分別有更衣室、觀音洞、龍圃中軸線上的台地和匯集山上溪水的池塘。游泳池長 22.9 米，寬 10.7 米，靠近青山公路的一端較深，鋪上正方形及六角形的馬賽克瓦片。更衣室高一層，包括休憩室、廚房、員工室各一間，男女廁各兩間，更衣室右方還有一個儲物室。更衣室有寬敞的棚架（canopy），方便遮陰；窗口特大，令室內光線充足。觀音洞的設計頗為巧妙，洞頂是龍圃中軸線台地的一部分，連接逸亭。觀音洞由一對蟠龍紅柱支撐，正中為坐蓮觀音塑像，其右為善財童子塑像，其左為龍女塑像，座下有靈龜塑像，背後是山川風雲壁畫及人造竹林，但竹葉已大部分脫落。[12]

金禧閣、逸亭、忠恕堂

金禧閣是龍圃最大的建築，高兩層，面積大約 15 米乘 18 米，為中式三間建築，閣頂為「垂簷歇山」式，鋪上黃瓦。石階九級，由一幅雙龍戲珠的石雕分成平行的兩行。金禧閣相當於龍圃主人的生活區，下層有廚房、廁所、飯廳，上層有主人房，方內有露台，另外還有兩間臥室。金禧閣下方為逸亭，八角，有周壽臣乙未年（1955 年）題的「逸亭」二字匾額，還有羅文錦題的「正大光明」四字匾額，二人都是李耀祥認識的「香江大老」，他們為龍圃題字，可以說給足了李耀祥面子。金禧閣正式落成於 1968 年 1 月 18 日，從 1966 年 3 月到 1967 年 12 月 18 日，金禧閣建造費用達 241,313 元。[13]

金禧閣上方是「忠恕堂」，其實是一塊橢圓形的露天台地，有一座模仿紫禁城天安門的華表，環繞華表的是香爐一座、仙鶴塑像一對、靈龜塑像一對。附近斜坡上的植被，裁剪出「忠恕堂」三字。據李耀祥家人表示，「忠恕」是李耀祥所屬的宗族房派名稱。[14]

龍圃花園中央的金禧閣，是李耀祥先生為慶祝 1967 年與太太金婚紀念而建，於 1968 年落成。

太湖石（前）、逸亭（後）

忠恕堂的華表

墓園

　　墓園由牌樓、壽堂、碑亭、陵墓四部分組成，落成於 1963 年 5 月 7 日。牌樓相當於墓園的正式入口，四柱三間，上書篆體「陟岵」二字，表達對先人的思念。壽堂與金禧閣一樣，也是三間格局，壽堂頂作「歇山」式，類似清朝品官的家宅。室內天花佈滿「藻井」圖案，類似故宮太和殿天花之設計。屋頂有蟠龍塑像，牆壁嵌上意大利彩色玻璃窗，但繪上中國仙鶴圖案，壽堂地板也用馬賽克瓷磚鑲成仙鶴圖案，堪稱中西合璧。壽堂可以説是李耀祥家族祠堂，內有鑲入鏡框的紅紙，上書「李門堂上歷代祖先」等字，相當於李耀祥歷代祖先的神主牌位，又有李耀祥祖母、父親及母親的照片三張。壽堂正中有木屏風五扇，正中一扇畫上「郭子儀祝壽」圖，左右兩扇則畫上「百壽圖」，最外兩扇是一副對聯。屏風前有一對供桌，上有一套祭祀器具，屏風背後則書寫李耀祥簡歷及《李忠恕堂族譜》。碑亭面積大約 4.5 米乘 5.5 米，內有石碑，碑額書「蟄斯衍慶」四字，碑文是岑維休撰寫的〈李耀祥博士事略〉。陵墓圓拱形，原本安

壽堂。牆壁以西方彩繪玻璃藝術，鑲嵌了
在中國代表長壽、富貴的仙鶴圖案。

葬李耀祥及其夫人陳月琴女士。2006 年，李氏後人將李氏伉儷遺骸
移走，圓拱形陵墓也隨之拆平，成為一片草地。[15]

其他亭台樓閣

　　龍圃南面有六角亭曰「宋亭」，亭後有一幅用馬賽克瓷磚依山坡
砌成的壁畫「老子騎鳳凰圖」，兩旁是著名文字學家董作賓以甲骨文
書寫的對聯，上聯曰「水秀山明風光大好」，下聯曰「龍盤虎踞氣象
之鴻」。董作賓於 1956 至 1958 年任教於崇基學院及珠海書院，[16] 估
計該在這段期間結識李耀祥，並應邀題字相贈。龍圃東南面靠近池
塘之處，有一扇子形狀的「知樂亭」，前有六柱支撐，後有矮牆，北
京攝政王府內的「箑亭」，形制類似。[17] 從金禧閣出，向正東方向走，

有一小徑引至「獅橋」，該橋由水泥建成，長 5 米，寬 2.4 米，橋面適合步行處寬 1.4 米，形制類似紫禁城內的金水橋。[18] 從金禧閣出，向西北走，會看見「流水花園」，這是利用龍圃西北溪水而建成的河道，內有巨龍塑像，是用啤酒瓶碎片製成的。[19]

三、龍圃的社會史

李耀祥於 1948 年購置龍圃所在的地段，開始營建龍圃。龍圃除了是李耀祥及其家人的別墅之外，也是他的社交平台。李耀祥經常用龍圃作為其個人的社交活動場所，也出租予其他社會團體及商業機構，並且往往將租場費捐作慈善用途。

例如，1950 年 7 月 9 日下午四時至六時，李耀祥於龍圃別墅舉行茶會兼游泳會，受邀者為「本港名流士紳暨華商總會現任全體監事常務理事等」。這是一個定期的社交活動，類似西方的下午茶會。[20] 李耀祥本人自 1930 年開始已經是華商總會的董事。

龍圃招呼過的各方名流貴賓之中，身份最高者是港督。1953 年 9 月 25 日，港督葛量洪伉儷、新界理民府長官戴斯德，及香港爵紳名流羅文錦、羅文惠、郭贊、周埈年、岑維休夫婦等，應李耀祥之邀，參觀其青龍別墅及龍圃花園，李耀祥伉儷盛情接待，賓主甚歡。《華僑日報》的相關報道還刊登了一張港督、李耀祥、郭贊、岑維休四人茶話的照片。[21] 而正好在一個月前（即 8 月 25 日），葛量洪巡視九龍地區三所醫療機構，最後一處就是李耀祥以其父親李基名義捐建之九龍城李基紀念醫局，葛量洪對李耀祥捐建醫局之舉，甚為嘉許。[22] 從葛量洪這兩次行程看來，李耀祥經營其社會網絡甚為成功，葛量洪在一個月之內兩度探訪與李耀祥相關之地點，也算是給足面子予李耀祥了。

李耀祥祖籍廣東香山縣小欖鎮，因此，龍圃也成為李耀祥聯絡

鄉誼之場所。1958 年元旦，李耀祥獲英女皇頒授 CBE 勳銜，受到「僑港欖鎮同鄉會」全人設宴慶賀。李耀祥作為「僑港欖鎮同鄉會監事長」，為表謝意，遂於是年 6 月 7 日在龍圃設茶會，邀請該會理監事等數十人。《華僑日報》相關報道曰：「龍圃別墅設備精緻，內有亭台樓閣之勝，及有淡水大泳池，噴水金龍，地方幽雅，花木滿園，誠屬炎夏消遣不可多得之地。」嘉賓們遊覽花園，游泳、打球，至下午六時盡興離開。[23]

　　龍圃也成為中國著名學府的校友聯誼場所，這個可以舉出兩例。第一例，1956 年 8 月 25 日，剛當選上海聖約翰大學香港同學會會長的蔡惠霖，舉辦了一場可容納 180 人的校友聯歡活動，地點正是龍圃。當天下午三時開始，至晚上七時結束，期間設有茶點及各種遊戲節目，還可以游泳。入場費每位 4 元，12 歲以下小童減半，且有專車在尖沙咀接載參加者往返龍圃。有興趣參加之校友，可在 8 月 21 日下午五時前，在蔡惠霖之大新公司等四處指定地點購票。[24]第二例，1961 年 6 月 24 日，西南聯合大學香港校友會在龍圃舉行郊遊聯歡會，下午二時開始，參加者須自行安排交通和自備食物，但龍圃提供茶水及開放游泳池，且安排屈臣氏派員到場出售冷飲。[25]

　　李耀祥逝世後，其熱心公益的精神為家人所秉承。1978 年，李氏後人開放龍圃予市民參觀，門票 1 元，收益用諸慈善。此舉大受市民歡迎，參觀人數極多，李氏後人連續舉辦兩年之後，覺得難以應付，遂不再開放予公眾。[26]雖然如此，在香港的私人花園別墅之中，曾經開放予公眾者，除虎豹別墅之外，就只有龍圃了。[27]

　　龍圃在香港電影史上也留下一段佳話。李耀祥早於 1922 年建立景星戲院，是年 6 月 1 日開張，翌年 3 月由英商明達公司（Hongkong Amusements, Ltd.）收購。換言之，李耀祥擁有景星戲院的時間不足九個月。雖然如此，李耀祥似乎一直與幻海星塵的電影圈有點緣分，他的龍圃花園由於建築風格豪華，自然景色美麗，

往往成為電影公司取景之對象。例如，1955 年 12 月，著名影星芳艷芬飾演電影《月向那方圓》主角林佩麗，就曾在龍圃取景；[28]1974年公映之占士邦系列電影《鐵金剛大戰金槍客》（*The Man with the Golden Gun*）曾在龍圃取景，逸亭門口的一對門神畫像，也進入電影鏡頭；李小龍主演之《龍爭虎鬥》，亦曾在龍圃取景。[29]

　　而李耀祥急公好義，也往往把電影公司租用龍圃的費用，捐作慈善用途。例如，1966 年 10 月，一間名為中央影片公司（Central Cinema Corporation Film Kunst Berlin）的外國電影公司，租借龍圃花園半天作拍戲之用，為此，該公司大概在李耀祥建議下，捐港幣 1,000 元予《華僑日報》的「救童助學」運動。李耀祥遂於是年 10 月 10 日，將這筆善款交予《華僑日報》。[30]1974 年 1 月，美國「和路巴製片有限公司」，借用龍圃花園拍攝外景，大概也是在李耀祥安排之下，把租借費 24,000 港元捐予東華三院。而李耀祥把租借龍圃予電影公司的收益捐助東華三院，非只一次。[31]同年 5 月，英國「義安影片公司」也曾借用龍圃拍攝電影，並且應該也是在李耀祥安排下，捐 30,000 港元予東華三院作為建設費之用、3,000 港元予荃灣仁濟醫院、6,000 港元予《華僑日報》的「救童助學」運動。[32]僅以上三例，李耀祥已合共把 64,000 港元的龍圃收益，捐作慈善用途；而其中 54,000 港元，是捐給東華三院的。為何李耀祥獨厚東華三院？原因很明顯，東華三院是李耀祥服務最長久、參與最深入的公共慈善組織。

結語

　　龍圃是李耀祥窮二十年之力親手經營監造的私人花園別墅，其中建築形制、裝飾、格調，明顯是模仿紫禁城宮殿台閣。不少人都

留意到這一點，因此產生了一些風水傳說。例如，香港演藝界資深工作者兼旅行家朱維德，曾蒙李耀祥批准，帶團遊覽龍圃多次，對於龍圃讚賞有嘉。但朱維德對於龍圃的解讀，恐怕有些詮釋過當。他用「香港的皇居」來形容龍圃，說李耀祥「生前渴望帝王的生活，着意為自己建一個近似帝王的陵園」，證據是龍圃以「龍」為名，內有「具體而微的昆明湖石舫，有縮水的天安門前的華表，更有一塊完整的萬里長城青磚，可見園主人如何嚮往故宮及古皇城風物」，而且龍圃最高處的陵墓正對「馬灣的咸湯門」，有「雄偉瑰麗的牌坊」，彷彿「置身頤和園」。[33]

　　龍圃始建於 1948 年，距辛亥革命推翻帝制已經多年，紫禁城已成「故宮」，中國再無皇帝，作為文字和符號的「龍」也好，作為紫禁城標誌之一的華表也好，作為皇帝御用的頤和園昆明湖也好，也就無所謂「皇氣」可言。不錯，金禧閣閣頂的形制和顏色、閣前的石階，都類似紫禁城的保和殿；逸亭的「正大光明」四字匾額，也見於紫禁城乾清宮內；「忠恕堂」的華表，也模仿天安門的華表，可見龍圃的設計確實模仿清朝皇宮，但這並不意味着李耀祥想當皇帝。李耀祥一生樂善好施，熱心公益，經常把龍圃收益撥歸慈善用途，朱維德本人也正是因為李耀祥之慷慨批准，才得以經常帶團參觀龍圃。事實上，龍圃東面還有臨摹孫中山手書「天下為公」的石碑，[34] 可見龍圃的設計也許更為反映出李耀祥對中國文化的認同。林中偉也指出，龍圃這種「中國文藝復興式」花園大宅，早在戰前香港已經存在，例如何東花園、虎豹別墅、景賢里。[35] 可見龍圃如此設計佈局，並非李耀祥獨創，而是順應當時香港花園大宅的主流模式來設計龍圃。總之，與其說龍圃是「香港的皇居」，不如說是「香港的樂土」，因為皇居不免拒人千里之外，但樂土卻是平易近人的。

　　另外，值得一提的是李耀祥在設計龍圃時，雖模仿皇宮形制，但絕不追求奢華，反而力求簡樸、環保。例如，用蒸餾水瓶改裝為

凳子；用 1958 年拆卸的皇后行麻石板，作為墓園石板；用安樂汽水廠的「薑啤」陶瓶（李耀祥為該汽水廠董事），作為忠恕堂台地的籬笆裝飾物；流水花園的巨龍，由龍圃附近生力啤酒廠的一萬多塊玻璃瓶碎片所造。[36] 早在上世紀五六十年代，李耀祥便把環保意識和建築藝術相結合，可謂開風氣之先。

　　總而言之，龍圃是李耀祥窮二十年之力建造的私人花園別墅，建築風格模仿北京故宮殿閣，同時吸收西方建築元素。龍圃是李耀祥的重要社交平台，亦是其社會服務和慈善活動的場所。因此，龍圃在香港現代建築史、社會史及電影史上，都留下了一段佳話。

左上：青龍頭噴泉
右上：瑪利亞壁畫
下：臨摹孫中山手書「天下
　　為公」的石碑

本文圖片提供及鳴謝：龍圃花園、恩光書院

注 釋

1　本文根據筆者 2019 年著作撮要而成，參見：梁元生、卜永堅：《香港園丁 ── 李耀祥傳》（香港：中華書局，2019），頁 193–216。

2　有謂李耀祥祖先為明朝廣東風水大師李秩，李耀祥知道龍圃位置是風水寶地，刻意經營佈置。參見周樹佳：〈［龍圃］，明朝廣東風水大師李默齋後人秘密建墓青山公路〉，載《香港名穴掌故鈎沉》（香港：次文化堂，2001），頁 130–136。聊備一說，以為談助云。該文有關龍圃的風水傳說，筆者存而不論，但該文對於龍圃建築及景色的描述，言簡意賅，值得參考，見頁 131–132。

3　陳淑華、王嘉珩、楊國輝、龍圃慈善基金：《香港文物保育時間廊》（香港：龍圃慈善基金，2011）。

4　參見 Ho, P. P., Leung, Y. S., Kenward Consulting, Nicolson, K., et al., "Conservation Study of Dragon Garden at Tsing Lung Tau," (unpublished research report, Chinese Heritage Architecture Unit, Department of Architecture, Chinese University of Hong Kong, 2007)。該報告篇幅達 425 頁，包括 305 張圖片、15 張表格，完成於 2007 年，版權屬於李韶博士。負責該項目的研究人員包括：香港中文大學建築學系何培斌教授及其歷史建築研究組（Chinese Heritage Architecture Unit）六名研究人員、歷史系梁元生教授、建築及規劃咨詢公司 Kenward Consulting 兩位成員、香港大學建築學院助理教授兼註冊園境師肯‧尼高遜（Ken Nicolson）等。另外，林中偉對於龍圃從私人花園轉變為歷史建築，及李氏後人處置龍圃的過程，做了一番梳理，見林中偉：《建築保育與本土文化》（香港：中華書局，2015），頁 122–124。

5　Ho, P. P., Leung, Y. S., Kenward Consulting, Nicolson, K., et al., "Conservation Study of Dragon Garden at Tsing Lung Tau," 49–50. 有關基泰工程司，可參考張鎛：《我的建築創作道路》（北京：中國建築工業出版社，1994），頁 12–62。張是近代中國第一個畢業於中國的建築設計師，1922 年，關頌聲為張鎛的兄長在天津意大利租界設計建造兩棟四層高洋房，由於這種交情，就破格把張鎛招入基泰工程司，見該書頁 13 及 22；有關基泰工程司以外的著名中國建築設計公司，見該書頁 61–62。此書為作者回憶錄，頗多主觀成份；有關基泰工程司更為平實可靠和詳盡的資料，應該是〈附錄 6、中國近代著名建築事務所：基泰工程司〉，載賴德霖主編，王浩娛、袁雪平、司春娟編：《近代哲匠錄 ── 中國近代重要建築師、建築事務所名錄》（北京：中國水利水電出版社、知識產權出版社，2006），頁 234–238。

6　Ho, P. P., Leung, Y. S., Kenward Consulting, Nicolson, K., et al., "Conservation Study of Dragon Garden at Tsing Lung Tau," 50–51. 張鎛對於朱彬印象不佳，說朱彬主管基泰財務，「善於盤剝計算」，見林中偉：《我的建築創作道路》，頁 12。聊備一說。

7　賴德霖主編：《近代哲匠錄：中國近代重要建築師、建築事務所名錄》，頁 214、234–238；Ho, P. P., Leung, Y. S., Kenward Consulting, Nicolson, K., et al., "Conservation Study of Dragon Garden at Tsing Lung Tau," 55–59 & 63–68。

8　Ho, P. P., Leung, Y. S., Kenward Consulting, Nicolson, K., et al., "Conservation Study of Dragon Garden at Tsing Lung Tau," 55–59 & 63–65.

9 Ibid., 10 & 58–59.

10 陳天權：〈龍圃：隱藏於青龍頭的園林大宅〉，載《被遺忘的歷史建築 —— 新界離島篇》（香港：明報出版社，2014），頁 124–129。又參見香港文物保育組織「長春社文化古蹟資源中心」網站資料，謂龍圃「結合中式傳統園林設計和西式建築元素。園林式大宅外有城牆，內有二十多座參考宮廷風格的建築，更有全港最大的羅漢松林。」〈龍圃 Dragon Garden〉，長春社文化古蹟資源中心網站，2022 年 1 月 13 日，擷取自 http://cache.org.hk/blog/heritage100_097/（瀏覽日期：2023 年 2 月 27 日）。

11 Ho, P. P., Leung, Y. S., Kenward Consulting, Nicolson, K., et al., "Conservation Study of Dragon Garden at Tsing Lung Tau," 140；陳天權：《被遺忘的歷史建築 —— 新界離島篇》，頁 127。

12 Ho, P. P., Leung, Y. S., Kenward Consulting, Nicolson, K., et al., "Conservation Study of Dragon Garden at Tsing Lung Tau," 144–145 & 157–166.

13 Ibid., 12, 18, 145–147 & 166–191.

14 Ibid., 192–196；陳天權：《被遺忘的歷史建築 —— 新界離島篇》，頁 126。

15 Ho, P. P., Leung, Y. S., Kenward Consulting, Nicolson, K., et al., "Conservation Study of Dragon Garden at Tsing Lung Tau," 18, 30 & 196–202. 又參見李韶博士提供之資料，及陳天權：《被遺忘的歷史建築 —— 新界離島篇》，頁 128。「陟岵」意即「登上高山」，典出《詩經·魏風·陟岵》，謂孝子行役，登上高山，思念父母。後世以「陟岵」表達對父母或者祖先的思念。「螽斯衍慶」典出《詩經·周南·螽斯》，是祈求子孫繁衍之意。

16 Ho, P. P., Leung, Y. S., Kenward Consulting, Nicolson, K., et al., "Conservation Study of Dragon Garden at Tsing Lung Tau," 76 & 208–209.

17 Ibid., 212.

18 Ibid., 213–214.

19 Ibid., 213. 又參考李韶博士提供之資料。

20 〈港紳李耀祥定期舉行龍圃泳會　邀約名流士紳參加〉，《華僑日報》，1950 年 7 月 3 日，第 2 張第 4 頁。另參見〈李耀祥舉行龍圃泳會〉，《工商日報》，1950 年 7 月 3 日，第 6 頁。

21 〈總督伉儷暢遊青龍別墅及龍圃〉，《華僑日報》，1953 年 9 月 26 日，第 2 張第 1 頁。

22 1953 年 8 月 25 日，港督葛量洪參觀李基紀念醫局。見〈港督巡視九龍醫療機構　對各部門設施頗表滿意〉，《華僑日報》，1953 年 8 月 26 日，第 2 張第 1 頁。

23 〈李耀祥伉儷在龍圃別墅招待欖鎮同鄉〉，《華僑日報》，1958 年 6 月 8 日，第 3 張第 1 頁。

24 〈聖約翰同學廿五日　在龍圃舉行園遊會〉，《華僑日報》，1956 年 8 月 17 日，第 3 張第 3 頁。

25 〈西南聯大校友會　廿四日龍圃聯歡〉，《華僑日報》，1961 年 6 月 21 日，第 4 張第 3 頁。

26　　陳天權：《被遺忘的歷史建築 —— 新界離島篇》，頁 127。

27　　Ho, P. P., Leung, Y. S., Kenward Consulting, Nicolson, K., et al., "Conservation Study of Dragon Garden at Tsing Lung Tau," 125.

28　　〈《月向那方圓》芳艷芬飾主角林佩麗〉，《華僑日報》，1955 年 12 月 13 日，第 5 張第 3 頁。另外，據云芳艷芬「曾是龍圃的鄰居」，見〈李曾超群夫家祖業　爭取保留成古蹟 43 年龍圃大宅或捐出〉，《蘋果日報》，2006 年 7 月 5 日。

29　　Ho, P. P., Leung, Y. S., Kenward Consulting, Nicolson, K., et al., "Conservation Study of Dragon Garden at Tsing Lung Tau," 187；王冠豪：《電影朝聖》（香港：紅投資，2011），頁 141；陳天權：《被遺忘的歷史建築 —— 新界離島篇》，頁 127；林中偉：《建築保育與本土文化》，頁 123。

30　　〈片商借龍圃別墅拍片　捐一千大元救童助學〉，《華僑日報》，1966 年 10 月 13 日，第 2 張第 3 頁。

31　　〈李耀祥「龍圃花園」　美片商借用拍片　捐欵助東華三院〉，《華僑日報》，1974 年 1 月 16 日，第 3 張第 3 頁；〈借用李耀祥龍圃花園　美製片商捐二萬餘　撥充東華三院善欵〉，《工商日報》，1974 年 1 月 16 日，第 7 頁。「和路巴製片有限公司」疑即 Warner Bros.，現通譯為「華納兄弟娛樂公司」。

32　　〈英製片商借用龍圃　捐三院建費三萬元〉，《華僑日報》，1974 年 5 月 14 日，第 3 張第 3 頁；〈英製片商借用龍圃　捐三院建費三萬元〉，《工商日報》，1974 年 5 月 14 日，第 6 頁；〈龍圃拍片酬移充善舉　李耀祥捐三千元　助荃灣仁濟醫院〉，《華僑日報》，1974 年 5 月 22 日，第 2 張第 3 頁；〈龍圃拍片酬移充善舉　李耀祥捐六千助學〉，《華僑日報》，1974 年 5 月 23 日，第 2 張第 3 頁。

33　　朱維德：〈香港的皇居 —— 龍圃〉，載《舊貌新顏話香江》（香港：明報出版社，1998），頁 4–6。

34　　陳天權：《被遺忘的歷史建築 —— 新界離島篇》，頁 128。

35　　林中偉：《建築保育與本土文化》，頁 123。

36　　陳天權：《被遺忘的歷史建築 —— 新界離島篇》，頁 129。

希活台長在
深水埗集中營的經歷

岑智明

前言

　　格拉咸·希活（Graham Heywood）（圖一）是香港天文台第六任台長。他於 1903 年 7 月 5 日出生，在英國温徹斯特公學（Winchester College）接受中學教育，並分別於 1925、1926 及 1934年從牛津大學取得文學士、理學士及文學碩士。希活於 1932 年 8 月10 日出任香港天文台專業助理（Professional Assistant）。

　　1941 年 12 月 8 日早上，日軍從深圳入侵香港。希活和同事李安納·史他白（Leonard Starbuck）被時任台長班哲文·伊雲士（Benjamin Evans）派往元朗凹頭地磁站回收觀測儀器，不幸於當天下午被日軍俘虜，成為東亞首兩名被俘平民。他們後來被日軍關押在深水埗戰俘營，度過了非常刻苦的歲月。天文台總部在日佔期間被日軍佔領，作為日軍的天氣觀測站。但天文台逃不過戰火洗禮，大部分儀器最終散失或被日軍取走。戰後，希活回英國休養，並於1946 年 5 月 18 日回港出任天文台台長，帶領同事重建天文台。希活

圖一：格拉咸・希活的官方照片
鳴謝：香港天文台

於 1955 年 2 月 11 日返回英國作退休前度假，至 1985 年 1 月 23 日在家中病逝。

筆者於 1986 年 2 月才入職香港天文台，故沒有機會認識幾位來自英國的前台長。而自從筆者在 2011 年晉升為台長後，自覺對天文台歷史了解不足，因此開始聯絡退休同事，希望能從他們口中得知一些天文台往事。後來更冒昧聯絡在英國的退休台長、同事及親屬，包括前台長約翰・費慤（John Peacock）、鍾國棟（Gordon Bell）的家人，以及前高級科學主任彼得・彼得遜（Peter Peterson）。我先後三次探望費慤台長（圖二），2013 年 1 月第二次探望他時，他給我看一份希活的手稿，描述他在深水埗戰俘營的經歷。手稿的題目為《不會太久了：一個日本戰俘營的故事》（*It Won't Be Long Now: The Story of a Japanese Prison Camp*）。費慤也把我介紹給希活的二女兒維羅妮卡・希活（Veronica Heywood）

圖二：筆者於 2012 年 11 月第一次探望約翰・費慤時合照

圖片提供：岑智明

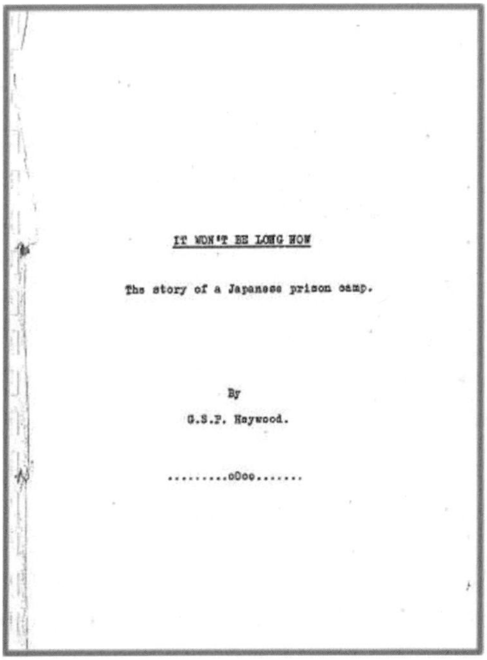

IT WON'T BE LONG NOW

The story of a Japanese prison camp.

By

G.S.P. Heywood.

..........oOoo........

圖三：希活的手稿於 2015
年 10 月出版

鳴謝：Heywood Family

認識，並希望我能找機會將希活的手稿出版，公諸於世。經過兩年多的努力和一眾朋友的仗義幫忙，希活的手稿終於面世（圖三）。

　　本文主要根據希活的日記[1]和其他相關資料寫成。

一、1941 年 12 月 8 日

　　當天早上，希活在天文台宿舍梳洗時突然聽到空襲警報，按預定程序匆忙趕往天文台總部大樓的地庫集合，日本軍機隨即轟炸啟德機場。所有天文台高層和值班同事都齊集地庫，當時天文台只有三位外籍同事：伊雲士台長、希活和史他白，其他都是華籍人員，包括當值的科學助理（當時稱為 Computers）、辦公室助理（當時稱為 Office Coolies）及宿舍傭工等。空襲警報完畢後，希活回到宿舍獨自食早餐 —— 當年只有希活一人在家，因其太太和女兒已於 1940 年撤離香港，暫住在澳洲。早餐完畢後，希活回辦公室上班，見到伊雲士台長正在閱讀一份剛從夾萬取出來的「高度機密」（Secret）檔案，內容是緊急指示：第一項任務是要將凹頭地磁站的儀器拆卸收回。

　　今天我們可能不甚了解：地磁觀測竟然是那麼重要，需要在戰爭爆發後第一時間將儀器拆卸？首先，自古以來，在陸上和海上尋找方向都需要使用指南針，但指南針所顯示的南北方向與地理的南北方向，會有大小不同的偏差，這個偏差的角度稱為「磁偏角」（Magnetic Variation）。磁偏角在地球不同位置都不一樣，而且也會隨時間而改變。為了滿足航行和科學的需要，地磁觀測早在天文台成立時已經是一項重要工作，戰爭時的作用更不在話下。翻查歷史，不少境外科學機構（包括日本文部省、上海徐家匯天文台以及美國卡內基研究所）都曾在 20 世紀初派員到香港進行地磁觀測。可

見在早年，地磁觀測對海上及空中航行都非常重要，在戰時更被視為軍事機密。時至今日，機場跑道方向仍是以地磁北極的方位角來代表的，因此天文台仍然需要至少每隔數年安排一次地磁觀測。

根據天文台文獻及筆者與同事的實地考證，凹頭地磁站位於元朗凹頭東成里附近的山坡上，南邊毗鄰青山道，再往南是前凹頭警署（圖四），即今天東華三院馬振玉紀念中學的位置。地磁站分為三部分：絕對觀測室（Absolute Room）（圖五）、記錄室（Recording Room）（圖六）及電錶房（Meter Hut）。

凹頭地磁站在日佔時期被毀，所有儀器散失，地磁站亦沒有在戰後重建，逐漸荒廢（圖七）。2016年，筆者與幾位同事根據圖四、圖五，以及天文台文獻和舊地圖所提供的線索，往凹頭一帶搜尋地磁站的痕跡，很幸運地找到絕對觀測室的遺址（圖八及圖九），但沒有發現記錄室的遺存，懷疑已經被附近新建的墳墓蓋住。

2021年，筆者與天文台前同事葉永成再次研究地磁站記錄室的位置，並同時探索圖四中所顯示的「子午線標記」（Meridian Mark）位置，更得到地政總署測量師朋友葉贊邦協助分析高空照片和地圖，相信仍然有機會找到記錄室的遺存。於是在同年5月，我與幾位前同事和香港大學馮錦榮教授前往凹頭重新找尋記錄室的遺址，結果從草叢中找到地樑（圖十）。子午線標記則未有發現。

1941年12月8日，台長伊雲士當天原來的計劃是派遣史他白往凹頭，利用貨車把地磁儀器運返天文台，而希活本應留在天文台負責發出天氣預測與時間信號，但因為臨時找不到貨車，故兩人必須駕駛兩部私家車執行任務。於是，希活與史他白一同開車往凹頭。如果沒有這個轉折點，希活就不會被日軍俘虜和關進深水埗集中營。希活在手稿中慨嘆人生無常 —— 他那天早上還在家裏享用美味的早餐，下午卻成為了日軍的俘虜，轉變何其突然和粗暴！

兩人在早上11時從天文台出發，中午時抵達凹頭地磁站，下午

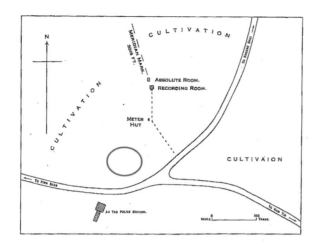

圖四：天文台凹頭地磁
站地理位置，圓圈代表
希活與史他白被日軍綁
在樹上的大概位置。
鳴謝：香港天文台

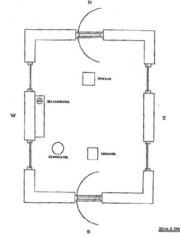

圖五：地磁站絕對觀測室平面圖
鳴謝：香港天文台

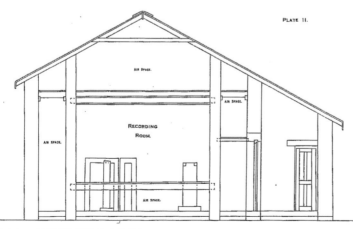

圖六：地磁站記錄室立面圖
鳴謝：香港天文台

圖七：約 1970 年的凹頭地磁
站絕對觀測室已成頹垣敗瓦
鳴謝：馮錦榮

圖八：2016 年 12 月 4 日，
筆者與天文台同事攝於凹頭
地磁站絕對觀測室北門遺址
位置。
圖片提供：岑智明

圖九：2016 年 12 月 4 日發
現的凹頭地磁站絕對觀測室
的地樑
圖片提供：岑智明

圖十：2021 年 5 月 30 日發現
的凹頭地磁站記錄室的地楔

鳴謝：葉永成

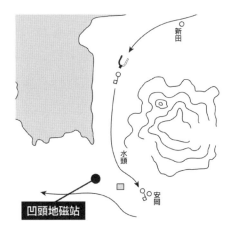

圖十一：日軍入侵香港路線。
可見日軍第 230 聯隊「迂迴
隊」的推進路線經過凹頭地磁
站一帶，圖中「安岡」可能是
今天石崗。

圖片參考來源：《香港‧長沙作戰》

3 時便完成拆卸儀器；但當史他白將儀器搬運往約 200 碼（180 米）外的汽車上時，便不幸被兩名日軍俘虜。希活亦隨即被俘，兩人同時被捆綁在面向凹頭警署山坡上的一棵樹上，估計大概位置見圖四。

　　根據《香港‧長沙作戰》一書，[2] 入侵香港的日軍第 230 聯隊「迂迴隊」的推進路線經過錦田水頭村、石崗 [3] 及凹頭地磁站一帶（圖十一），俘虜希活和史他白的日軍應該來自此「迂迴隊」。

二、三年零八個月

　　希活在凹頭被俘後，至二戰結束，整整經歷了三年零八個月的黑暗歲月。筆者根據希活的手稿製作了他在二戰期間的足跡地圖（圖十二）：自凹頭被俘，他與史他白於 1941 年 12 月 9 日至 1942 年 1 月 8 日被日軍輾轉帶到錦田、上水、大埔和粉嶺，最後於 1 月 8 日被關進深水埗集中營。其中，他們於 12 月 9 日被送往已被日軍佔領的大埔理民府接受日本軍官審問，途經粉嶺及上水（圖十二之 4、5 和 6）；在大埔理民府逗留四天後，與其他約 60 名戰俘被送往上水一座中式住宅關押（圖十二之 7）。希活形容此座位於一個小山上的中式住宅由一位有錢的美國人興建，屋頂鋪上藍色琉璃瓦，大廳有雕花的怡和椅，甚有氣派，可惜至今仍然未能找到進一步線索以確定其位置。

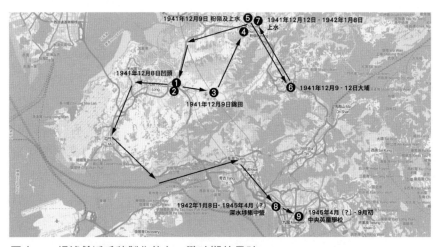

圖十二：根據希活手稿製作他在二戰時期的足跡
圖片提供：岑智明
地圖原圖來源：OpenStreetMap

三、深水埗集中營

　　深水埗集中營（圖十三及圖十四），原身是港英政府於 1927 年建成的深水埗軍營，用作安置一批準備調往上海租界的英國軍隊。軍營位於現時福華街、欽州街、通州街（時為海旁）和東京街之間（圖十五），[4] 二戰時被日軍用作集中營，關押英國、加拿大及印度戰俘。戰後恢復為英軍軍營，1979 年部分改為越南難民營。難民營於 1989 年關閉。今天該幅土地建有深水埗公園、麗閣邨、麗安邨、長沙灣政府合署、西九龍中心等。

　　香港戰俘聯會及加拿大駐港退伍軍人協會分別於 1989 年和 1991 年在深水埗公園內種植樹木和設立紀念碑，紀念在香港作戰及在集中營中受苦而犧牲的人士以及加拿大軍人。在今天荔枝角道行人路上，亦可以看見三枚刻有「軍部地界 M.O.D. B.S. No 10」字樣的軍營界石（圖十五）。

　　二戰期間，深水埗集中營關押超過五千名俘虜，主要是來自不同軍隊的士兵，包括：英國米杜息士兵團、英國皇家蘇格蘭兵團、香港義勇防衛軍、英國皇家海軍、英國皇家空軍、皇家加拿大來福槍團及加拿大溫尼伯榴彈兵團等。但為甚麼兩位政府公務員希活和史他白都被關押在專門囚禁戰俘的深水埗集中營，而不是關押平民的赤柱拘留營？這可能與他們兩人都曾在香港義勇防衛軍服役有關。而時任天文台台長伊雲士，則被關押在赤柱拘留營。

　　起初，集中營的營友都比較樂觀，一些美麗的謠言也在營裏傳播，例如「英軍已經進佔中南半島」、「邱吉爾承諾會在三個月內收復香港」、「香港義勇防衛軍成員會被釋放，運作香港的基本服務」等等。雖然這些樂觀想法結果都落空，而且情況日益變壞，但部分營友在見面時也會說「It won't be long now.」（編按：意思是「不會太久了。」），一些最積極的營友甚至將這口頭禪堅持到最後，這

圖十三：1930 年代初的深水埗軍營

鳴謝：高添強

圖十四：攝於 1946 至 1947 年的深水埗軍營

圖片提供：岑智明

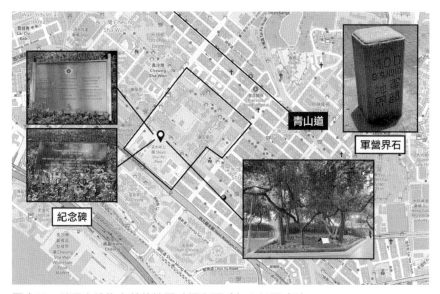

圖十五：前深水埗集中營的範圍（框內區域）和相關遺蹟
圖片來源：岑智明
地圖原圖來源：OpenStreetMap

也許是一種阿 Q 精神，但的確可以有助渡過逆境，發揮積極作用，希活也以此作為手稿的標題。

四、逃亡

　　希活於 1942 年 1 月 8 日被關進深水埗集中營不久，遇到更早已被關押在集中營的香港大學醫學院院長賴廉士（Lindsay Tasman Ride）。賴廉士於 1941 年被任命為陸軍中校，在香港保衛戰期間負責指揮香港義勇防衛軍的戰地救護隊。賴廉士向希活提到集中營的環境很差，到處都是塵埃和蒼蠅，很多人將會死於炎熱天氣。

翌日，賴廉士與幾位營友就租了一艘漁船逃走，最終抵達重慶。幸好，賴廉士記得在集中營遇上希活，因此希活尚在人間的消息，能通過他首次傳達至希活的家人。

關於賴廉士的逃亡經歷，筆者從香港歷史網站 Gwulo.com 找到由他的女兒 Elizabeth Ride 於 2020 年上載他所寫的逃亡報告。[5] 有見集中營的衛生情況非常惡劣和日軍完全沒有提供醫療物資，賴廉士認為逃亡離開集中營比留下更有價值，因此他組織了一個四人的逃亡小組進行計劃，其他三位成員為：李耀標、D. W. Morley 及 D. F. Davies（圖十六）。李耀標是港大醫學院文員，賴廉士的學生兼下屬，亦是戰地救護隊代理下士；D. W. Morley 是港大工程學講師，亦是香港皇家海軍志願後備隊上尉；而 D. F. Davies 則是港大物理學講師，亦是香港皇家海軍志願後備隊中尉。他們的考慮非常周密，收集情報包括：日軍哨站、日軍值班及換班時間、月出時間、月相、潮汐、山勢等等。在收集所有情報後，賴廉士和李耀標計劃了三個逃走方案，結果選擇了第三個方案：在晚上從集中營西端的一個下水滑道（slipway）上船，載至西北面的岸邊，然後越過青山道及大埔道攀上九龍山脈。其中一個考慮要點，就是月出時間，因為一方面需要在漆黑時上船離開集中營，以免被日軍發現，另一方面亦需要月亮的光線幫助，在夜間攀山越嶺。由於 1942 年 1 月 4 日的月出時間為晚上 8 時 15 分，而之後每晚的月出時間都會推遲約一小時，他們決定必須在數日內行動。另外一個重點是潮汐高度，他們留意到在漲潮時，有個別舢舨會走捷徑回避風塘 —— 在集中營的下水滑道和防波堤之間的罅隙穿過，因此非常靠近下水滑道，逃亡小組便有機可乘。李耀標在 1 月 8 日找到一艘靠近的舢舨，成功遊說船主安排在 1 月 9 日晚上 9 時接應他們逃走。他們給了船主 50 元作為酬金。

其他逃亡情節不在此贅，有興趣的讀者可以參考賴廉士的逃亡報告。總括來說，他們成功避過日軍，而且得到東江縱隊成員協

助，途經啟德機場、沙田、西貢、吐露港、大鵬灣、廣東惠州及曲江，從而逃離淪陷區，最終賴廉士和逃亡小組經桂林於 2 月 17 日抵達重慶。後來，賴廉士更創立英軍服務團（British Army Aid Group，簡稱 B. A. A. G.），在收集情報、協助軍民逃離淪陷區，以至安排醫療和救援物資運送至香港的集中營內等工作，貢獻突出。賴廉士在戰後被任命為皇家香港防衛軍司令，並於 1949 至 1964 年間出任香港大學校長。

五、希活的潮汐圖

通過前台長費愨介紹，我認識了希活的二女兒維羅妮卡，並於 2015 年 2 月到希活在英國漢普郡（Hampshire）的故居 Critchells，找尋他的資料。故居由維羅妮卡的姐夫米高‧奈特（Michael Knight）[6] 打理。他們非常好客，除了招呼我在 Critchells 住了一晚，維羅妮卡更特意從愛爾蘭回到 Critchells 與我見面（圖十七），並且預早準備好希活的檔案及遺物，如手稿、照片、筆記簿、書籍等給我閱覽和做記錄（圖十八）。

希活的檔案和遺物多不勝數，其中有不少與他被關押在深水埗集中營有關，例如他在營內所寫的打油詩手稿（圖十九）以及素描（圖二十）。最令我印象難忘的，是一幅由希活所繪畫的深水埗潮汐圖（圖二十一），紙張上印有「香港俘虜收容所」，相信是他於 1942 年 3 月 19 至 30 日期間，每天在日間所做的潮汐觀測記錄。與伊雲士台長在赤柱拘留營所做的天氣記錄一樣，他們都是冒着生命危險，在極為艱難的環境下堅持做天氣和水文觀測，彰顯堅毅和專業精神，令人由衷敬佩！

然而，筆者多年來常會問：是甚麼動機驅使希活做潮汐觀測？

圖十六：成功從深水埗集中營逃至重慶後的四人組（前排由左至右）D. W. Morley、賴廉士、D. F. Davies 及（後）李耀標。
圖片來源：https://gwulo.com/media/35211
鳴謝：E. M. Ride

圖十七：維羅妮卡·希活與米高·奈特攝於希活故居
圖片提供：岑智明

為甚麼只做了十二天便在 3 月 30 日停止記錄？希活的手稿記載了
於 1942 年 3 月的一個晚上，曾經有營友成功從集中營逃走，我因
此懷疑這幅深水埗潮汐圖可能與該次逃走有關，但一直找不到其他
線索。直到我在 Gwulo.com 網站看到賴廉士的逃亡報告，才恍然大
悟：賴廉士的四人組能夠在 1942 年 1 月 9 日晚上成功逃離深水埗集
中營，有賴在漲潮時候有機會找到舢舨協助偷渡（見上文），希活手
稿所提到的 3 月逃亡，很有可能也是採用同一策略，於是希活從中

圖十八：希活部分舊檔案：介紹 1950 年代香港的刊物（左）、與家人和朋友在大
嶼山度假的照片（右上），及希活當童軍領袖時所佩戴的軍帽和勳章（右下）。
圖片提供：岑智明
鳴謝：Heywood Family

圖十九：希活在集中營內所寫的打油詩 *The P.O.W. Rover* 手稿

鳴謝：Heywood Family

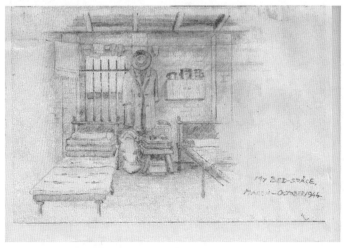

圖二十：希活繪畫他在集中營的睡床之手稿

鳴謝：Heywood Family

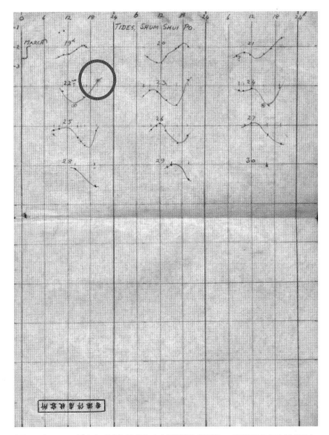

圖二十一：希活手繪的深水埗潮汐記錄，圓圈內可見圖上
唯一一個潮汐數據點被畫上記號。
圖片來源：香港天文台
鳴謝：Heywood Family

協助，在該段時間每天做潮汐觀測記錄，支援營友逃亡。筆者悟出
了這個道理後，再仔細看希活的潮汐圖，竟然發現了之前沒有留意
的蛛絲馬跡：3 月 22 日出現唯一一個潮汐數據點被畫上圓形記號（即
圖二十一上的圓圈），這數據點剛好顯示當晚 8 時左右開始出現漲
潮，與賴廉士所載的時機吻合。不過筆者還未能找到關於這次逃亡

的具體細節作為佐證。

　　另一個問題是：為甚麼潮汐記錄在 3 月 30 日停止？一個可能性是集中營情況有變，令希活無法繼續下去；另一個更有可能的原因，是 3 月逃亡事件之後，日軍採取更嚴厲的措施阻止再有逃亡發生，例如增加哨站和瞭望台、加高圍欄甚至使用帶電的圍欄、嚴厲懲罰逃亡者在營中的好友，以至懲罰所有俘虜，包括關閉小食部（請參考關於食物的下文）及不再容許營外朋友接濟。後來日軍更脅逼每位俘虜簽署一份「承諾書」，同意不會嘗試逃走；如果俘虜拒絕簽署，就等同犯了叛變罪，需要接受日軍軍法懲罰。相信自此之後，為協助逃亡而做潮汐觀測記錄的需求大減，希活也因而終止觀測。

　　但逃亡並沒有停止，希活的手稿提及有赤柱拘留營俘虜因為逃亡失敗而被懲罰：兩年被囚禁在營內的監獄、做苦工及挨餓等折磨。亦有俘虜曾嘗試挖通往海邊的地道，可惜被日軍發現帶走，其中三名僥倖逃過一劫，被毒打之後能夠回到集中營，但其他的都被處決，日軍卻說成是「死於瘧疾」。希活還提及一次發生在 1943 年的大逃亡計劃被日軍發現後，結果有四位軍官級及其他級別的俘虜被帶走，接受了幾個月的酷刑、挨餓，最終被處決。幾位軍官級的俘虜在酷刑下自始至終都沒有供出同謀，戰後被追頒喬治十字勳章。

　　從以上關於集中營俘虜逃走的記錄，可見希活進行潮汐觀測記錄是何等危險，沒有被日軍發現是何其幸運，亦可能是因為希活做事小心周密。在關押期間，希活只曾遭遇過日軍一次相對輕微的懲罰 —— 被掌摑。不要小看掌摑：不單是被日軍重重打臉多次，也還包括腳踢，着實很不好受。希活被掌摑的一次是因為他在一個炎熱的晚上睡在屋外地上，碰上一個日本哨兵下班經過，就被踢醒和掌摑了一下。

六、里斯本丸號災難

　　希活的手稿記載了一段極為悲慘的二戰歷史 —— 里斯本丸號（*Lisbon Maru*）災難。1942 年 9 月 27 日，近 2,000 名香港戰俘被送往日本，乘搭的是里斯本丸號。根據其他資料來源，[7] 船上除了 1,816 名英國戰俘外，還搭載 778 名日軍和 25 名日軍守衛。10 月 1 日早上 7 時後不久，里斯本丸號途經舟山群島時被美軍潛艇擊中。下午 5 時，船上的日軍被轉移到其他日本軍艦上，但英國俘虜卻繼續被關押在正沉沒的里斯本丸號船艙內，由日軍守衛看管。10 月 2 日破曉時分，在里斯本丸號快將沉沒的危急情況下，俘虜打開船艙突圍，在日軍守衛射擊之下奮勇抵抗及跳船逃生，里斯本丸號最終於 10 月 2 日早上 10 時 45 分沉沒，俘虜沒有救生衣，船上僅有的救生艇和救生筏都已被日軍取用，不少都不懂游泳，因此有很多俘虜葬身大海。有部分俘虜成功游到附近島上的村落，通知村民利用漁船和小艇展開救援，救起不少俘虜。村民亦為約 200 名生還者提供食物和衣服。及後，日軍到村落搜捕俘虜，只有三名俘虜在村民保護下逃脫，最後成功抵達重慶。希活的手稿寫道：

　　　　得知（里斯本丸號沉沒）這個噩耗之後，集中營瀰漫着愁雲慘霧，大家對經歷過戰爭傷痛和被長期關押在集中營的營友，竟然因盟軍的攻擊而葬身大海，何其惋惜。很多在船上的都是我的好朋友，我們一直都沒有他們的音信，直至到了戰後才從日本收到死難者名單。

　　里斯本丸號死難者當中有 183 名來自英國皇家蘇格蘭兵團，比死於香港保衛戰中的 107 名還要多。希活曾倡議在尖沙咀聖安德烈堂牆上樹立一個名牌，紀念里斯本丸號的死難營友（圖二十二）。從

另一份希活的手稿可見（圖二十三），這些營友都是曾參與集中營內羅浮童軍（Rover Scout，又稱樂行童軍）的活動，而安排這些活動的正是希活本人。他也在集中營寫了一首名叫 *The P.O.W. Rover* 的打油詩（圖十九），以激勵士氣。

戰後，為紀念里斯本丸號所有死難者，英聯邦國殤紀念墳場管理委員會在香港西灣國殤紀念墳場入口處的紀念亭刻上他們的名字。2021 年 10 月 3 日，位於英國斯塔福德郡（Staffordshire）的國家紀念植物園（National Memorial Arboretum），亦樹立了一塊里斯本丸號紀念碑。當希活女兒維羅妮卡在 2015 年 10 月 19 日回港出

圖二十二：希活記錄里斯本丸號死難者朋友名單及建議在聖安德烈堂牆上樹立紀念名牌的手稿
鳴謝：Heywood Family

席希活 *It Won't Be Long Now* 的新書發佈會時，我們應維羅妮卡建議，在聖安德烈堂舉行了一個崇拜聚會（圖二十四），作為對二戰死難者、里斯本丸號死難教友和希活台長的追思。

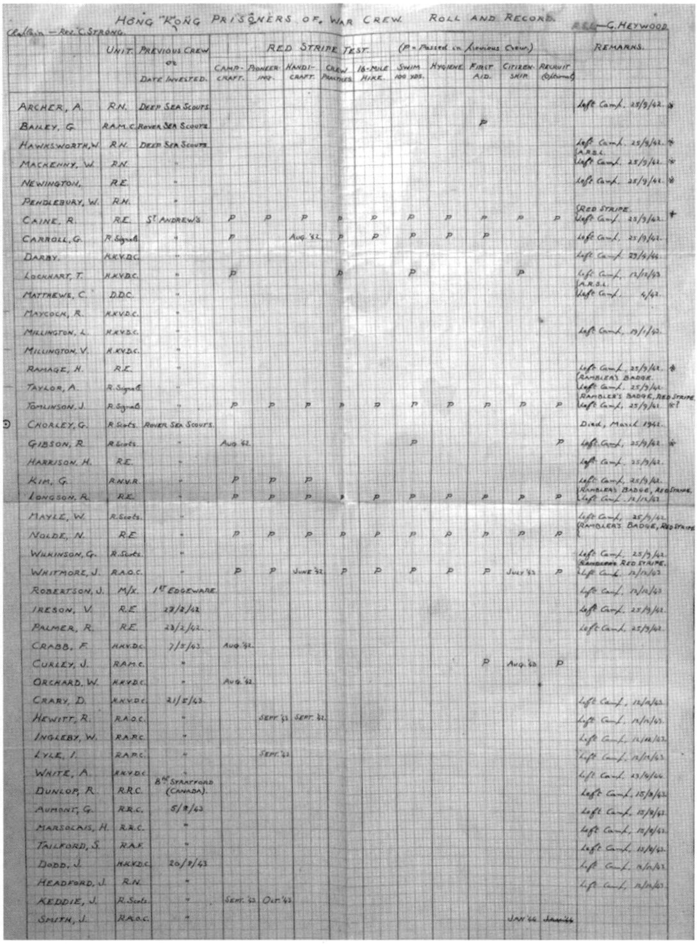

HONG KONG PRISONERS OF WAR CREW. ROLL AND RECORD.
Chaplain — Rev. C. Strong.　R.S.L. — G. Heywood

	Unit.	Previous Crew or Date Invested.	Red Stripe Test. (P = Passed in Previous Crew) Camp-craft.	Pioneering.	Handicraft.	Crew Practices	16-Mile Hike.	Swim 100 yds.	Hygiene.	First Aid.	Citizenship.	Recruit (optional)	Remarks.	
Archer, A.	R.N.	Deep Sea Scouts											Left Camp. 25/9/42.	*
Bailey, G.	R.A.M.C.	Rover Sea Scouts								P				
Hawksworth, W.	R.N.	Deep Sea Scouts											Left Camp. 25/9/42.	*
Mackenny, W.	R.N.	"											A.R.S.L. Left Camp. 25/9/42.	*
Newington,	R.E.	"											Left Camp. 25/9/42.	*
Pendlebury, W.	R.N.	"												
Caine, R.	R.E.	St Andrew's	P	P	P	P	P	P	P	P	P	P	Red Stripe. Left Camp. 25/9/42.	+
Carroll, G.	R. Signals	"	P		Aug. '42	P	P	P	P	P			Left Camp. 25/9/42.	
Darby.	H.K.V.D.C.	"											Left Camp. 29/4/44.	
Lockhart, T.	H.K.V.D.C.	"	P			P		P			P		Left Camp. 12/12/43.	
Matthews, C.	D.D.C.	"											A.R.S.L. Left Camp. 4/42.	
Maycock, R.	H.K.V.D.C.	"												
Millington, L.	H.K.V.D.C.	"											Left Camp. 19/1/42.	
Millington, V.	H.K.V.D.C.	"												
Ramage, H.	R.E.	"											Left Camp. 25/9/42.	*
Taylor, A.	R. Signals	"											Rambler's Badge. Left Camp. 25/9/42.	
Tomlinson, J.	R. Signals	"	P	P	P	P	P	P	P	P	P	P	Rambler's Badge, Red Stripe. Left Camp. 25/9/42.	*?
Chorley, G.	R. Scots.	Rover Sea Scouts											Died, March 1942.	
Gibson, R.	R. Scots.	"	Aug. '42					P				P	Left Camp. 25/9/42.	*
Harrison, H.	R.E.	"											Left Camp. 25/9/42.	
Kim, G.	R.N.V.R.	"	P	P	P								Left Camp. 25/9/42.	
Longson, R.	R.E.	"	P	P	P	P	P	P	P	P	P	P	Rambler's Badge, Red Stripe. Left Camp. 12/12/43.	
Mayle, W.	R. Scots.	"											Left Camp. 25/9/42.	
Nolde, N.	R.E.	"	P	P	P	P	P	P	P	P	P	P	Rambler's Badge, Red Stripe.	
Wilkinson, G.	R. Scots.	"											Left Camp. 25/9/42.	
Whitmore, J.	R.A.O.C.	"	P	P	June '42	P	P	P	P	P	July '43	P	Rambler's Red Stripe. Left Camp. 12/12/43.	
Robertson, J.	M/x.	1st Edgeware											Left Camp. 12/12/43.	
Ireson, V.	R.E.	27/2/42											Left Camp. 25/9/42.	
Palmer, R.	R.E.	23/2/42.											Left Camp. 25/9/42.	
Crabb, F.	H.K.V.D.C.	7/5/43.	Aug. '42.											
Curley, J.	R.A.M.C.	"								P	Aug. '43	P		
Orchard, W.	H.K.V.D.C.	"	Aug. '42.											
Crary, D.	H.K.V.D.C.	21/5/43.											Left Camp. 12/12/43.	
Hewitt, R.	R.A.O.C.	"		Sept. '42	Sept. '42								Left Camp. 12/12/43.	
Ingleby, W.	R.A.P.C.	"											Left Camp. 12/12/43.	
Lyle, I.	R.A.P.C.	"		Sept. '42									Left Camp. 12/12/43.	
White, A.	H.K.V.D.C.	"											Left Camp. 23/4/44.	
Dunlop, R.	R.R.C.	8th Stratford (Canada).											Left Camp. 15/8/43.	
Aumont, G.	R.R.C.	5/8/43											Left Camp. 15/8/43.	
Marsolais, H.	R.R.C.	"											Left Camp. 15/8/43.	
Tailford, S.	R.A.F.	"											Left Camp. 15/8/43.	
Dodd, J.	H.K.V.D.C.	20/8/43											Left Camp. 12/12/43.	
Headford, J.	R.N.	"											Left Camp. 12/12/43.	
Keddie, J.	R. Scots.	"	Sept. '42	Oct. '42										
Smith, J.	R.A.O.C.	"									Jan '44	Jan '44		

圖二十三：希活記錄深水埗集中營內每位羅浮童軍的活動，右邊星號或十字標記代表該名俘虜在里斯本丸號上（星號代表失踪，十字代表死亡）。

鳴謝：Heywood Family

圖二十四：2015 年 10 月 19 日，在聖安德烈堂舉行的紀念崇拜，前排正中為希活的女兒維羅妮卡，其左為筆者。
圖片提供：岑智明

七、健康、食物、苦工

　　眾所周知，集中營的衛生環境非常惡劣，很多俘虜因此患上惡疾，甚至死亡。缺乏食物和營養不良不但造成飢餓，也會引起疾病。希活在日記中提到，起初他們都沒有意識到營養不良的嚴重性，後來才知道飢餓不單會令人變瘦，而且會引起各種病患，包括視力模糊、長口瘡令進食困難、很難痊癒的皮膚病、因食物過多水分而出現腳腫等等。最嚴重和為人所熟知的是因缺乏維他命 B1 而引起的腳氣病 —— 起初只是像穿了不合適的鞋來走路時所出現的痛楚，但之後腳趾會出現劇痛，最後手腳的神經都會被受影響，痛苦難當 —— 很多患者不能入睡，需要起來按摩雙腿、到處走動，甚至用冷水浸腳，希望可以減低痛楚。

希活憶述有不少營友因營養不良而患病，令健康走下坡 —— 腸胃病、瘧疾、白喉、黃疸或痢疾都是營裏常見的疾病，很容易促使他們病倒，繼而沒有胃口進食，身體變得日漸消瘦，最後只剩下皮包骨而亡。他記得其中一位營友死時體重只有 50 磅。但是，亦有很多營友拒絕放棄，忍受數以月計的痛苦和折磨，直至營內的情況改善而能渡過困境，逐漸康復。希活就曾患過黃疸病和瘧疾，前者他能在較短時間內康復，但後者他則需要一年多才能夠完全康復。

集中營的惡劣情況一直維持至 1942 年的年底，直至 12 月紅十字會開始為俘虜帶來補給品，包括牛肉、茶葉、糖、可可、麵粉、豬油、衣服、醫療物資等等。營友最高興是每人都獲得一個裝滿好東西的大包裹，他們的健康情況亦得到即時改善。紅十字會還為每人帶來現金，讓他們可以在集中營的小賣部購買香煙和雜貨 —— 希活因此能夠自被日軍俘虜的一年以來，再次嘗到雞蛋的味道。

起初，除了平日需要在烈日當空下步操和接受日軍點名之外，大部分俘虜在集中營都是無所事事。1942 年 10 月開始，希活和其他健康的俘虜被派遣到九龍城一帶做工，因為日軍正在擴建啟德機場。他們最初只負責移走一條已經被毀之村落的石頭和瓦礫，但後來卻需要進行移山填海的苦工 —— 這就是夷平九龍城聖山的開端（圖二十五）。希活做了這項苦工約兩個月。

除了做苦工，集中營內還有其他工種，包括勤務員（Batman）、辦公室助理、掃地、清潔、搬磚、補鞋、剪草等，亦有被派往廚房、麵包房、醫院、貨倉、農場、圖書館等地方做工。耕種方面，營內可食用的植物包括番薯、番茄、紅蘿蔔、白菜、粟米、花生、木瓜、士多啤梨等。熱愛大自然的希活非常享受種植，而且農穫也可以替他爭取營養甚至賺到一點「外快」。

圖二十五：1900 年代初的聖山，山頂的巨石刻有「宋王臺」三字。
鳴謝：蕭險峰

八、人物

　　希活的手稿提到不同人物，有來自五湖四海的俘虜，也有日軍。

　　除了上文提到的賴廉士和他的四人逃亡小組之外，另一位比較有名的俘虜是所羅門・白德醫生（Dr. Solomon Bard）。希活提及營中俘虜有時會在晚上舉辦音樂會，白德醫生安排的管弦音樂會尤其精彩，得到很多營友捧場。音樂的確可以令人抒懷、喜悅。希活特別感激由俘虜組成的樂隊，在步操時奏樂、在小教堂唱詩時伴奏、在醫院為病人演奏，以及在晚上舉辦音樂會，都可以讓人暫時忘記困苦，振奮人心。他還記得一首 *Happy Days Are Here Again* ——雖然在集中營的環境似乎不太合適，但確實能給眾人帶來期盼。

　　白德醫生出生於西伯利亞，在哈爾濱長大，從香港大學醫學院

畢業。他曾參與香港義勇防衛軍，亦可能因此而被日軍關進了深水埗集中營。戰後，白德醫生在 1956 年成為香港大學第一位醫務處主任。他在音樂和考古均享負盛名，尤其在 1947 年成立的中英樂團（即香港管弦樂團前身），以及在香港管弦樂團及香港中樂團擔任指揮；他於 1976 至 1983 年出任首位古物古蹟辦事處執行秘書，對推動香港考古發掘和文物保育，貢獻良多。

　　希活在日記中亦提到數名日軍，其中一名是 Captain Saito。在日本宣佈無條件投降後的第二天（1945 年 8 月 16 日），希活於日記寫道（希活當時作為一名英軍俘虜的勤務員，已經被日軍轉移到位於中央英童學校的日軍醫院）：「這是一個非常奇怪的一天，早上看見日軍在焚化爐燒毀文件⋯⋯ 這是首個代表會出現轉變的信號⋯⋯但是黃昏的例行召集仍然繼續，醫院的負責人，日本醫療官 Captain Saito 卻脾氣不好，不發一言。」Captain Saito 應是斎藤俊吉大尉（Captain Saito Shunkichi），[8] 根據香港戰爭罪審判文獻，[9] 斎藤俊吉大尉被判縲首死刑，後改判二十年有期徒刑。他的罪名是干犯戰爭罪行，於 1942 年 1 月至 1945 年 8 月期間，作為香港所有戰俘的指揮官及醫療官，對戰俘作出不人道對待，引致部分戰俘死亡及其他戰俘身體受痛苦。

　　另一名希活提及的日本軍官是 Colonel Takunada，他是深水埗集中營及其他香港集中營的指揮官，身體肥碩，因此戰俘都稱他為「The Fat Pig」（肥豬）。他說話時陰聲細氣，像吱吱尖叫聲，而且非常自大。上文提到日軍脅逼戰俘簽署「承諾書」，同意不會嘗試逃走，就是「肥豬」在深水埗集中營宣佈的。希活再次提起他，要到 1945 年 8 月 18 日，早一天日軍已經撤離深水埗集中營和日軍醫院，當天集中營的營友已經重獲自由，到中央英童學校探望戰友，告訴他們在集中營已經升起英國旗幟，戰俘們都給「肥豬」喝倒彩。

Colonel Takunada 應是德永德大佐（Colonel Tokunaga Isao）。[10]

根據香港戰爭罪審判文獻，[11]德永德大佐被判繯首死刑，後改判終身監禁。他的罪名是干犯戰爭罪行，於 1942 年 1 月至 1945 年 8 月期間，作為香港所有戰俘營的指揮官，對戰俘作出不人道對待，引致部分戰俘死亡及其他戰俘身體受痛苦；他的罪行亦包括：（1）於 1942 年 8 月殺害四名加拿大戰俘 J. O. Payne、G. Berzenski、J. H. Adams 及 P. J. Ellis；（2）於 1942 年 9 月 14 日殺害五名英國戰俘 V. Branson、W. G. Byrne、P. Connely、J. Steppworth 及 M. T. Dunne；（3）於 1942 年 10 月至 1945 年 8 月期間盜用紅十字會為俘虜派發的食物、醫藥、衣服及其他物資；（4）於 1942 年 1 月至 1945 年 8 月期間，毆打、虐待及非法殺害多名華籍平民等等，可謂惡貫滿盈！

不過，日軍之中也不全是壞人，希活提到其中一位 Lieutenant Honda，是少數得到俘虜們尊重和喜愛的日本軍官。他曾於集中營被美軍空襲之後到處查看是否有戰俘受傷，其關心戰俘的態度，令營友覺得他是一個好人；而到最後時刻，於 1945 年 8 月 18 日，他更得到戰俘們的歡呼。Lieutenant Honda 應是田中齋中尉，[12]從文獻所知，田中齋中尉曾在香港保衛戰中，於柏架山為被俘的加拿大醫療官 Captain S. M. Banfill 向上司求情，免他一死，最終 Banfill 亦能逃過一劫。[13]上述文獻亦作出比較，發現只有百分之四的盟軍戰俘死於德軍之手，但卻有百分之二十五的西方戰俘死於日軍之手，可見日軍之中雖然有好人，但也抵償不了日軍的滔天罪行。

結語

希活在 1945 年 8 月 30 日與一班深水埗營友，到赤柱拘留營探

望多年未見的朋友，他所記錄與朋友的對話非常有意思：

　　營友對赤柱拘留營生活的描述有很大差別：一個熱衷的生物學家朋友活得很充實，他種的蔬菜首屈一指，他也曾看到各種稀有的雀鳥（包括食腐屍的禿鷹），更在營裏生產酵母。他說：「整體而言，這是一個很好的經驗⋯⋯關押的時間可能有點長，但日子不算太難過。」另外一位女士在結束她的故事時說：「希活先生，這簡直是人間地獄。」確是見仁見智。

他在集中營的日記中也曾有以下的兩段：

　　我們不會對生命太過苛求。當戰爭結束後，我告訴自己，不應再對月感嘆。我明白到：雖然我們沒有奢侈享受，但仍然可以滿足於簡單的生活⋯⋯好的食物和生活環境以及家人的陪伴，快樂並不需要擁有太多的物質；失去所有的財產相比於喪失自由、家庭生活和事業顯得微不足道。現今世界生活變得太複雜了；我們對簡單的事情要更感恩。

　　不要為明天想得太多；最重要是活好每一天，而不是為了未來一些模糊不清的回報⋯⋯我想這是不值得追求的。人生是有意義的，活在當下⋯⋯「要愛人如己」⋯⋯我有一個堅固的堡壘：充滿愛的家等着我回去。或者有人認為生於這個亂世是不幸的；但也許我們這一代會有極好的機會去作出改變，使世界更美好。

「活在當下」，也許是希活台長對三年零八個月苦難的體會和總結。

注　釋

1　Heywood, G., *It Won't Be Long Now: The Diary of a Hong Kong Prisoner of War* (Hong Kong: Blacksmith Books, 2015).

2　防衛廳防衛研修所戰史室：《香港・長沙作戰》（東京：朝雲新聞社，1971）。

3　港英政府曾於 1938 年開始在石崗興建機場，計劃在 1939 年停止。

4　Bellis, D., "Sham Shui Po Military Camp / POW Camp / Vietnamese Refugee Camp [1927-?]," accessed 6 October 2023. https://gwulo.com/node/2886#15~22.3320~114.1578~Map_by_GovHK-Markers~100

5　Ride, E. "Jan 1942 - L T Ride's escape from Japanese-held Hong Kong," accessed 6 October 2023. https://gwulo.com/node/48149

6　奈特先生不幸於 2023 年病逝。

7　The Royal Scots, "The Lisbon Maru," accessed 6 October 2023. https://www.theroyalscots.co.uk/lisbon-maru/

8　感謝馮錦榮教授提供相關資訊。

9　HKU Libraries Digital Initiatives, "Case no. WO235/1012, Hong Kong's War Crimes Trials Collection", accessed 6 October 2023. https://hkwctc.lib.hku.hk/exhibits/show/hkwctc/documents/item/61

10　感謝馮錦榮教授提供相關資訊，及參考 Bellis, D., "Isao / Esao TOKUNAGA (aka Fat Pig) [?-?]," accessed 6 October 2023. https://gwulo.com/node/44132。

11　HKU Libraries Digital Initiatives, "Case no. WO235/1012, Hong Kong's War Crimes Trials Collection," accessed 6 October 2023. https://hkwctc.lib.hku.hk/exhibits/show/hkwctc/documents/item/61

12　感謝馮錦榮教授提供相關資訊。

13　Brode, P., *Casual Slaughters and Accidental Judgements: Canadian War Crimes Prosecutions, 1944–1948* (Toronto: University of Toronto Press, 1997), 157–177.

第二部分

扎根立業

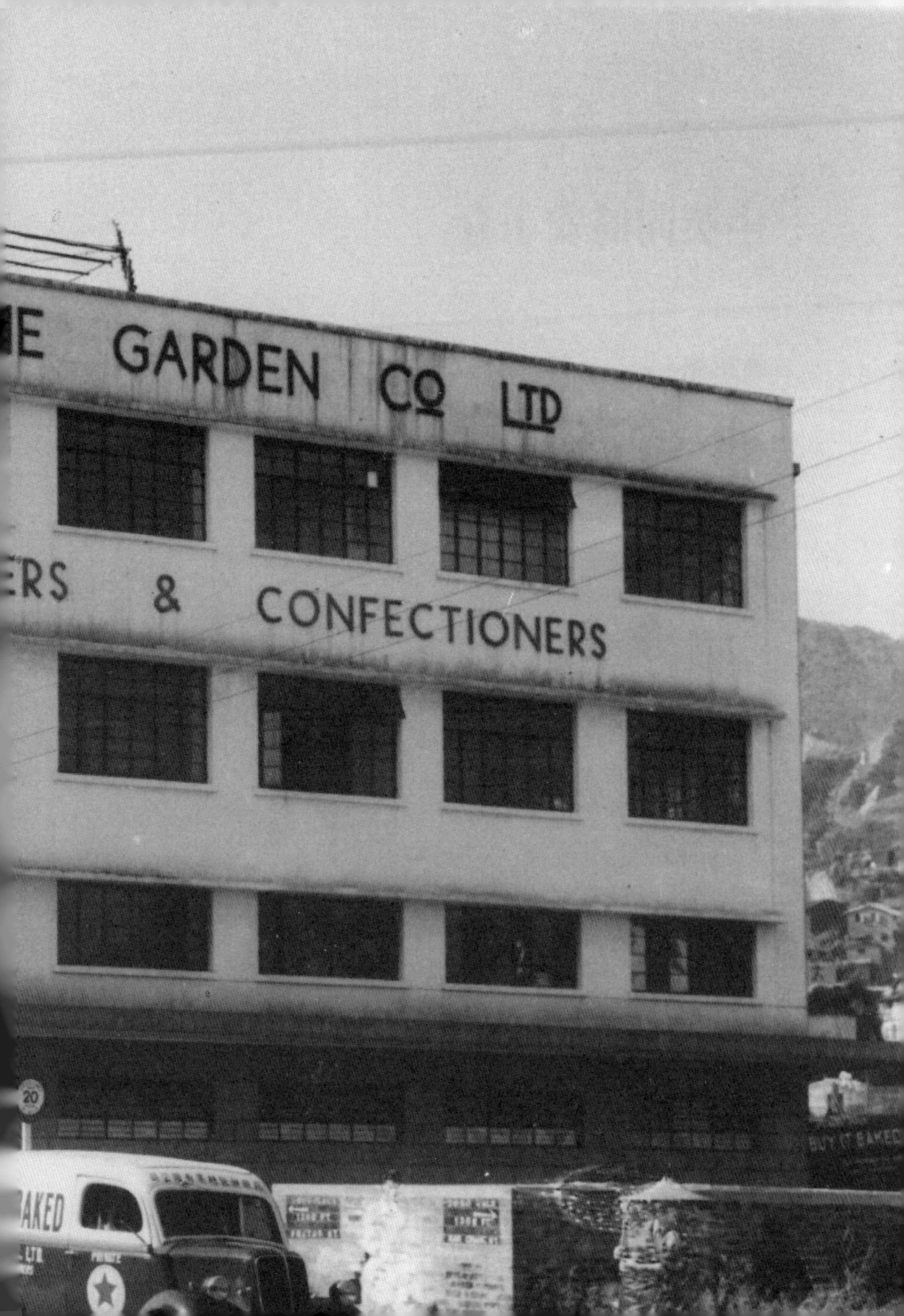
GARDEN CO LTD
ERS & CONFECTIONERS
20
BAKED

中英同倚安子介

黃紹倫

前言

> 當時建廠十分艱苦 …… 華南染廠建在九龍青山道。那時香港經
> 常斷水，而染廠正需要大量用水，我們只好到山上去泵水使用，十
> 分困難。[1]

1951 年，安子介和周文軒創辦華南漂染廠，工廠位於當時的青
山道 476 號。兩人年輕力壯，安子介那年 39 歲，周文軒則剛到三十
而立之年；安子介有豐富的進出口貿易知識和相當的工作經驗，周
文軒則熟悉漂染技術和擁有資金。兩人相輔相成，攜手合作。工廠
地方偏僻，但頗具規模，並非普通的「山寨廠」。創辦那年，華南染
廠聯同其他四間漂染廠，包括中國染廠，在香港的英文報章《南華
早報》上刊登廣告，公佈共同訂立的漂染收費，可見華南染廠在行
業中，已經站在前列。1962 年，香港大旱，政府限制用水，每日只
供水四小時，漂染業大受影響。但華南染廠表示仍能如常運作，因
為工廠擁有獨立水源，可見它的規模，跟初創時期相比已經不可同

日而語。但當乾旱持續，到了翌年年中，華南染廠亦不得不把生產時間縮減到每日四小時。這個缺水的困境，要到 1965 年內地的東江水開始輸港，才得到徹底解決。1969 年，華南染廠帶領整個香港紡織行業邁進電腦營運的時代。安子介作為負責人，宣佈華南染廠率先購入 IBM-360 Model 20 電腦，成為香港首家擁有全自動數據分析能力的企業。這項突破為香港傳媒津津樂道，《南華早報》在其後的〈25 年回顧〉及〈當年今日〉的專題報道中，均列舉這事為香港發展的里程碑。[2] 達成這項創舉，安子介作為實業家的領袖地位已經確立無疑。

安子介（左二）
圖片來源：鄭宏泰

南聯實業有限公司原址,位於葵涌和宜合道。
圖片來源:《1971/72 南聯實業有限公司年報》

一、榜上有名

1975 年,在 6 月公佈的英女皇壽辰授勳名單中,安子介不僅榜上有名,而且名列榜首。他獲頒大英帝國司令勳章(CBE),僅次於爵士級勳銜。當年只有兩名香港人士獲得這項榮譽,他的領袖地位顯然已經超越實業界別,並廣及整個香港社會了。官方公佈授勳名單的時候,對他有以下的贊詞:

> 安先生是一位領先的工業家及商業家。自 1970 至 1974 年,他服務於立法局。在 1974 年,他被委任為行政局成員。安先生有突

出的公共服務紀錄。他是香港訓練局主席和大學及理工撥款委員會副主席。他亦是貿易發展局成員，曾經帶領多個貿易代表團出訪海外。[3]

同年 9 月，安子介再有新任命，他接替簡悅強出任貿易發展局主席。這項消息公佈時，《南華早報》對他的履歷有更詳細的報道：

直至最近，安先生是香港工業總會和香港訓練局的主席。他也是大學及理工撥款委員會的副主席。他曾經率領多個貿易代表團外訪。在 1973 年及今年年初，他以香港政府代表團團長的身份，出席聯合國亞太區社會經濟會議。

他是香港棉紡公會的前任主席。在任內，他歷次參加和外國政府的重要紡織品談判。

在他個人事業方面，安先生是南聯實業集團主席，也是中南紡織（香港）有限公司及華南漂染廠創辦人之一。這些企業現在均為香港紡織工業的重要組成部分。他亦有投身電子行業，創立了 Swops Electronics Ltd.，生產高端原子粒收音機。他同時服務於數間本地上市公司董事會。

於早年，在其他題材之外，安先生用中文為一個大學叢書系列，撰寫了厚厚的《國際貿易實務》，備受外貿學生歡迎，流傳甚廣。[4]

2000 年，安子介的人生走到盡頭。他的離世受到中國政府高度重視，特別為他安排國葬儀式。他是首位香港人士獲得這項殊榮。隆重的國葬儀式，清楚顯示他的領導地位已經不僅限於香港社會，而是提升到國家級別。內地的《光明日報》對他的公祭儀式作出了詳盡報道：

新華社香港 6 月 12 日電　傑出的社會活動家、著名的愛國人士、香港知名實業家，中國人民政治協商會議第九屆全國委員會副主席安子介的公祭儀式，今天在香港殯儀館舉行。安子介先生因病於 2000 年 6 月 3 日 15 時 12 分在香港逝世，享年 88 歲。

受中央委託，全國政協副主席葉選平、王兆國及有關方面負責人鄭萬通、廖暉、劉延東等專程來香港參加今天的公祭儀式。全國政協副主席霍英東、香港特別行政區行政長官董建華、澳門特別行政區行政長官何厚鏵、中央人民政府駐香港特別行政區聯絡辦公室主任姜恩柱也參加了公祭儀式。

今天上午，香港殯儀館禮堂莊嚴肅穆，哀樂低回。禮堂正廳上方懸掛着「沉痛悼念安子介先生」的橫幅，下方是安子介先生的遺像，遺像前擺放着安子介親屬敬獻的花圈。鮮花叢中，安放着安子介先生的靈柩。安子介先生的遺體上覆蓋着中華人民共和國國旗……

安子介先生病重期間，中央對他的病情非常關心，專門派出醫療小組，黨和國家領導人江澤民等同志曾委託有關部門負責人鄭萬通等專程赴港看望……

安子介先生的一生，是愛國的一生，是跟隨時代步伐不斷進步的一生。他堅決擁護鄧小平先生提出的「一國兩制」的偉大構想，為實現香港的平穩過渡和政權順利交接作出了突出貢獻……[5]

安子介的人生歷程節節向上，從成功的實業家，進而成為香港知名的社會領袖，最終達到國家級領導人的高峰。這樣的人生歷程在香港特殊的政治環境中，可說罕見。攀登這個高峰，充滿困難險阻，需要得到中國及英國政府的認可和倚重，才能成事。而在香港人士之中，能夠獲得兩國政府相繼倚重的，並不多見。簡悅強曾經是港英政府時代的紅人，被委任為行政局首席非官守議員，儼然是

香港華人的代表。但在 1979 年，他陪同港督麥理浩訪問北京之後，便辭去首席議員職位，退出政壇。他在行政局的繼任人是鍾士元，港英政府對鍾士元器重有加，但北京政府對其則甚為不滿，導致當時新華社香港分社社長許家屯公開斥責鍾氏為「孤臣孽子」。[6] 而北京政府在香港的紅人霍英東，後來亦如安子介一樣晉身政協副主席，但在港英統治年代，他長期被港英政府排斥，他投資的星光行不能得到電話服務，明顯遭到政治封殺。能夠在中英兩國政治角力中取得平衡，同時得到兩國領導人器重的，以包玉剛的經歷和安子介可算是最為近似。但包玉剛既不是港英的兩局議員，也不是北京的政協、人大領導人。那麼安子介可說是一個罕有的例子，而他是怎樣得到英中兩國政府相繼倚重的呢？

二、英方賞識

在英國殖民統治時代，香港吸引了大量華南移民到來謀生，所以香港人口的組成，主要是以廣東人及其他華南族群為主。二次大戰以前，江浙人士和華北地區的族群甚少到香港來定居。江蘇浙江一帶，有上海作為經濟中心，提供機會給力爭上游之士，一試身手。上海在長江流域，冒起成為國際都會，相形之下，香港不過是一個地方城市。香港的廣東人，有些流向上海，形成上海的「廣東幫」。上海的江浙人很少到香港來尋覓機會。但這個情況自從日本侵華，長江流域烽煙四起之後便開始改變。1937 至 1938 年間，上海一些江浙人士初次踏足香港，逃避戰亂，其中包括「棉紡大王」榮宗敬，和初露頭角的安子介。

江浙人士俗稱的「上海幫」，在香港形成一股舉足輕重的力量，則始自中國內戰爆發，國民黨倒台，共產黨執政的歷史轉折時刻。

在 1940 年代末期，一批江浙實業家把工業設備和資金，從長江流域轉移到香港來，推動了香港的工業起飛。這批「上海人」數目不多，到了 1970 年代，也只佔香港人口百分之四左右而已。但他們牢牢緊執香港紡織工業的牛耳，香港的大型棉紡紗廠有八成由「上海幫」創辦及擁有。[7] 港英政府很快意識到他們的雄厚經濟實力，亦清楚知道需要借助這股創業力量，來實現戰後香港的經濟及社會轉型。

這批江浙精英在香港站穩陣腳不久，港英政府便開始在他們的社群中挑選代表，吸納到政治中樞來。1960 年代初期，當時的港督戴麟趾作出「零的突破」，在這批少而精的實業家中，選出唐炳源，推薦為立法局非官守議員。在保密的推薦函中，戴麟趾這樣描寫唐炳源：「有領導才能的工業家，在上海社群出類拔萃，為人聰明、強勢，能言善辯，歸化英籍近十年……雖然，唐炳源與周錫年常有齟齬，不過委任上海人是零的突破，相信會廣獲接受。」[8]

1968 年，唐炳源再上層樓，晉身行政局。戴麟趾接着推薦安子介進入立法局。在機密推薦函中，戴麟趾解釋他重視安子介的原因：「自從唐炳源晉身行政局後，立法局就失去來自北方，具影響力的紡織界代表。無疑安子介為人過度專注於自己的事業，較少涉獵其他範疇。但是，單是他對香港最重要出口事宜的關注；儘管這是唯一的優點，已足夠讓其當上立法局議員。」[9]

1974 年，戴麟趾的繼任人港督麥理浩推舉安子介進入行政局。麥理浩在機密推薦函中這樣形容安子介：「非常出色，是芸芸立法局議員中最有知識及思想最開明的非官守立法局議員……。他是一名上海人，這是時候再次招攬此族群人士進入行政局。」[10]

唐炳源與安子介先後得到港英政府高層的賞識。他們兩人同屬「上海幫」，都是從江浙移居香港的紡織企業家，但他們同中有異。唐炳源在 1898 年生於江蘇無錫，是當地紡織望族的子弟，可說是「紅褲子」出身。他學貫中西，畢業於上海聖約翰大學、北京清華學

堂以及美國麻省理工學院。安子介 1912 年生於上海，浙江定海人，家族並不顯赫，父親經商早逝，由母親撫養成人。他在上海聖芳濟學院就讀，但因戰亂關係，學業中輟，沒有出國留學。唐炳源留學美國，精通英語。安子介則通過自學，能說多國語言。在學生時代，他就同時學習英、法、日三國語言，然後自己努力掌握了德語及西班牙語。唐炳源是紡織專才，家學淵源加上出洋深造；安子介則是半途出家，在紡織方面，也是自學成才。他自己承認，「我剛開始時，對紡織僅知皮毛，幾年幹下來，才知道織一匹布要用多少棉紗，才明白一經一緯是平布，經細緯粗是府綢，三經一緯是斜紋，四經一緯是緞子。這些秘密，同樣吃這碗飯的人是不肯告訴你的，要靠自己一點一點摸索。」[11]

安子介和其他上海紗廠老闆，在 1950 年代為香港的紡織工業打下基礎。香港紡織品出口成功，對英國本土工業構成威脅，英國政府開始限制香港產品進口。安子介代表紡織業界，前往英國爭取權益，初嘗類似「一國兩制」的矛盾。香港政府夾在矛盾之中，不免左右為難，但曾任代理港督的鍾逸傑說，港府並沒有退讓：「香港政府大力支持（紡織）工業，引領紡織紗廠東主和英國政府對抗。這真是驚人之舉 —— 小小香港和蘭開夏及英國政府開戰。這是香港政府不向英國叩頭的例子。結果就是香港自身成為世界貿易組織（World Trade Organization）的成員，而台灣都不能如此。」[12]

但是香港政府不能直接和英國政府對壘，所以外訪及和歐美國家談判紡織配額的重任，便落在香港企業家的身上。這時安子介挺身而出，盡顯才華。在他拍檔唐翔千的傳記中，對安子介這段在 1960 年代的經歷，有這樣的描述：

面對紡織品配額帶來的行業不景氣，安子介站了出來，準備組成香港紡織團周遊歐美，一國一國地進行遊說。他的想法甫一提

出，就得到業界積極響應，並被大家推舉為團長。

在去機場送行的時候，翔千拉着安子介的手，深情地說：「子介兄，你這一次出行可關係到幾十萬人的飯碗哪！」……

安子介果然不辱使命，帶着代表團訪問了十七個國家，為打開歐美市場作出了重要貢獻。[13]

在帶團外訪的活動中，安子介的語言才能大派用場。在領團參加瑞士洛桑博覽會的時候，他作為香港代表團團長，需要作一場 40 分鐘的演講。他用標準的法語發言，還不忘加入地道的瑞士用語。[14] 其後，他出任香港貿易發展局主席，「他為香港拓展海外市場所到之處，分別用各該國語言發表演詞，如在日本用日語，在法國用法語，在奧地利用德語，在巴拿馬、委內瑞拉用西班牙語，備受歡迎。」[15]

1967 年，香港左派人士發起一場暴動。這場騷亂初期牽連紗廠，首先在大型的南豐紗廠爆發工潮，然後在新蒲崗人造花工廠蔓延，引發大規模暴動。在這年，安子介當選為香港棉紡公會主席，他公開支持政府，向外國傳媒發表言論，力圖穩定人心。他向美國報章說，香港棉業生產仍以平常步伐進行，未受暴動影響。[16] 他參加由政府組成的工商界特別委員會，沉着應對騷亂。他在事後回憶說：「當時，（財政司）郭伯偉對時局看得很清楚。他說，這只是文革外流，對香港沒有基本影響。那段期間，我常常直接參加工商司會議。我知道大陸蔬菜、豬肉等日日源源運到，只中斷過一天。」[17]

暴亂剛剛平息，安子介便以棉業公會主席身份，率領一個由十四人組成的貿易代表團前往澳洲，以顯示香港經濟並未受到嚴重打擊。離港前，貿易發展局首任主席周錫年主持記者會，介紹代表團。周錫年說香港的產品在澳洲漸受歡迎，團長安子介將會設法吸引澳洲企業家到香港來投資。安子介補充說，他期望和澳洲方面展

開會談，探討香港購買當地過剩棉花的可能。[18]

　　由此可見，港府高層對安子介另眼相看，是基於他在歷次重大危機中的出色表現。「六七暴動」之後，安子介便進入立法局，繼而晉身行政局，直至 1978 年從行政局退下來。安子介退出行政局的時候，港督麥理浩在致謝函中向他說：

> 　　您是由上海來到此地一批人中的一位，創出現代工業化、國際性的香港。您目睹了，也參加了在一個自由經營架構之下，比世界任何地區，更成功地、和平地達致經濟上和社會性的變化。您會有很多故事，可說給您孫子們聽。[19]

　　1979 年，港督麥理浩首次前往北京，會見鄧小平，有關香港前途的談判，由此揭開了序幕。安子介對香港前途問題，早有考慮。「六七暴動」之後，香港政商界的有心人士，便對香港前途問題展開討論。鍾士元在回憶錄中有以下敍述：

> 　　周錫年透過工業總會總幹事原劉素珊，召集工商業知名人士如安子介、胡文翰、莊重文等，組成了一個小組。我亦是其中一份子。小組成員每約兩個月碰頭一次，由周錫年主持，舉行座談會討論香港政治前途。……我們六、七人反覆研究香港的政治前途。經過了約一年多的時間，大家的結論是，距離香港的關鍵年期即一九九七年，尚有三十年之久，對中國而言，台灣的政治前途應該更形迫切……小組遂鬆懈下來，並在六九年間停止運作。[20]

三、中方器重

1982 年，安子介以香港工商界知名人士身份，應邀訪問北京。這是安子介從上海移居香港後，首次回國。他獲得總理趙紫陽接見，負責香港事務的廖承志在場，而安子介有他的生意拍檔唐翔千作伴。這次破冰之旅，唐翔千很可能是有份穿針引線的。1972 年，由於母親在上海病危，唐翔千趕赴上海探望，並打破層層障礙，成功申請把母親送往香港，接受治療。那次上海之行，唐翔千和上海統戰部建立了聯繫。1973 年，唐翔千以主席身份帶領香港棉紡公會成員訪問內地，這是很多香港上海紗廠老闆在大陸解放後第一次回鄉。安子介那時是香港立法局非官守議員，礙於政治身份，沒有參加訪問。1979 年，上海市委統戰部部長張承宗率團訪港，唐翔千是東道主，為張承宗一行安排行程，鞏固了他作為中介的角色。[21]

1983 年，許家屯來港，以新任新華社香港分社社長身份，成為中方在香港的官方代表，備受各界重視。許家屯，江蘇如皋人，抵港前曾任中共福建省委工業部副部長、南京市委書記、江蘇省委書記，政治級別比以往所有新華社社長都要高。他和前任社長的另一個分別，就是他的籍貫。正如他自己所指出，「二十多年來，香港新華分社歷任社長，都是廣東人；就連副社長及其他負責人，也多為廣東人。而新上任者，同廣東毫無關係，是一個地道的『外鄉佬』！」[22] 協助他的副社長及副秘書長，也一改從前舊習，都是「外鄉佬」。新任副社長李儲文，浙江慈谿人，履新前歷任中國基督教三自愛國運動委員會（總部設於上海）秘書長、上海市外事辦公室主任，以及上海市僑務辦公室主任。新任副秘書長喬宗淮，江蘇鹽城人，喬冠華之子，履新前曾任國防科委航天醫學工程研究所助理研究員，以及香港中文大學訪問學者。許家屯、李儲文、喬宗淮都是江浙幹部，他們密集抵港，取代以往的廣東幹部，顯示中共高層為香港前途談

判，作出了新的戰略部署，把統戰焦點集中到香港的江浙社群，即他們所謂的「海外寧波幫」來。[23]安子介作為香港江浙社群領袖，自然是中方統戰的重點。

1983 年，中英兩國有關香港前途的談判還未結束，安子介接受了中國政治協商會議的任命。事後，他輕描淡寫的表示，他不能拒絕邀請。[24]他說得簡單，但這無疑是一項表態，在行動上支持中方。拒絕中方邀請的，大有人在。1982 年初，香港新華社給鍾士元、簡悅強和安子介均發出參加政協的邀請。同年 2 月，香港日本經濟合作委員會在東京召開周年大會，鍾、簡、安三人都是委員。抵達東京後，三人聚集在鍾士元的酒店房間，商談如何應對中方的邀請。鍾士元說：「我現時正代表香港人向英國表達意見，其中主要包括九七問題，若接受中國的邀請，既有角色衝突，亦會失去中英兩國政府對我的信任。」[25]那時鍾士元是行政局首席非官守議員，而他的前任首席議員簡悅強，在 1980 年提前辭去行政局職務，目的是退出政壇，遠離中英談判，所以也不會接受邀請。但鍾士元指出，「安子介情況則大不相同。他幾年前已在行政立法兩局退休了⋯⋯沒有擔任重要公職，但他對香港環境及政府運作均非常熟悉。我與簡悅強均認為安子介應該接受邀請，向中國政府表達香港人的意願。」[26]

另一個香港上海企業家中國染廠老闆查濟民，也婉拒參加政協的邀請。他告訴新華社香港分社社長許家屯：「我會一樣為國家做事，不掛名，效果可能更好。」[27]香港名人參加政協會有多重考慮。例如，當許家屯向總理趙紫陽推薦包玉剛出任人大副委員長的時候，趙問許：「包持甚麼護照？」許說：「如果中央接納我的建議，我會和包本人商量，看他願不願意放棄英國國籍和爵士勳位。」[28]

1985 年，中英兩國已經為香港前途問題達成協議。中方展開有關香港《基本法》的草擬工作。這時，安子介身兼雙重職務。中方委任他為基本法起草委員會的副主席，主席一職則由姬鵬飛擔任。

身為國務院港澳事務辦公室主任，姬鵬飛是中國的官方代表，而作為副主席，安子介實際等如是港人的首席代表。為了收集香港市民對《基本法》的意見，基本法諮詢委員會在香港成立，共有 180 名成員，全部是香港人。諮委會成員推舉安子介為主席，安子介清楚表示諮委會的職能只在盡力收集各界建議，不會公開發表意見。

經過五年努力，《基本法》於 1990 年制訂成功。在接近尾聲時，內地和香港都受到「六四事件」衝擊，但草擬工作只停頓了兩個月，安子介可說是功不可沒。1993 年，安子介當選為政協副主席，正式成為國家領導人。

安子介作為香港「寧波幫」的傑出人物，顯然是中方在爭取香港回歸時的重點統戰對象。中共統戰工作通常有聯繫「專線」。[29]譬如，包玉剛的聯繫專線是他的親戚盧緒章。盧緒章是中共外貿方面的領導人，長期活躍於上海及香港地下黨。[30]霍英東的專線是何銘思。霍和何都是廣東人，而何銘思的官方身份是香港新華社副秘書長。李嘉誠的專線是莊世平，兩人同是潮州人，而莊世平在商界的身份是南洋商業銀行董事長。那麼，安子介的專線是誰呢？表面並不清楚，但有些線索可尋。1993 年，安子介剛當選為政協副主席，他為了《大公報》慶祝在香港復刊一事，罕有的三次約晤當時《大公報》社長王國華商談。[31]《大公報》的前任社長費彝民，於 1988 年去世。費彝民，蘇州人，生於上海，精通法語，解放後長期在香港報界工作。1977 年，費受到中共高層指示，動員中國染廠查濟民出面購買愉景灣，以阻止蘇聯資金入侵香港。[32]顯然費彝民和香港的江浙名人，交往頗深。他和安子介在背景上有不少相似之處，而兩人亦同為基本法草委會成員。

四、夫子自道

　　安子介接受中方任命時，有香港記者問他：「以往你為港英政府效力，今天又接受中國政府委任，兩者有沒有矛盾，你是不是『轉軚』？」安子介回答說：「我始終為香港人利益服務。」他所指的「香港人利益」，究竟是甚麼意思呢？1983年，他首度參加北京政協會議，在發言中提出了「港法治港」的建議。[33] 他的潛台詞似乎是：要法治，不要人治。在香港前途談判還未展開時，他曾經向香港傳媒發表過他的名言：「香港有三條不成文法規：首先，銀行紙幣可以買金條；其次，稅務局不會抄你的家，只會發信給你；最後，警察不會半夜來敲門，除非他們有法庭手令。」[34] 他的意思很清楚：香港的生活方式，受到法治保障，這是香港人根本利益之所在。

　　1997年，香港正式回歸祖國懷抱。有內地記者罕有的爭取到機會，為他作訪問，說他坐下來，劈頭第一句就說：「我不談政治。」但如果是有關他的興趣，即是文字的研究，則「幾天幾夜也講不完的」。這位記者在發表訪問報道時，在標題中慨嘆：「安子介之謎」[35]。了解安子介並不容易，他謹言慎行，就如他在主持《基本法》諮詢工作時，堅持不公開發表意見，只是盡力收集各界看法一樣。破解他這個謎團，除了看他的言論，更要從他的行動來觀察他的取態。他在行動上顯示他有「三不為」。

　　他第一個不為，就是不組政黨。新華社香港分社社長許家屯曾經透露，他往香港履新的時候，「廖承志交待，要支持查濟民『組黨』，並指示筆者：要像日本的『經團連』支持自民黨那樣，香港也要有大財團出面支持。」[36] 中方固然大力支持，香港本地的知名人士，如鍾士元和李鵬飛等，也熱衷於組織政黨。[37] 所以一時之間，組黨成為香港政界的熱潮，但安子介不為所動。1990年，基本法起草委員會完成任務。草委會包羅了香港的精英人物，共同合作了四年

多的時間，正是組織政黨的理想基礎。但安子介沒有從這方面採取
行動，他反而提議組織一個「香草詩社」，即是由香港基本法起草委
員會所組成的詩詞社團出版詩集，以維持委員間的友誼，形成一個
「精神實體，繫合不散」。詩社前後出版了兩本詩集，採集了內地及
香港成員的作品。在出版第一本詩集時，安子介要求以繁體字在香
港出版，他自謙說他自己「平仄不分，恐貽笑大方，僅以舊譯英文詩
充數」。他提供了四首中文詩，但中詩英譯，則有十六首之多。[38] 香
草詩友之中，只有他一人提供中詩英譯，在顯露他語言才華之餘，
或許也表示他的立場：英文應該在香港繼續受到重視。就在詩集裏，
他對在「一國兩制」框架下，香港應該堅持的語言政策，不言而喻。
同在 1990 年，他在香港發起成立「香港一國兩制研究中心」，並出
任中心主席。他宣佈中心不參選，亦不會推舉候選人，只會專注研
究經濟民生問題。[39] 他不組政黨的取向，於此便清楚明言了。

　　第二個不為是不拉幫派。他很謹慎處理自己作為「上海人」或
「寧波幫」的身份，似乎深明在經濟活動上，地緣是重要的資源，但
在政治文化上，則應該迴避結幫拉派的印象。地緣在經濟上的重要
性，他的企業拍檔唐翔千便深有體會。唐翔千曾經在南聯實業慶祝
上市的酒會上，哼起了京劇名角馬連良的《借東風》，並向同事說：
「現在，我們告別了貧困，都有了自己喜歡的事業。要我說，這也是
因為借了東風 —— 首先，借了香港營商環境的東風。在這裏，做事
講究規矩，人人憑本事吃飯，⋯⋯ 其次，我們也借了『上海幫』的東
風。我們這些人，不管是來自上海還是無錫、蘇州，在這裏統統都
被香港同行叫做『上海人』。正是各位上海朋友的互幫互助、不離不
棄、赤誠相待、抱成一團，才有了今天的南聯實業。」[40] 但安子介和
唐翔千不一樣，很少公開強調「上海幫」的重要。就在南聯實業上
市的前一年，安子介當選為俗稱「西商會」（香港總商會）的理事。
他接受《總商會會訊》的訪問，會訊記者針對他的上海背景，尖銳

的提出：「離開上海，是否一件痛楚的事？」他輕輕避過，把「上海人」的身份淡而化之：「不能說是痛楚，我要面對現實，痛楚要留給內向的人士。我以前在香港住過，知道我去的是個怎樣的地方。當然上海的情況令我無法繼續經營，貨幣差不多天天貶值，整個環境都不穩定。」[41] 地緣在中國當代政治文化上是一個負累。許家屯在回憶錄中，便有提及總理周恩來怎樣小心迴避故里：「筆者一九五六年起從福建調回江蘇，一直在省裏工作，直到周恩來去世，記憶裏周恩來一次也沒有來過江蘇。浙江他倒經常去，就是江蘇沒來過，遑論回他故里淮陰了。」[42] 安子介也同樣小心，他在 1939 年於上海新婚之後，偕同夫人與母親及兩位弟弟，回到故鄉定海，留下全家的合照。自此之後，一直沒有回去，直至「1991 年 5 月 17 日，天氣晴朗，年近八旬的安子介在濶別定海 52 年之後，重返故鄉尋根，觀光……」。[43]

　　他的第三個不為就是不謀利潤。這是說在內地開始改革開放，歡迎外來投資的時候，安子介按兵不動，沒有大舉在內地建廠經營，擴張業務。他支持南聯實業和內地建立合作關係：「一九八五年，他派出公司一位董事和一位經理到北京傳授印雙色布的技術。他們在北京印染廠提出了許多改進意見，其中一條意見可使該廠每年節省大量開支。」[44] 這是技術轉移，並不是投資擴展。在這方面，他和他的南聯拍檔唐翔千有不同動向。內地剛剛開放，唐翔千便動用自己的資源進軍內地：「辦了三間毛紡廠，還打算辦下去。香港的朋友都說我膽子大，敢到內地辦廠，而且還走在人家前面。我說我不怕。我已經辦了許多廠。我不僅在上海、在廣東辦毛紡廠，還在新疆辦了天山毛紡廠，都是合資經營的。」[45]

　　安子介沒有到內地辦廠，可能是因為在這個時期，他的精力都投放在香港回歸事務，以及他的漢字研究上，企業經營已經不在首位了。而且他在中國政壇地位日高，謀取利潤容易招風惹雨。這類

風險從一項〈假冒安子介在西安「投資」〉的報道，便可見一斑：

> 戴建華，男，今年 30 歲，寧夏……礦務局三中語文教師。……
> 1990 年在北京參加漢文字學術研討會時認識了香港安子介先生……

> 在調查中，我們曾與寧夏區委統戰部取得聯繫，得知戴在寧
> 夏中寧縣假冒安子介先生的名義，與當地洽談合資辦枸杞廠事已被
> 查處，並且本人就此過失作了書面反省。從目前我們掌握的事實分
> 析，戴在寧夏面目敗露後，繼續假冒安先生的名義，並偽造許多證
> 件在西安招搖，其行為帶有詐騙性質。因此，我部已將戴建華的假
> 冒行徑及安子介先生的明確態度通報給陝西有關人士，提請他們注
> 意防止再受戴的蒙騙。
> 專此匯報。　　　　　中共陝西省委統戰部　1993 年 11 月 16 日[46]

有所不為，是為了集中精力，追求終極目標，意在有所作為。
安子介多才多藝，職務繁多，他究竟一生何求，希望在哪方面大有
作為呢？他在年輕的時候，曾經和朋友合作，出版過一本科幻小
說，叫做《陸沉》。《陸沉》是科幻小說，但也可以看成是寓言故事。
在這本譯著裏，安子介隱寓言志，大力推崇科學發明。《陸沉》的藍
本是一位美國作家所寫有關第二次大洪水衝擊地球的故事：地球遇
上含水星雲，空前的洪水將淹蓋大地；一位科學家提出預警，但世
人不以為意。科學家於是傾家蕩產，趕製了一艘「亞克」方舟，挑
選精英人物上方舟避難，終於避過大劫，在西藏高原上重建世界。
美國作者在原著中列出的精英人物分類，為首的是科學家，其次才
是政治家和企業家等等。安子介覺得美國作者在原著中忽略了中國
人才，所以在翻譯的時候，「我杜撰了一位中國科學家叫做李子民，
也叫他貢獻一些力量；前後也佔了好幾章，來描寫一個中國天文學

家黃銘為科學研究自我犧牲的動人事蹟。」[47]安子介在五十年後，憶述這本譯著出版的時代背景時，這樣說：「《陸沉》脫稿於 1937 年，1938 年 7 月初版，分上下兩冊，到了 1939 年 8 月已經三版，時歐戰尚未發生，隔一個月歐戰爆發。足見那時候，青年們多麼嚮往科學，那時我也是青年，只有 26 歲，相信科學可以救國。」[48]

　　安子介推崇廣義的科學家、發明家，因為他們可以迎難而上，以智慧消解難題。他的座右銘是：「想、想、想，定會想出辦法。遇到困難，就千方百計設法解決！」[49]戰後香港，紡織工業初興，即受到西方國家限制入口，而當時大量輸入香港產品的南非，更設下苛刻的條件，「要求每英吋布有 172 根紗，不足此數，則徵重稅，在港業內人士認為，很難達到這一要求。安子介卻研究了大量的外國先進技術資料，創造出一種『三經一緯』的斜紋布，超過每英吋有 172 根紗的標準，率先打入南非市場……」[50]到了香港前途談判結束，中方提出「一國兩制」的構想，保證香港原有的經濟制度和生活方式，五十年不變。但如何落實這個保證？這便要創造一部「《基本法》」，以法律條文把香港的制度和生活方式的精粹，刻劃並鞏固下來。面對這項挑戰，作為基本法草委領導人的安子介，形容這個前所未有的任務，猶如修築長城，一磚一瓦的以文字築起一道法律長城，保衛兩制的不同生活方式。完成這項任務後，他在《香草詩詞》中，留下一首無題詩：「幾翻風雨幾度秋，顛倒乾坤無生有，令人沮喪最感處，節外生枝纏不休。」[51]從無生有，他再次發揮他的發明及創造精神。

　　但他把「想、想、想」精神發揮得最淋漓盡致，是在漢字研究上面。據他向記者說，他研究漢字的興趣，始於 1978 年他從行政局退休之後：「那時，我覺得自己的字寫得不好，想練寫字。有一天，寫到一個『疑』字，覺得很有意思。左上是『匕』，左下是弓箭的『矢』，旁邊是長矛的『矛』，下面用一個『足』頂着，好像一個

有趣的故事，一個人在遇到危險時猶豫不決，究竟用匕首刺？還是用弓箭射？或者用長矛進攻？甚至索性逃跑，三十六計走為上計？我又想，『疑』可以這樣解釋，不知其他字怎麼樣？」[52] 他説來好像是偶然的事，但其實他自小便對文字深感興趣，曾經想過當文字學家。當他事業有成，卸下行政重擔，開始漢字研究的時候，可説是重燃舊夢，重拾初心。而漢字研究有它的沉重歷史：近代中國在西方船堅炮利的衝擊下，一度信心盡失，激進的知識分子認為漢字是現代化的障礙，必須揚棄。這種「漢字落後」論點，一直延續到電腦普及的時期。1982 年，安子介到北京參加一個會議，「會上談到中文電腦化的問題，他一直想着如何為此出一份力，回到香港以後，他便和兒子安如磐分工，父親搞軟件，兒子研究硬件⋯⋯經過兩年多的研究，終於創造成功，命名『安子介寫字機』。」[53] 作為發明創造家，安子介成功克服中文電腦化問題，有效推翻「漢字落後」的觀點。隨後他撰寫了《安子介現代千字文》一書，精選了二千個漢字，作為掃除文盲的基礎。他總結他對漢字的看法為：「漢字是拼形文字，也具拼音特色，能使人雙重聯想，聯想是一切發明之母。」[54] 所以，他認為漢字是中國四大發明之外的「第五大發明」：「為漢字發揚光大，在世界文化史上增添光輝的一頁，同為炎黃子孫，與有榮焉。」[55]

結語

人生到處知何似？安子介不説他似飛鴻，而説自己像沙粒：「我不過是在時代大浪裏的一粒細沙，被打到香港，而停留在這裏。」[56] 這真個是：一粒細沙，打到香港，表層磨去，顯露晶瑩，青山道上，閃出光芒。

注　釋

1　屈月英：《我眼中的安子介》（香港：華英信息社，1992），頁 20。

2　以上資料來源，見 *South China Morning Post* (*SCMP*), 22 March 1951, 14; *SCMP*, 23 May 1962, 7; *SCMP*, 30 May 1963, 20; *SCMP*, 27 June 1969, 29; *SCMP*, 3 July 1993, 30; *SCMP*, 28 June 2000, 46。

3　*SCMP*, 14 June 1975, 7.

4　*SCMP*, 29 September 1975, 25.

5　〈安子介先生公祭儀式在香港舉行〉，《光明日報》，2000 年 6 月 13 日。

6　見許家屯：《許家屯香港回憶錄》（上）（香港：香港聯合報，1993），頁 96。

7　黃紹倫（王國璋譯）：《移民企業家：香港的上海紗廠老闆》（香港：中華書局，2022），頁 29。

8　香港政府檔案處文件（Appointments of Membership to Executive Council of Hong Kong, 1970, HKMS189-1-117, Hong Kong Public Records Office.），轉引自莊玉惜、黃紹倫、鄭宏泰：《香港棉紡世家：識變、應變和求變》（香港：天地圖書，2013），頁 147–148。

9　同上，頁 149–150。

10　香港政府檔案處文件（Appointments of Membership to Executive Council of Hong Kong, 1974, HKMS189-1-331, Hong Kong Public Records Office.），轉引自莊玉惜、黃紹倫、鄭宏泰：《香港棉紡世家》，頁 150。

11　蔣小馨、唐曄：《唐翔千傳》（香港：三聯書店，2014），頁 94。

12　Becker, J., *C. C. Lee: The Textile Man* (Hong Kong: Textile Alliance Ltd., 2011), 94.

13　蔣小馨、唐曄：《唐翔千傳》，頁 142–143。

14　"Mr T. K. Ann," *The Hong Kong General Chamber of Commerce Bulletin*, 15 May 1968, 4.

15　屈月英：《我眼中的安子介》，頁 24。

16　《工商日報》，1967 年 7 月 17 日，頁 4。

17　梁家永：〈安子介的學術與從政生涯〉，1989 年 2 月 4 日，轉引自屈月英：《我眼中的安子介》，頁 120。

18　*SCMP*, 12 October 1967, 12.

19　屈月英：《我眼中的安子介》，頁 25。

20　鍾士元：《香港回歸歷程：鍾士元回憶錄》（香港：中文大學出版社，2001），頁 18–19。

21　蔣小馨、唐曄：《唐翔千傳》，頁 220–221。

22　許家屯：《許家屯香港回憶錄》（上），頁 3。

23 參看海外寧波人研究會編：《海外寧波人研究》（寧波：寧波出版社，1998）；寧波市政協文史委員會編：《寧波幫與香港回歸史料選輯》（寧波：寧波出版社，2018）。

24 Wilson, D., *Hong Kong! Hong Kong!* (London: Unwin Hyman, 1990), 18.

25 鍾士元：《香港回歸歷程》，頁 29。

26 同上，頁 29–30。

27 許家屯：《許家屯回憶與隨想錄》（Brampton, Ont.：明鏡出版社，1998），頁 142。

28 同上，頁 123。

29 同上，頁 105。

30 同上，頁 111。

31 王國華：〈喬老爺教我寫歌詞 —— 悼念喬羽先生〉，紫荊雜誌社網站，2022 年 7 月 12 日，擷取自 https://bau.com.hk/article/2022-07/12/content_996381149710426112.html（瀏覽日期：2023 年 5 月 4 日）。

32 許家屯：《許家屯回憶與隨想錄》，頁 144。

33 屈月英：《我眼中的安子介》，頁 52–54。

34 Wilson, D., *Hong Kong! Hong Kong!*, 50.

35 張文中：〈安子介之謎〉，《滬港經濟》，1997 年第 2 期，頁 25。

36 許家屯：《許家屯回憶與隨想錄》，頁 141。

37 見鍾士元：《香港回歸歷程》；李鵬飛：《風雨三十年 —— 李鵬飛回憶錄》（香港：TOM (Cup Magazine)，2004）。

38 許崇德編：《香草詩詞》（香港：《香草詩詞》編輯部，1990），頁 1、2、29–30 及 132–144。

39 安子介：〈在頒發基本法工作紀念牌典禮上的講話〉，1990 年 6 月 11 日，轉引自屈月英：《我眼中的安子介》，頁 105。

40 蔣小馨、唐曄：《唐翔千傳》，頁 131。

41 "Mr T. K. Ann," 4.

42 許家屯：《許家屯回憶與隨想錄》，頁 58。

43 金濤：〈安子介的傳奇人生〉，《文化交流》，2013 年第 7 期，頁 45。

44 屈月英：《我眼中的安子介》，頁 38。

45 《大公報》，1981 年 8 月 17 日，轉引自莊玉惜、黃紹倫、鄭宏泰：《香港棉紡世家》，頁 175。

46 〈假冒安子介在西安「投資」一事已查清〉，《漢字文化》，1994 年第 2 期，頁 62。

47　安子介：〈我怎樣寫《陸沉》〉，轉引自賽爾維司（安子介、艾維章譯著）：《陸沉》（上海：三聯書店上海分店，1988），頁 314。

48　安子介：〈五十年後續版序〉，載賽爾維司（安子介、艾維章譯著）：《陸沉》，頁 1。

49　屈月英：《我眼中的安子介》，頁 48。

50　沈雨梧：〈安子介 —— 企業家、學者、愛國者〉，《浙江師大學報（社會科學版）》，1997 年第 2 期，頁 21。

51　許崇德編：《香草詩詞》，頁 30。

52　張文中：〈安子介之謎〉，頁 26。

53　沈雨梧：〈安子介〉，頁 23。

54　屈月英：《我眼中的安子介》，頁 80。

55　同上，頁 46。

56　同上，頁 16。

「公仔麵大王」周文軒的
創作力量和幻想

莊玉惜

前言

　　以廣東諺語「百足咁多爪」（以百足蟲蜈蚣比喻人們涉獵不同範疇）來形容周文軒，最為貼切。自 1950 年代起，周文軒夥拍安子介及唐翔千，相繼在青山公路荃灣段開辦漂染廠、紗廠、布廠、製衣廠等，並整合為上市公司，實行垂直分工生產，成為紡織業龍頭。繼後又將業務擴展至洗衣粉、粟米油、即食麵、急凍食品、超級市場、假髮、房地產、預製房屋組件、航運、證券、保險、中藥等，涵蓋衣食住行。

　　當中不少產品開創先河，盡顯周文軒具備企業家精神，以靈敏觸覺洞察社會經濟環境變化，預見現代人生活節奏緊湊，對便於使用及省時的產品有頗大需求，而以前瞻性視野發展多項創新產品。譬如，率先在港配製洗衣粉及粟米油，以粟米油生產較健康的即食麵，帶領潮流以現代技術進行創新組合，採用先進紙盒包裝技術製作紙包涼茶，發明自動化機器大量生產春卷皮及種植芽菜，並應用現代技術急凍傳統中式點心。引進現代生活及飲食文化，不獨為周

文軒帶來豐厚利潤，亦為消費者創造價值，帶來生活便捷，並在推動中式點心工業化及國際化上作出重大貢獻，其中以生產「公仔麵」最為人津津樂道，為他贏得「公仔麵大王」美譽。

對於連珠炮發的創新意念，周文軒這樣說：「我不是一個好的生意人。我只不過是個幻想家，不是實幹家。想得多，不是做得多。做，大都靠別人。」[1] 這正好道出企業家特質——具備創作力量和幻想，熱衷於創新，且善於運用人才資源將幻想付諸實行。究竟他具備哪些企業家特質？這些特質如何與政治及經濟發展相互交織，讓周文軒洞察變化從而發掘市場機遇？他是如何萌生幻想？他怎樣策略性地運用資源及進行創新組合實現幻想？在進行創新組合過程中，又遇到甚麼挑戰及如何應對？儘管坊間有不少文章描述周文軒種種創新產品，惟欠系統地分析他如何發掘市場空間，以及運用甚麼策略進行創新組合，更遑論將他的業務發展，與戰後香港政治及經濟發展脈絡交織。企業家身處的經濟及社會狀況，對其創新性有一定影響，譬如自由政策有助推動創意，經濟繁榮則為企業家提供發展條件及機會，當然更重要是企業家如何把握種種機遇。[2]

以下先扼要回顧戰後香港政治經濟發展，接續討論周文軒如何把握發展帶來的市場空間，讓我們更好理解企業家的創新機制——促進創新的客觀條件、個人創新動機、方法和策略、創新組合等。最早對「創新」下定義的經濟學家約瑟夫・熊彼得（Joseph A. Schumpeter）認為，創新不一定要發明新事物，而是通過五種創新組合：生產新產品或提高產品質素、以新方法處理產品、開拓新市場、擁有獨特生產物料、重組行業從而創造有利自己發展，或打破他人的壟斷地位及傳統做法。由此可見，創新並不局限於技術發展，亦包括新市場發掘、產品質素提升，當中重視的是運用想像力窺探未為人注意的發展空間，打破常規，達到創新，從推陳出新的過程中尋找樂趣。[3]

一、戰後新格局提供的發展機會和挑戰

二次大戰後，世界體系遽變，資本主義與共產主義兩大陣營對壘形成冷戰格局，另一方面卻為環球經濟創造新的經濟契機及秩序，香港亦從中獲得裨益。

冷戰格局下的商機

1949 年中國內地政權易手及 1951 至 1953 年間韓戰爆發，為壓制中國和蘇聯組成的共產陣營勢力壯大，以美國為首的聯合國對華實施禁運。[4] 與此同時，禁運影響多個亞洲非共產主義國家及地區的經濟發展，連帶香港作為中國與世界各地的轉口樞紐亦受到衝擊，美國只得牽頭對亞洲國家及地區開放市場，並游說西方已發展國家增加亞洲棉紡製品入口，加強後者經濟實力，以證明資本主義較諸共產主義優勝，抗衡共產陣營入侵。[5] 考慮到地緣政治需要，作為英國殖民管治地且位處中國邊陲，香港不獨被融入新世界秩序，成為西方收集情報的中心，亦被納入資本主義世界體制中，享受歐美開放市場帶來的好處。[6]

戰後社會漸趨穩定，重建中的歐洲和美國對各種生活用品，尤其紡織品，需求殷切，帶動新興工業國和地區包括香港的輕工業發展。由外在需求決定供應，採取出口導向為主的工業發展策略，生產勞動力密集的輕工業如紡織業，為戰後不少亞洲新興工業國家和地區經濟復甦採取的一項重要手段，這亦是香港的經濟發展模式。香港漸趨工業化，出現一批新興產業如紡織及電子，產品以出口為主，迅速完成出口導向型工業化，成為以出口為主導的小型經濟體，1959 至 1977 年間，每年主要輕工業（如衣服鞋履、紡織、塑膠、電子、鐘錶）出口比重佔整體出口均逾 50%；至於出口市場，1960 至 1970 年代以美國、英國、西德為主，總和佔香港整體

出口逾 60% 至 70% 不等。[7] 其中 1960 年代輸美產品佔香港總出口逾 30%，1970 年代升至 40%。[8] 以出口貨值計，1950 年代至 1960 年代中，紡織品出口貨值居香港整體出口貨值榜首，後被成衣業超前，出口貨值達到整體出口貨值 35.2%，好一段時間成衣業為香港重要經濟支柱。[9]

工業化發展亦有賴香港特有經濟運作模式和戰後出現的新社會結構。在經濟層面，香港實行低稅率以自由港見稱，吸引大量外來投資；另一方面，政府恪守積極不干預政策；缺點是對工業發展缺乏引導，政府津貼欠奉，優點是商界較少受到政府政策牽制，好讓他們能快速回應市場變化，有助推動香港工業趁戰後西方國家經濟發展步入黃金時期乘勢而起。[10] 至於在社會層面，首先是 1949 年後不少內地商人南來，部分為上海棉紡業及漂染業商家，帶來了豐碩資金及先進技術，加上市場經驗及行銷網絡，為香港紡織業奠下良好發展基礎；其次是大批內地人移居香港，人口由 1945 年 60 萬人，增至 1951 年有 200 萬人，為生產勞動力密集的紡織業提供充沛廉價勞動力，這亦是香港工業發展初期的優勢所在。[11]

打破發展瓶頸

新政治經濟格局為企業家提供機會，同樣亦帶來挑戰。出口導向發展模式形成對海外市場過度偏重，以香港為例，出口高度集中在紡織及成衣產品，1959 年兩者出口佔香港直接出口總值泰半，達 12 億港元（單位同下）；1969 年攀升至近 50 億及 1978 年高達 185.8 億。[12] 紡織方面，以英國為例，1950 年代伊始，港產棉布佔該國紡織品市場不足 1%，該年代末攀升至 30%。[13] 1978 年，美國、英國、西德佔香港紡織品及成衣直接出口貨值三分之二。[14] 高度依賴出口且集中在紡織及成衣，為香港經濟發展帶來不穩定性，在貿易保護主義下，歐美相繼制定《蘭開夏協定》（Lancashire Pact, 1959–65）及《國

際紡織品貿易協定》（Arrangement Regarding International Trade in Textiles, 1974–78）等實施配額制。及至 1980 年代初，有十多個西方國家限制香港出口；1961 年，僅 10% 紡織品出口受限，1988 年增至 59.6%。隨之香港出口增長放緩，紡織業發展受阻。[15]

　　紡織業在特殊環境下乘勢而起，帶動輕工業發展，亦為香港經濟起飛注入強大動力。其後出口導向型工業化出現發展瓶頸，適逢中國於 1978 年推行改革開放政策，廉價土地和勞動力吸引港商將生產線搬上內地，節省生產成本，而自 1950 年代起鮮有與海外聯繫的中國，閉關多年，百廢待興，在各個範疇急需進行現代化發展，為港商帶來龐大商機。這特有的時代背景為企業家進行創新組合提供一些條件，但能否把握機會卻最為關鍵。究竟本文的主角周文軒，如何把握戰後新政治和經濟格局，開拓新業務和產品呢？以下簡單勾勒他在紡織業的發展，接續重點闡述多項體現其創新理念的產品。

二、搶佔紡織業市場先機

　　周文軒的敏銳市場觸覺可追溯至其年輕時代。1921 年生於江蘇省東庭東山的他，初中時因日本侵華而輟學，轉往上海染廠當化驗員，這讓他大開眼界，並觀察到進出口貿易因戰亂停頓，金屬零配件短缺。周文軒當機立斷，與友儕開設小作坊海光工業社生產縫衣車針等，結果如其所料，銷路暢旺。戰後恢復進口，零件供應充裕，他便毅然停止生產，轉而從事貿易業務。[16]

審時度勢　攀上紡織業龍頭

　　戰後人們對紡織品需求增加，曾經在染廠當化驗員的周文軒靈機一動，紡織業衍生而出的周邊產品少不了布疋染料，於是在 1946

1950 年代，每逢周末周文軒會到各廠巡視業務，向廠長了解日常運作情況。

圖片來源：*Textiles, Hong Kong*（1965）

1950 年代起，周文軒夥拍安子介及唐翔千先後創立漂染、紡紗、織布及製衣等工廠。

圖片來源：*Textiles, Hong Kong*（1965）

年夥拍二弟周忠繼進行染料買賣，兄弟分工合作，弟弟在上海看守大本營，作為長兄的周文軒則隻身赴香港向染布廠叩門拉生意，把內地染料推銷給廠商。[17] 人生際遇十分奇妙，此門跨境小生意為周文軒家族展開嶄新一頁揭開了序幕。1947 年，他率先偕新婚妻子嚴雲震移居香港，未幾雙親及弟妹們步其後塵而至。倚重血緣及地緣紐帶，周文軒牽頭與眾兄弟及同來自江蘇及浙江一帶的商家如唐翔千、夏昌璠等組成各種各樣商業夥伴，其一核心夥伴安子介更在後來成為其第五女兒周學意（其夫為利希慎後人利乾）誼父，周、安兩家長年為鄰，兒女們經常串門，十分友好，親密聯繫有助建立鞏固商業夥伴關係，裨益事業發展。[18]

在買賣染料期間，周文軒深諳自己既懂得漂染技術，手上又累積一筆資金，何不自行開辦染廠，發展空間更大。看準荃灣位於大帽山山腳，溪流特多，水量充沛，為染廠理想之地，1950 年代初便和蘇浙商界等在青山公路荃灣段開設華南漂染廠。[19] 由染料買賣轉向製造業，他道出箇中因由：「對貿易興趣小，對製造興趣大。貿易只是互通有無，而我更喜歡做一樣東西怎樣從無到有，或者經過加工，變成另外一樣東西。」[20] 一矢中的點出企業家精神重點，企業家追求的不光是利潤，更重要是創新過程中帶來的喜悅，充分施展個人能力和智慧。正是這強烈的創新動機，推動周文軒不時思索新發展機會。觸覺靈敏的他認為歐美對紡織品需求殷切，加上韓戰爆發，觸發了美國對中國採取禁運，上海無法發揮一直以來在紡織業方面的優勢（毗鄰棉花生產地），而這時候香港紡織業工業化尚屬初創階段，是創業大好時機。為了搶佔市場競爭有利位置，及時擴大生產及業務，他和拍檔陸續於 1950 年代起設立紗廠、布廠，自行紡紗及織布，繼後又開辦針織廠、製衣廠，達到自給自足。[21]

業務大規模擴充，為應付沉重工作，周文軒有頗長時間的生活作息也是圍繞着業務團團轉，平日坐鎮辦公室思索各種發展大計，

位於觀塘巧明街的華南漂染廠有限公司
圖片來源：*Textiles, Hong Kong*（1965）

周末則偕同就讀小學的長女周薇薇巡廠和向廠長了解日常運作情況，這既為例行公事，更是父女倆珍貴的親子時間。及後再接再厲，為拓展更大發展空間作準備，於 1969 年周文軒和商業拍檔統合旗下子公司組成南聯實業有限公司（Winsor Industrial Corporation, Limited），英文名稱 Winsor 是從南聯子公司及周文軒與拍檔成立的其他公司之英文名稱中抽取而成：W 及 I 是 Winner Company（永南公司），N 和 O 及 R 是 Oriental Enterprises Company（東華企業），S 是 Soco Textiles（中南紡織）及 South China Bleaching and Dyeing（華南漂染）。南聯實業採取縱向發展模式，紡紗、織布、漂染、針織、成衣等組合成一條龍生產線，子公司分別設於香港及澳門兩地，是首家上市時向公眾集資的紡織集團。[22]

南聯採用的縱向模式蘊含分工理念，其精粹可從周文軒在《香港製衣廠商會年刊》發表的文章略見端倪。文中他批評紡織業界抑價出口低品質棉紗，既破壞同業關係，亦招致西方國家實行配額制；更直指捨近就遠，漠視每年達 8 億港元出口貨值的香港成衣業對布疋之需求，實為不智。[23] 周文軒一矢中的點出紡織業和成衣業存在互補關係，前者生產優質布疋供後者製衣，解決製衣業對布疋的需求，亦保證布疋銷路，成衣生產又可免於受棉紡配額所限；再者，生產優質成衣可提升利潤，達致多贏。南聯按此將業務聯成一條龍，正好折射周文軒的互補發展概念，達到自給自足和品質保證，亦有助調節某一業務盛衰對整體業務的影響，穩定盈利及為再投資提供資金。原理是在集團內形成內部融資體系，除須撥出一定利潤交總公司外，子公司享有處置餘下利潤的自由，因此推動子公司努力增加盈利；反之遇有損失，子公司可向總公司付息借貸，利息留在集團內，既達到內部競爭，亦在財務上做到互相扶持。[24]

永勝恤：建立新購物經驗

除了率先以新模式組合業務，周文軒和拍檔們不惜斥巨資購買先進機器提升生產技術和效率，務求令產品推陳出新。其一為引進美國永透涼布料滌綸纖維（俗稱「的確涼」或「的確良」）製成「Vincent 牌」永透涼恤，標榜堅挺免燙及涼快，很適合香港氣候。Vincent 為周文軒洋名，1963 年產品推出市場前，以獎品招徠公開徵求中文譯名，吸引數百名市民參與，最終選用具「如意吉祥」含意的「永勝恤」為名，其後廣告標語亦以「日日永勝，着着取勝」為噱頭。[25]

自 1964 年起，「永勝恤」多次參與工展會，雖然短袖恤衫 20 元兩件，以當時來說可不便宜，但在提供一萬隻足金戒指給顧客抽獎的促銷策略下，購買者眾，一周內已送出近 800 隻金戒指，共值

2 萬元，換來逾 10 萬元營業額，收入可觀。[26] 其他推銷手法也令人耳目一新，近年網購衣服成新常態，打破傳統購衣強調觸摸手感的習慣，而其實早在半個多世紀前，周文軒已嘗試建立新的購衣模式，首創電話購衫服務，不論遠近或數量，訂貨翌日送抵。[27] 而如同現時各大化妝品牌在商場開設化妝品專櫃，由化妝品小姐提供單對單顧客服務，當時永勝恤已在大型百貨公司瑞興百貨設專櫃，派駐「永勝恤衣小姐」，來按個別客戶需要，悉心推介恤衫，提升顧客整體購物體驗，亦有助提升重複購買頻率。有見其時粵語片及電視節目深受普羅大眾歡迎，周文軒亦借用明星效應，推介各款「永勝恤」新產品，如邀請粵語片紅星于素秋、麥炳榮等參觀工展會攤位，並即場由售貨員度身訂做以衣領堅挺為賣點的波士領恤。隨着電視機普及，1968 年邀請廣受市民歡迎的《歡樂今宵》節目主持沈殿霞和奚秀蘭等參觀廠房，藉此推介新產品雨褸及運動恤。[28] 上述例子除了凸顯周文軒力求創新、提升產品質量的熱情，亦看到他運用了消費行為相關的知識，以新穎推銷手法及產品配置，透過滿足更多顧客需要，從而開啟新市場。

早於 1960 年代，永勝恤已設有電話購衫服務，推銷手法新穎。
圖片來源：《華僑日報》，1965 年 12 月 14 日。

話説某次其妻到海外旅遊買回來給周文軒的手信竟然是「永勝恤」，弄得他哭笑不得。[29] 從這則小故事可見，除了內銷，「永勝恤」更遠銷至歐美，毋庸置疑是南聯代表作之一。1969 至 1979 年間，南聯對外銷貨額平均年增長 19.4%，晉身為東南亞最大紡織及製衣商之一；而業務亦由小變大，由紡織業擴展至多個行業，包括地產、航運、超級市場、石油及天然氣開採，亦由香港走向內地及世界。[30] 這為南聯及周文軒帶來巨大收益，究竟豐厚利潤如何成為堅實後盾以提供資金及時間，讓周文軒安心牽頭運用利潤再投資，以創新思維創辦各種新興業務？

三、創意念頭頻生

除了專注於紡織業，周文軒一直關注社會民生動向，留意新投資機會。戰後經濟急速發展，人們紛紛投身勞動市場，忙碌的現代人對便捷生活的產品有極大需求。他預見快速使用或食用的產品將會受社會大眾歡迎，大有發展前途，故不惜投入大量資源研製洗衣粉、即食麵、急凍食品等產品。

生意人以追求利潤為目標，生產具成熟消費市場的產品對利潤有保證，但周文軒偏熱衷於需投放大量時間及金錢進行研究的新興工業，因他易於對周遭事物產生興趣，每當在日常生活中發現特殊現象，便二話不説一頭栽進去探個究竟，這股好奇心及熱情推動多項創新組合。以下透過不同例子，闡述周文軒如何進行創新應對市場競爭，以及推動顧客主動需求為宗旨，創造更大市場空間，而非僅滿足需求。

白雪洗衣精：首個「香港製造」洗衣粉品牌

　　洗衣粉的發明，為洗衣帶來革命性影響。有別於肥皂須透過逐件衣服洗擦來產生泡沫以潔淨衣服，洗衣粉在使用上較簡便，只需把衣服放進加入了洗衣粉的水裏浸泡一段時間，再輕搓及簡單過水，便能達到清淨效果，省卻勞力搓擦，既不傷衣服，亦省時、省水。對戰後經常鬧水荒的香港來說，洗衣粉不單可解決家庭、學校、洗衣業及酒店業用水的困難，亦在工業上發揮效能，為需要大量清洗紗、布、器皿等剛起步的輕工業，包括漂染、紡紗、織布、毛紡、搪瓷等，帶來便捷及省卻開支，有助業務發展。由此可見，不論民用、商用還是工業用，洗衣粉市場發展潛力極大，自然吸引舶來品飄洋而來。1950 年代初，香港市面上充斥着十多種洗衣粉，主要來自英國及美國，惟產品品質參差，價格亦較高。[31]

　　以漂染業起家的周文軒看準舶來品存在的種種問題，觀察到漂染布料過程中沿用的清潔液較洗衣粉價格高逾一倍，另一方面，使用洗衣粉又可省卻擦洗衣服的時間，於是便靈機一觸，想到既然洗衣粉在各個範疇大派用場，而現有產品又未能滿足市場需要，何不自行在港配製價廉物美的洗衣粉，既減省自己的生產成本，又可惠及他人，並趁洗衣粉市場雛形未成形之際搶佔市場。說時遲，那時快，周文軒於 1953 年便與安子介及唐翔千等人另組東華企業，翌年在港自行配製洗衣粉，取名「白雪」，寓意使用後衣服如皚皚白雪般雪白，為首個「香港製造」的洗衣粉品牌。[32]「白雪」以經濟實惠為號召，洗 100 件衣服所需洗衣粉成本僅 0.9 元，而為了推動更多消費者採用，周文軒製作不同分量包裝 —— 普通裝（每盒 200 公分售 1元）及經濟裝（450 公分售 2 元）。[33]（作者按：1 公分相等於 0.01 公斤）針對不同顧客群需要：普通裝屬小包裝，價格相宜，便予一般家庭購買；經濟裝較實惠，適合需要大規模使用的商家，各取所需，有助擴大市場增加銷售。

　　周文軒亦擅於運用推廣平台如工展會，1954 年在工展會推出買洗衣粉抽獎換領足金戒指或金鐲的推廣策略；[34] 而其時還在上幼稚園的長女周薇薇活潑可愛，充當「白雪」的生招牌，小女孩坐在攤位上唱起廣告歌：「白雪洗衣粉，一洗就乾淨，只要兩毫子，洗衫 25 件，抵抵抵抵抵！」時光飛逝，雖過了數十個寒暑，但周薇薇仍能完整唱出。[35] 市場推廣策略成功，產品漸次打入市場，除了內銷亦吸引澳門、新加坡、印尼、泰國、緬甸，甚至遠至非洲的商人訂購。

公仔麵：香港人的即食麵

　　因緣際會，素喜吃麵的周文軒於 1960 年代偶然在日本參觀即食麵廠時，發現相對其時大部分麵食需明火煮食，即食麵一泡即熟甚為方便，便忽發奇想何不自行生產即食麵，在即食市場分一杯羹。即食麵由日本人安藤百福於 1958 年發明，產品新穎具吸引力，而現代包裝技術能延長麵的保質期至九個月，更是方便存貨，故廣受香港消費者及零售商歡迎。[36]

　　回想當日決定，周文軒在多年後接受傳媒訪問時言簡意賅地點出生產即食麵念頭之緣起：「公仔麵實際上是方便麵，我覺得這是一個消費趨勢。我有這個幻想，但要靠別人幫我實現。」[37] 的而且確，這並不是一時衝動，乃是經過細心觀察及分析。麵是亞洲第二主食，為不可缺少的副食品，有市場保證；加上現代人忙碌，選用方便食品將為全球趨勢。其時即食麵為新奇食物，周文軒的市場策略是先吸引喜好新奇事物的兒童，爭取他們為主要食客，於是在敲定品牌標誌前，特意詢問鬼主意多多的長女周薇薇，豈料女兒毫不客氣否決多個標誌，包括筷子圖案，幾經針砭選定外形趣緻易記的公仔標誌，事實證明決定是正確的，在香港「公仔麵」已成為即食麵的代名詞。[38]

　　「公仔麵」試行生產首半年，周文軒先向日本商人訂製 100 萬包

即食麵，其時其他港商亦有從日本入口即食麵，要從芸芸競爭者中脫穎而出，掌握消費者行為的王漢熙與其班底建議，從市場推廣策略着手，目標不是純粹滿足顧客需要，而是引發興趣，創造需要從而擴大市場空間。就此，「公仔麵」進行多項嶄新生產嘗試，包括改良湯底配合華人口味，麵餅由 85 克增至 100 克，足以供應兩碗（同時備有豬肉及雞肉兩種味粉），並選用較健康的粟米油代替豬油炸麵餅，從多方面提高產品性價比刺激消費。[39] 還有一系列別出心裁的宣傳活動，如 1968 年連續半年贊助廣受普羅大眾歡迎的綜藝節目《歡樂今宵》，主辦「公仔麵掘金比賽」，周一至周五每晚播映五分鐘；[40] 運輸車隊塗上鮮豔顏色和司機穿上整齊制服來建立良好品牌形象，並贊助市政局和街坊福利會主辦的綜藝節目。

這讓「公仔麵」迅速深入民心，佔據逾半香港的即食麵市場，更激發起周文軒的雄心壯志，決定與日本即食麵龍頭日清食品一較高下。1969 年底，他自行在港生產麵餅，最後攀上了港產即食麵龍頭，更因此被稱為「公仔麵大王」。[41]「公仔麵」的成功，反映周文軒如何有效運用資源塑造其市場競爭優勢，包括內部資源 —— 人才、應用研發能力生產較健康即食麵、管理好品牌形象、統合物流運輸，以及外部資源 —— 捕捉顧客需要改良產品以推動更大市場需求、應用新技術改良品質。

踏入 1980 年代，香港的即食麵市場競爭異常激烈，高價市場由日本生產商所佔據，尤以日清為主，中價由本港及內地共享，下價來自台灣。1981 年每月銷量達 600 萬包，雖然估計年增長約 10%，但市場漸趨飽和。[42] 受到上下夾攻，相信很多商家會採取穩守策略，務求保有一定市場佔有率，而不會作出重大舉措。但周文軒卻反其道而行，大舉擴充生產線，投資 2,700 萬港元在大埔工業邨設 5,500 呎廠房。其實擴充計劃早於 1979 年已敲定，當其他商家還在競逐香港市場時，周文軒已將目光朝向海外市場，待新廠房於 1981 年底正

式投產後，便實現其外銷大計。[43] 與此同時，外在激烈競爭及個人對創新的執着，促使周文軒不斷改良產品，如增加雞蛋分量令麵質口感更滑、添加冬菜油提升香味、提供多款口味以饗食客、應用新技術加快煮食速度。自 1980 年代初起，周文軒多番斥資在電視台播放廣告，宣傳各項改良成果，打造「公仔麵」不斷創新、力臻完美的品牌形象，突出自家產品與其他產品的差異，創造競爭優勢。[44] 繼後在該年代中，永南食品又推出更為方便食用的杯麵，及較健康的無味精即食麵。[45] 誠如管理學大師彼得・杜拉克（Peter F. Drucker）所言，企業家要成功將產品創新，並反過來將創新視為方法，有目的及有系統地尋找創新的空間。[46] 周文軒以打造健康即食麵為目標，按部就班改良產品，打破被日清食品壟斷的香港即食麵市場。外在形勢不妙，若沒有持續進行創新改良或審時度勢改變經營策略，恐怕遭市場淹沒，如海耶克所言，競爭讓人發掘新知及市場，催促力爭上游，結果往往出人意表。[47]

對於不甘示弱的周文軒，1980 年代末，財雄勢大的日清掀起一場即食麵減價戰，競價傾銷，「公仔麵」差點兒招架不來。[48] 面對此進退維谷的境況，周文軒苦惱不已，豈料 1989 年，日清突然提出高價收購永南食品。[49] 對於這個結果，多年後他接受傳媒訪問時淡然回說：「我一向不主張打的，不必要和他們鬥，鬥得兩敗俱傷沒有意思！香港的 market 你要？OK，就給你！你買去。我另找市場發展。」[50] 別以為周文軒給打敗了，其實他早已觀察到香港即食麵市場臨近飽和，而將發展焦點朝向外銷。日清收購推動他快馬加鞭，在江蘇無錫投建即食麵生產線，及至 1994 年年產 4 億包，為香港產量的四倍。擴大生產對永南拓展更大市場有極大幫助，這再次證明周文軒投資眼光獨到。[51]

維康粟米油：透明膠樽裝　打破傳統包裝模式

孜孜不倦是周文軒的特色。他實行多元化發展策略，由生產「公仔麵」衍生而來的維康粟米油，於 1969 年推出市場，獨領風騷，開拓健康食油市場的板塊。[52] 其時食油市場由南順和合興兩家油廠雄霸，以生產花生油為主，粟米油市場未受注視。有別於普通人，企業家具有獨特警覺性，時刻注意社會發展，並運用豐富想像力發掘早已存在於市場而被他人忽略的市場空間。[53] 周文軒察覺到人們對健康日益注重，決定在港研製粟米油，並特意請來醫學專家驗證維康粟米油對減肥，以及防止高血壓、心臟栓塞、腳氣病均有功效，標榜該油清香金黃，不油膩及不會在煮食時產生油煙，為先進家庭食用油類。除在士多辦館有售，亦提供送貨服務，並打破食油以傳統金屬罐包裝，採用透明膠樽以示粟米油之純淨品質，令人眼前一亮。

可是當時維康粟米油的銷量未如理想，普羅大眾未能感受到價錢較高的粟米油之性價比，於是周文軒和團隊決定進行詳細市場調查，最後將目標顧客群鎖定為受過教育而家庭規模較小的年輕家庭主婦，認為她們易於接受新事物，且較注重飲食對身體健康的影響。就此，周文軒策劃了一系列「人對人」的烹調示範，包括邀請烹飪學校老師及餐廳東主等示範用維康粟米油烹調不同菜式，並由多次到歐美示範烹煮中國菜的「烹飪之后」許惠敏推介該油的好處——耐熱有助保持食物原味，且不易凝固，可作沙律及拌菜用，並宣傳可製作不同菜式，突破食油的傳統食用功能。[54] 與此同時，推出針對普羅大眾的銷售推廣活動，如舉辦問答遊戲及購油抽獎換領 18K 金戒指。周文軒又觀察到家庭規模縮小，因而推出價錢較便宜的一磅裝粟米油，推動小家庭採用。[55] 在多方努力下，終於取得四分之一的市場分額，成績不俗；可是面對激烈競爭及市場飽和，1983 年周文軒急流湧退，將維康粟米油轉售予南順。[56]

即場烹調示範，推廣多元化食用粟米油。
圖片來源：《華僑日報》，1969 年 5 月 25 日。

傳統中式點心：工業化及國際化

　　現代人生活忙碌，對方便食用的急凍或即食食品需求強大，故極具發展潛力。周文軒洞悉這將形成現代飲食趨勢，更深信若能覓得具處理中式食品的人才，再結合現代科技大量生產急凍傳統中式點心，將中式食品工業化，有望進一步國際化，將之推廣至龐大海外市場，便能在這新食品市場獨占鰲頭。1967 年發生暴動，資本紛紛撤離香港之際，周文軒卻毅然向認識逾十載，且對處理中國食品具豐富經驗的王漢熙發出邀請，提議共同進軍急凍點心工業，並以出口為主。[57] 王漢熙畢業於上海聖約翰大學，曾在大型食品生產公司淘化大同、大型化工美國聯合碳化有限公司（Union Carbide Asia Ltd.）、瑞興百貨等工作，讓他掌握到現代食物處理技術、市場推廣知識（包括顧客消費行為和銷售技巧），以及產品採購、訂價、包裝、推廣等策略，集處理中式食品及市場推廣經驗於一身。[58]

　　可是如意算盤打不響。因工作穩定，又和瑞興東主兼聖約翰大學學兄古勝祥的關係良好，人到中年的王漢熙樂於安穩也兼顧情誼，故婉拒了周的邀請。但周文軒並沒有因王漢熙拒絕而作罷，翌年（1968 年）瑞興百貨易手，他再度向王氏伸出橄欖枝，此回兩人一拍即合，組成永南食品，惟受制於多種原因，急凍點心計劃並未能付諸實行。[59] 儘管如此，毋庸置疑周文軒觸覺敏銳，其構思較香港首家於 1973 年正式投產製作急凍點心的健全食品公司，還要早好幾年，這正凸顯了其企業家精神，是具有膽識和想像力的，並且能精確判斷急凍點心大有發展前景。[60] 健全食品由曾與淘化大同及美國龍頭食品集團 Beatrice Foods 合作的梁湛春以及其子梁家鏘於 1972 年創立，後者剛從美國麻省理工大學取得博士學位，留美期間發現西方人士對急凍點心甚感興趣，但當地又缺乏點心師傅，父子倆萌生生產急凍點心出口歐美的念頭。[61]

　　雖然周文軒的急凍食品大計未能於 1960 年代末展開，卻充份凸顯其企業家創新求變的精神，對消費需求和市場趨勢有深入而透切的了解，且對市場觀察入微，明白市場所需，啟發生產一種消費者不熟悉的全新貨品。當即食麵及粟米油業務穩定下來後，他立時轉向發展急凍中式點心，最終迎頭趕上，將「公仔點心」發展為香港急凍中式點心龍頭。究竟他是如何做到？過程是否一帆風順？

　　其實急凍食品在海外早已大行其道，隨着西方遊客訪港益增，航空公司不時在海外主辦中國食品節，反應踴躍，更有海外餐廳派廚師到港學習烹調中菜。凡此種種，均增加西方人士對中式食品的認識，為拓展中式點心市場創造條件。[62] 1970 年代初，急凍中式點心出口僅限於東南亞及亞洲，其中日本為主要市場；其後市場不斷膨脹，出口至澳洲、瑞士、丹麥；1970 年代末，美國更躍居首位，成為主要出口市場。[63] 點心在西方國家受歡迎的程度，可從下列例子反映：1970 年代末，瑞士航空專程由香港空運 100 箱急凍點心以饗

瑞士食客，為空運食品中最大一批，計有 6,000 件春卷和 18,000 粒燒賣。[64] 當然，對中式食品存在相當需求的基本盤，少不了遍佈全球的華人。

近觀香港，隨着以急凍肉為餡的漢堡包流行於市，受到較易接受西方飲食文化的年輕一輩歡迎，1970 年代末居民的飲食習慣亦悄然改變，急凍點心銷路穩步上升。[65] 而推動急凍點心零售業務發展的最大動力，莫過於超級市場及便利店的普及。超市於 1950 年代初落戶香港，長時間徘徊在十家左右，及至 1970 年代中後期始見快速增長，1977 年約 100 家，踏入 1980 年代發展蓬勃，1985 年更突破500 家。[66] 雖然這相比一萬六千多家食品及家庭用品零售店如同小巫見大巫，惟不可小覷：1984 年，超市營業額佔食品及家庭用品總零售額的一半，每月銷售額達十多億元，為零售業主要環節。[67] 自 1981年，首家便利店 7-Eleven 由牛奶公司開辦，短短兩年分店網絡迅速增至五十多間，並計劃在該年代完結前達 100 間，並以 500 間為目標。[68] 見便利店大有可為，1985 年由利豐集團創辦的第二家便利店 Circle K 亦加入市場。[69] 便利店規模雖小，發展卻較超市為快，關鍵在於 24 小時營業，定位以服務為主，如提供加熱速食的微波爐，便利顧客自行翻熱食物，故便利店絕對是推動中式急凍食品業的一股重要力量。

隨着裏裏外外的發展，為急凍點心市場發展提供了土壤。建基於長久以來的觀察及分析，周文軒認為結合現代人渴望簡單煮食的要求，急凍點心大有前景，那麼他是如何展開中式點心工業化大計呢？在眾多中式點心中，周文軒選取受華人普遍歡迎的春卷為試點。春卷皮及芽菜為春卷的兩項基本原材料，於是他在 1960 年代末設廠自行生產急凍春卷皮，行銷至美國、加拿大、澳洲等地，其時每月銷量一度高逾 50 萬包。更有趣的是由此發明了能大量生產春卷皮及自動種植芽菜的機器，並通過專利註冊出售機器或特許使用，

便利海外生產商生產春卷皮。這項珍貴且不易仿冒的資源，為永南食品創造持續性競爭優勢。[70]

成功提升了自信，周文軒躊躇滿志，並不在意香港的細小市場，而是將目光放到遙遠的西方，一心要打入歐洲市場。看準德國一家食品公司在歐洲佔有的食品市場，原以為可借助以打開中式急凍食品在歐洲的大門：1970 年代初，公司派員赴德國設立生產線，目的是將生產線及市場綁在一起，減省運輸成本；可惜急於求成，未有充分掌握當地政策，以及合作夥伴的經營和財務管理能力，該德國公司不獨受到財務困擾，且內部管理不善，最終敗興而回，結束合作。[71]

1970 年代中，周文軒轉戰中國內地，看準內地不論在原料及廉價勞動力供應上，均能補足香港所缺，可讓永南食品大展拳腳，於是他便在內地設立點心生產線。[72] 這一回再度遭遇滑鐵盧，問題在於點心製作甚為複雜，要進行急凍處理更是困難：首先需在眾多點心中選取可予自動化程序急凍及進行大量生產的點心，接續是通過科技及標準化食物成分達到品質控制，而食物衞生更是不可忽略。但這些技術要求及配套，都不是剛推行改革開放的大陸所能符合的：既欠缺處理原食材相關衞生知識及經驗，亦乏運送急凍食品的運輸設施，品質控制能力薄弱，更甚是涉及處理食物的法例落後，未能符合海外市場對食品標準化和嚴格管制的要求，阻礙發展急凍點心的大計。

儘管如此，周文軒明白不論在原料供應或市場空間方面，內地頗具潛力。審時度勢後，他決定犧牲短期利益，換取長遠利潤，繼續參與其他內地食品發展項目。在內地投資過程中，他經常強調「做生意就是交朋友，朋友做好了，生意自然做得好」，並將儒家的「仁」融入生意中。[73] 饒富人情味的經商哲學，有助與內地建立良好關係，成為周文軒的重要社會網絡資本，為日後大規模進軍內地市場大開

放便之門。在海外及內地市場發展未成熟下，他只能將焦點放回香港，在港生產急凍點心，同時等待新機會的出現。

　　未幾，一個更大的機會出現在周文軒眼前。隨着改革開放政策於 1978 年落實，吸引大批投資者在內地設廠生產，工人階級漸次形成，人們的生活方式轉趨緊張急速，能予以快速預備及食用的食品備受歡迎。再者，為了培養年輕一代有更健康的體格，政府急於提升食物營養水平、品質和品種，因而提供優惠政策，鼓勵具現代化技術的食品生產商提供優質食物。在各方條件成熟下，與內地一直保有良好關係的周文軒，在衡量過急凍點心及食物不論在香港或海外市場均具相當發展潛力，於是 1980 年代初在福建福州、江蘇揚州、山東青島、天津等地設立大型廠房，配合香港生產線，大幅提升生產急凍點心的能力，為「公仔點心」建立更強市場競爭力。[74]

　　就在一切都發展得如火如荼之際，1983 年周文軒與其得力助手王漢熙均已踏入花甲之年，周作出一個驚人舉動——出售 74% 永南食品股權予 Beatrice Foods，謀求更大發展空間。[75] 這除了讓永南有機會獲取先進技術，進一步發展食品事業外，更有助永南在內地食品市場佔據相當的市場佔有率，並透過 Beatrice Foods 集團旗下子公司食品包裝公司利樂（Tetra Pak），進入複雜而競爭激烈的紙包飲品市場，開拓另一片天地。當中以現代紙盒包裝技術生產多款經典飲品，包括綠寶橙汁及利賓納等，便利銷售及普及化，還有將傳統中式飲品現代化，包括王老吉涼茶、花茶、菊花茶，對拓展年輕人市場有一定幫助。於 1968 年，永南食品剛開業時僅得兩項產品，及至 1987 年已達到 1,500 項，其中急凍點心佔 40% 銷售量、即食麵 35%、飲品 10%、零食 10%、專利及其他 5%，公司市值亦由 1968 年的 50 萬元，升至 1987 年的 1 億元。[76]

房屋預製組件：澳門實驗

香港地少人多，長期受到房屋短缺問題困擾，惟建屋需時，如何才能加快速度成為關鍵所在。具強烈冒險精神及開拓性的周文軒，於 1970 年代初引入預製組件技術；不過有別於投機者，企業家既冒險又謹慎自制，周文軒充分明白有關技術未臻成熟，喻示建屋成本不菲，有礙市場競爭。而為了更好掌握成本及技術，他決定在租金較廉及法例較寬的澳門進行預製組件建屋實驗。[77] 實驗選擇在毗連拱北關閘旁的一塊農地興建華大新邨，取其地價便宜，而目標是興建兩座五層高住宅共八十伙單位。周文軒特意在泰國聘請具使用預製組件建屋經驗的工程師設計圖則，施工早期工作人員也是從泰國招來，負責訓練本地勞工，其時約二十多名工作人員進駐工地廠房生產各類組件如牆身、地板、樑柱等，並在旁即場組建房屋。除了人才投資，周文軒更不惜斥巨資從馬來西亞購入兩部大型吊機及平板貨車懸吊及搬運樓板，而這一切更需專人維修保養。

1973 年華大新邨公開發售，實驗亦告一段落，可行性報告的結論是技術未成熟，計劃不符合成本效益，而問題在於資本投資高昂，必須大規模生產組件及建屋，才能有效發揮機器及人員的生產力，這顯然難以在地價高昂的香港付諸實行。無論是從技術及經濟層面，外在條件並未能予以配合。面對此，企業家既需善於創新，亦需勇於承擔責任及風險，儘管失敗虧本，也得為自己決定負責，周文軒於是果斷終止實驗。

中藥：開先河倡中西醫藥結合

周文軒自小對醫學感興趣，當業務上了軌道，即重拾兒時理想，於 1984 年成立百草堂研發中成藥以預防疾病為目標，並不時強調中藥是中國人的文化，研發中藥乃良心事業，並非商業行為。[78] 1987 年，周文軒見商業夥伴兼女兒誼父安子介為女兒安娜患上

1970 年代初，周文軒引入預製組件技術於澳門興建的華大新邨。

鳴謝：陳小琨

於 1973 年公開發售的華大新邨售樓書

鳴謝：陳小琨

華大新邨興建期間動用的大型吊機
鳴謝：陳小琨

血癌一事憂心，正苦惱化療產生強烈副作用，後因轉服中藥，效果顯著，啟發周文軒和內地醫學系教授共同研發防癌中藥，從雲芝中提煉有效成分以增強免疫力。[79] 近年特區政府及醫藥專家不時倡議中西醫協作，其實早於 1993 年中醫藥仍未受到港英政府認可時，周文軒已自掏腰包在港舉辦國際學術研討會，邀請海峽兩岸及歐美專家探索中西醫結合治療方案，而他本人則以中藥預防癌症為題發表報告，牽頭為中西醫藥結合展開政策討論。[80]

1997 年 5 月回歸前夕，周文軒設立的香港保健中心和中醫科技研究有限公司合辦中醫臨床研究會診中心，開幕典禮十分隆重，邀得新華社副社長張浚生出席。[81] 在中央政府支持下，首任行政長官董建華甫回歸即提出將香港打造為中醫中藥中心，[82] 吸引不少商家投資中醫藥；雖然構思未能落實，但多年來中央政府及特區政府均致力推動香港中醫藥業發展。2007 年，即周文軒臨終前數年，他把所有心志投放於中藥研發，在與處理衛生事務的前任國務院副總理吳儀通電話或書信往來時，兩人常常討論如何加強人體健康，共識是保

健預防，而中醫藥正好達到「治未病」效能，[83] 這再次折射周文軒觸覺之敏銳。

結語

綜觀周文軒的創新歷程，讓我們見識到他被英雄式神化其創意之作的背後，所透視的種種企業家精神面貌及創新機制是如何運作。無疑創新需要一些條件配合，如政府政策、經濟繁榮、先進科技、市場資訊及知識、專利權、資金、人才等；但匯聚了這些條件也不一定就能做到創新，更重要是企業家能否於短時間內把握發展機會，這正正需要想像力及膽識。[84] 的而且確，創新也要在適當時間才能發揮效能，以預製房屋組件為例，周文軒看到香港房屋短缺，但興建樓宇時間又長，於是 1970 年代在租金較廉宜的澳門生產預製組件。雖然他的目光精準，看到預製組件能大大加快興建效率，可是其時技術有限，組裝房屋無法打樁，只能組裝三至四層高的樓宇，未能滿足香港市場，結果數年後結束此門業務。[85] 現時預製房屋大行其道，預製組件廣泛應用在房屋興建上乃始於 1980 及 1990 年代，如果周文軒能堅持多一會，他或許會成為「預製組件大王」。[86]

而推動企業家進行創新的並不光是外部競爭，更多是其個人追求成功的欲望；至於創新方法同樣不囿於科技發明，更多是由觀念引發。在周文軒的例子中看到，其創新之處並非單純技術創新如發明急凍春卷皮及芽菜種植機，更多是引進新觀念，做到社會創新，為社會大眾創造新價值。譬如有鑑於洗衣粉質量及價格未能滿足市場需要，因而推動了他從各方面改良產品，更嘗試加入創新元素，以新包裝針對不同顧客群，從而推動更多顧客購買；還有生產適合香港氣候的永透涼恤「永勝恤」，並首創電話訂貨、翌日送貨的服

1992 年，周文軒（右三）和周忠繼（右二）到蘇州出席中外合資蘇州南新水泥有限公司合同章程簽字儀式。
鳴謝：周薇薇

1992 年，周文軒到蘇州出席蘇州海外聯誼會長、理事就任儀式。
鳴謝：周薇薇

務，便利顧客；又配製符合香港人口味和以較健康的粟米油生產的「公仔麵」等等。我們從以上可看到周文軒具備高度警覺性，能因應社會轉變而發現市場存在不均衡情況，並看準時機為多個產品進行創新組合，充分體現其創新精神。這凸顯周文軒的個人企業家特質：敢於設想，勇於創造，不囿於現有經濟秩序。

回看周文軒的創新及創業過程並非一帆風順，譬如最初推出維康粟米油時銷量未符理想，他便急於到德國及內地開拓急凍食品市場，在技術條件未能配合下生產預製房屋組件，甚至是某些時候前景不明朗且充滿競爭，譬如「公仔麵」不時受到其他即食麵品牌挑戰。但有更多時間是他的創新之作未能獲得旁人理解，不時被譏笑為發白日夢。或許這可解釋為何周文軒日後接受媒體訪問又或自我表述時，經常形容自己是一名「Visioner」（編按：具遠見的人），並強調其種種念頭，不論是成功後被追捧為創新，又或未竟成功而僅停留在幻想層次，也是經過細心觀察和分析，而非僅為白日夢而已，這婉約吐出企業家在創新過程中的孤獨感。

1　〈周文軒：多幻想，少做事〉，《壹週刊》，第 201 期，1994 年 1 月 14 日，頁 128。

2　Dollinger, M. J., *Entrepreneurship: Strategies and Resources* (2nd ed.) (Upper Saddle River, New Jersey: Prentice Hall, 1999), 67–70.

3　Schumpeter, J. A., *The Theory of Economic Development: An Inquiry into Profits, Capital, Credit, Interest, and the Business Cycle*. Translated from the German by Redvers Opie (New York: Oxford University Press, 1934), 66.

4　王永華：〈博奕與制衡：香港禁運歷史的解讀〉，《二十一世紀》網絡版，總第 51 期（2006），擷取自 https://www.cuhk.edu.hk/ics/21c/media/online/0601066.pdf（瀏覽日期：2022 年 1 月 29 日）。

5　　Dobbs, C. M., *Trade and Security: The United States and East Asia, 1961–1969* (Newcastle upon Tyne: Cambridge Scholars, 2010), 1–74.

6　　Carroll, J. M., *A Concise History of Hong Kong* (Hong Kong: Hong Kong University Press, 2007), 141–144.

7　　Chen, E. K. Y., "The economic setting," in *The Business Environment in Hong Kong*, ed. D. G. Lethbridge (Hong Kong: Oxford University Press, 1980), 25 & 27.

8　　莫凱：《香港經濟的發展和結構變化》（香港：三聯書店，1993），頁 140。

9　　季德琳：〈全球化與地區經濟組整合：香港個案〉，載謝均才編：《我們的地方、我們的時間：香港社會新編》（香港：牛津大學出版社，2002），頁 192–193。

10　Goodstadt, L. F., *Uneasy Partners: The Conflict Between Public Interest and Private Profit in Hong Kong* (Hong Kong: Hong Kong University Press, 2009), 118–126.

11　Podmore, D., "The population of Hong Kong," in *Hong Kong: The Industrial Colony; A Political, Social and Economic Survey*, ed. K. Hopkins (Hong Kong, New York: Oxford University Press, 1971), 21–54；黃紹倫（王國璋譯）：《移民企業家：香港的上海紗廠老闆》（香港：中華書局，2022），頁 38–42、61–62。

12　〈香港紡織及製衣業一九六九至一九七九年概況〉，《信報財經月刊》，第三卷，第七期（1979），頁 58。

13　吳天青：《香港經濟與經濟政策》（香港：中華書局，1990），頁 91。

14　〈香港紡織及製衣業一九六九至一九七九年概況〉，頁 60。

15　Federation of Hong Kong Industries, *Industry in Hong Kong: Report Prepared by the Economist Intelligence Unit Limited for the Federation of Hong Kong Industries* (Hong Kong: Federation of Hong Kong Industries, 1962)；The Hong Kong Cotton Spinners Association, *A Glance at the Hong Kong Cotton Spinning Industry* (Hong Kong: The Hong Kong Cotton Spinners Association, 1975), 1–3；莊玉惜、黃紹倫、鄭宏泰：《香港棉紡世家：識變、應變和求變》（香港：天地圖書，2013），頁 39。

16　〈周文軒〉，頁 128。

17　〈周文軒長女周薇薇訪問筆記〉，2023 年 5 月。

18　同上。

19　〈南聯實業有限公司〉（成立日期：1969 年 7 月 11 日），公司註冊處電子服務網站，擷取自 https://www.icris.cr.gov.hk/csci/cns_basic_comp.do（瀏覽日期：2012 年 4 月 23 日）。

20　〈周文軒〉，頁 128。

21　〈南聯實業有限公司〉，公司註冊處電子服務站。

22　成立年份，〈南聯實業有限公司〉，公司註冊處網站；英文名稱，〈周忠繼長子周偉偉及南聯實業常務董事林煥彬訪問筆記〉，2023 年 5 月。

23　周文軒：〈製衣工業之前途〉，載《香港製衣廠商會年刊（1961–62）》，頁 33–35。

24　黃紹倫（王國璋譯）：《移民企業家》，頁 81–82。

25　〈永勝恤衫譯名評定〉，《工商日報》，1963 年 6 月 19 日。

26　〈金戒指抽獎吸引　永勝恤其門如市〉，《工商晚報》，1964 年 12 月 18 日；〈永勝恤永透涼　今年照送金戒〉，《華僑日報》，1965 年 12 月 14 日。

27　〈永勝恤衫大量應市〉，《華僑日報》，1965 年 4 月 21 日。

28　〈無綫電視藝員　參觀永勝恤〉，《華僑日報》，1968 年 6 月 28 日。

29　〈周文軒長女周薇薇訪問筆記〉。

30　〈南聯實業十年財務分析〉，《信報財經月刊》，第三卷，第八期（1979），頁 69–70；〈南聯實業有限公司通告〉，《華僑日報》，1979 年 8 月 1 日；〈海南發展主席稱　洽購一艘舊貨輪〉，《大公報》，1988 年 10 月 3 日；〈南聯談論成衣銷美國　倘中東開戰必受打擊　周文軒謂歐洲市場料將亦受影響〉，《大公報》，1990 年 9 月 29 日。

31　〈新興的洗衣粉〉，《大公報》，1954 年 8 月 26 日。

32　〈東華企業有限公司〉（成立日期：1953 年 2 月 27 日），公司註冊處電子服務網站，擷取自 https://www.icris.cr.gov.hk/csci/cns_basic_comp.do（瀏覽日期：2024 年 5 月 2 日）；〈新洗衣粉行將面世〉，《大公報》，1954 年 7 月 29 日；〈周文軒〉，頁 132。

33　〈新洗衣粉行將面世〉；〈專製「白雪」的東華公司〉，《大公報》，1954 年 12 月 20 日。

34　〈東華企業公司貢獻白雪洗衣精〉，《華僑日報》，1954 年 12 月 17 日。

35　〈周文軒長女周薇薇訪問筆記〉。

36　Cup Noodles Museum, "The Birthplace of Instant Noodles Osaka Ikeda," accessed 1 April 2022. https://www.cupnoodles-museum.jp/en/osaka_ikeda/about/; Wong Mak, Y. Y., "The Evolution and Revolution of a Rapid Growth Firm in Hong Kong," (MBA diss., The University of Hong Kong, 1987), 42.

37　〈周文軒〉，頁 131。

38　〈周文軒長女周薇薇訪問筆記〉。

39　Wong Mak, Y. Y., "The Evolution and Revolution of a Rapid Growth Firm in Hong Kong," 42–44；張劍虹：〈周文軒一身是癮〉，《壹週刊》，第 109 期，1992 年 4 月 10 日，頁 82；〈周文軒〉，頁 129、131。

40　Lo, Y., "Instant Noodles, Enduring Success: The Story of Winner Food Products, Maker of Doll Noodles and Frozen Dim Sum, Vecorn Oil and Others," The Industrial History of Hong Kong Group, accessed 1 April 2022. https://industrialhistoryhk.org/instant-noodles-enduring-success-the-story-of-winner-food-products-maker-of-doll-noodles-and-frozen-dim-sum-vecorn-oil-and-others/

41　Wong Mak, Y. Y., "The Evolution and Revolution of a Rapid Growth Firm in Hong Kong," 45–47.

42　〈中國各地急凍點心　在港銷路穩步增加〉，《大公報》，1981 年 5 月 21 日。

43　Wong Mak, Y. Y., "The Evolution and Revolution of a Rapid Growth Firm in Hong Kong,"
　　61；〈永南食品公司董事王漢熙表示　速食麵本港市場飽和　外銷市場前景十分好　永
　　南公司在大埔工業邨設新廠配合擴展外銷計劃〉，《大公報》，1981 年 5 月 21 日。

44　〈［經典廣告］1983 年－Doll 公仔麵〉，Facebook 香港民間經典回憶資料庫 VCRBase 專
　　頁，2021 年 10 月 9 日，擷取自 https://fb.watch/rQsyxPqnCJ（瀏覽日期：2024 年 5 月
　　3 日）；〈香港故事 - 公仔麵 1984 年廣告　新一代公仔麵　經典重現〉，YouTube 網站，
　　2012 年 4 月 13 日，擷取自 https://www.youtube.com/watch?v=V0infTWIAkk（瀏覽日期：
　　2024 年 5 月 3 日）。

45　Wong Mak, Y. Y., "The Evolution and Revolution of a Rapid Growth Firm in Hong Kong,"
　　80.

46　Drucker, P. F., *Innovation and Entrepreneurship: Practice and Principles* (New York: Harper
　　Business, 1993).

47　Hayek, F. A. von, *Economic Freedom* (Oxford: Basil Blackwell, 1991).

48　〈惡鬥出前一丁遭收購　專訪公仔麵之父：日清要除去競爭對手！〉，東周網網站，2017
　　年 11 月 24 日，擷取自 https://eastweek.my-magazine.me/main/72817（瀏覽日期：2022
　　年 1 月 29）。

49　1983 年周文軒將永南售予 Beatrice Foods，周繼續出任董事會主席，後者於 1989 年出售
　　永南予日清。Wong Mak, Y. Y., "The Evolution and Revolution of a Rapid Growth Firm in
　　Hong Kong," 71–72; Lo, Y., "Instant Noodles, Enduring Success."

50　〈周文軒〉，頁 131。

51　同上，頁 131–132。

52　Wong Mak, Y. Y., "The Evolution and Revolution of a Rapid Growth Firm in Hong Kong,"
　　54；〈最健康的食油　維康粟米油上市〉，《華僑日報》，1969 年 3 月 17 日。

53　Kirzner, I. M., *Perception, Opportunity, and Profit: Studies in the Theory of Entrepreneurship*
　　(Chicago and London: The University of Chicago Press, 1979), 108–109 & 203–205.

54　Wong Mak, Y. Y., "The Evolution and Revolution of a Rapid Growth Firm in Hong Kong,"
　　55；〈烹調之后許惠敏　讚美維康粟米油〉，《華僑日報》，1969 年 5 月 25 日；〈維康粟
　　米油烹飪　印尼名菜作示範〉，《華僑日報》，1969 年 6 月 25 日。

55　〈維康粟米油問答揭曉　敦請黃宏光總理抽獎〉，《華僑日報》，1969 年 5 月 29 日；〈購
　　足維康粟米油八罐　張麗新小姐獲金戒指〉，《華僑日報》，1969 年 11 月 16 日。

56　Wong Mak, Y. Y., "The Evolution and Revolution of a Rapid Growth Firm in Hong Kong,"
　　55, 75 & 80.

57　Wong Mak, Y. Y., "The Evolution and Revolution of a Rapid Growth Firm in Hong Kong,"
　　37–38.

58   Lo, Y., "Instant Noodles, Enduring Success."

59   Wong Mak, Y. Y., "The Evolution and Revolution of a Rapid Growth Firm in Hong Kong," 38–40.

60   〈急凍點心在香港製造〉,《工商晚報》, 1973 年 9 月 4 日。

61   Lo, Y., "K. C. Leong（梁湛春）– F&B Industrialist and His Family and Ventures," The Industrial History of Hong Kong Group, accessed 1 April 2022. https://industrialhistoryhk. org/k-c-leong-%E6%A2%81%E6%BA%8E%E6%98%A5-fb-industrialist-and-his-family-and-ventures/; Webb-site Who's Who, "Convenience Foods (Hong Kong) Limited 健全食品工業有限公司," accessed 1 April 2022. https://webb-site.com/dbpub/orgdata.asp?p=183782

62   〈中式點心風靡瑞士　港製春卷燒賣百箱瑞航急運〉,《工商晚報》, 1978 年 4 月 10 日。

63   〈急凍點心外銷劇增　成為頗具潛力行業　凍肉在港銷路也逐年增加〉,《工商晚報》, 1978 年 7 月 31 日。

64   〈中式點心風靡瑞士　港製春卷燒賣百箱瑞航急運〉。

65   〈急凍點心外銷劇增　成為頗具潛力行業　凍肉在港銷路也逐年增加〉。

66   Ho, S. C., Report on the Supermarket Industry in Hong Kong (Hong Kong: Consumer Council, 1994), 9.

67   〈經一年的激烈競爭後　超市減價戰變持久戰　本港零售市場逐漸走向由集團控制的道路〉,《華僑日報》, 1985 年 4 月 29 日。

68   〈七‧十一計劃　設五百便利店〉,《工商晚報》, 1983 年 11 月 30 日。

69   〈便利店大有可為　利豐將陸續開設　第二家兩三周內開幕〉,《大公報》, 1985 年 6 月 22 日。

70   Wong Mak, Y. Y., "The Evolution and Revolution of a Rapid Growth Firm in Hong Kong," 51–52.

71   Ibid., 55–57;〈周文軒長女周薇薇訪問筆記〉。

72   Wong Mak, Y. Y., "The Evolution and Revolution of a Rapid Growth Firm in Hong Kong," 58–59.

73   郭次儀:〈富而好仁的周文軒〉,《華人時刊》(曾用名《江海僑聲》), 1994 年第 5 期, 頁 14–15。

74   〈中國各地急凍點心　在港銷路穩步增加〉。

75   Wong Mak, Y. Y., "The Evolution and Revolution of a Rapid Growth Firm in Hong Kong," 71–72.

76   Ibid., 74 & 77–79.

77   〈工程管理人員陳小琨訪問筆記〉, 2023 年 8 月。

78 〈創辦人—周文軒博士〉,百草堂有限公司網站,擷取自 https://winsorhealth.com/founder(瀏覽日期:2022 年 1 月 29 日)。

79 郭次儀:〈富而好仁的周文軒〉,頁 15;〈涉足紡織、地產、超市及保健中藥 公仔麵大王見證港 60 年變遷〉,《星島日報》,2007 年 11 月 30 日。

80 郭次儀:〈富而好仁的周文軒〉,頁 15。

81 〈播撒仁愛的人 —— 憶周公文軒先生〉,《文匯報》,2012 年 11 月 21 日;「中醫臨床研究會診中心有限公司」,香港公司查詢網站,擷取自 https://www.hongkongcompanylookup.com/companies/onjconbrgg/(瀏覽日期:2022 年 1 月 29 日);「1997 年 5 月 7 日 中醫臨床研究會診中心在港成立」,中國中央電視台網站,擷取自 https://news.cctv.com/2013/04/10/VIDE1365558485005160.shtml(瀏覽日期:2022 年 1 月 29 日)。

82 〈132. 中醫中藥〉,《行政長官 1997 年施政報告》,香港特別行政區政府行政長官施政報告網站,擷取自 https://www.policyaddress.gov.hk/pa97/chinese/pa97_c.htm(瀏覽日期:2023 年 1 月 6)。

83 〈周文軒長女周薇薇訪問筆記〉。

84 Winter, S. G., "Schumpeterian competition in alternative technological regimes," *Journal of Economic Behavior & Organization* 5, issues 3–4 (1984), 291–293.

85 〈周文軒長女周薇薇訪問筆記〉。

86 《應用香港預製組件工場及預製組件的可能性之報告》,建造業議會網站,擷取自 https://www.cic.hk/files/page/56/ 應用香港預製組件工場及預製組件 .pdf(瀏覽日期:2023 年 5 月 5 日)。

生命麵包：
張子芳的禍福倚伏

蔡利民

前言

　　充滿香港味道、陪伴幾代人成長的「嘉頓麵包」，於 1926 年由當時年僅 14 歲的張子芳（1912-2004）所創立，當時他與其表兄黃華岳[1] 相約在植物公園（Botanic Garden）傾談開麵包店的計劃，兩人因此就地取材，以「Garden」和其粵語譯音「嘉頓」命名新創辦的公司，[2]「嘉頓」這個家喻戶曉的名字，就這樣誕生了。

　　1930 年代，嘉頓肩負抗戰使命，創下連續七天二十四小時不停生產餅乾的紀錄。由於嘉頓所生產的餅乾有較高的營養成分和較長的保存期，英軍因此大量訂購作為防空洞餅乾和軍用餅乾，規模生產將嘉頓的發展推向高峰，卻瞬間迎來第一個危機 —— 香港淪陷。當時，青山道廠房被日軍佔用，廠內原料及製成品被搜掠一空，生產停頓。

　　香港重光後，嘉頓恢復生產，更積極由英國引入自動製餅乾機，開始自動化生產。至 1956 年，嘉頓碰上第二個危機 —— 雙十暴動，廠房遭到連番襲擊及縱火，機器被嚴重破壞，生產再度停頓。

早期嘉頓青山道廠房

圖片來源：嘉頓有限公司

全遠東第一副自動製餅乾機

圖片來源：《工商晚報》，1954 年 12 月 14 日。

香港淪陷之年，張子芳 29 歲，可以想像他以年輕人之魄力，努力不懈，在戰後奮力再起。及至「雙十暴動」，張子芳 44 歲，時局引發的危機，也成為張子芳的中年危機。常言道禍不單行，張子芳卻能遇難呈祥，甚至化危為機，到底他是怎樣做到的？

歷史的發展自有軌跡，張子芳的應變之道，亦自有跡可尋。

一、嘉頓前傳

嘉頓創辦人張子芳，生於 1912 年，出生地是江門環市鎮東風鄉沙堆村，父親張茂辰往新加坡經商，張子芳幼時即隨父親到當地生活。張子芳 13 歲時，父親逝世，來到香港探望在此地生活的祖父，暫居於由表兄黃華岳開設的傢俬店內。

儘管人們對張子芳兒時的成長經歷所知不多，例如他的求學過程、接受過怎樣的教育等，但有一事可以肯定：張子芳幼年隨父親到新加坡生活，成長於這個位處東南亞樞紐的英國殖民管治地，很大機會學懂英語，跟洋人有交往，認識西方文化，了解外國人的生活習慣。

不知是否在新加坡早有見聞，還是來到香港後眼見當時西餅漸成時尚食品，張子芳萌生了創業的念頭。某日，張子芳相約表兄黃華岳在港島植物公園商談，這是一次充滿傳奇色彩的面談，因為年紀輕輕的表弟，竟然能勸說比他年長，而且還是店舖老闆的表兄將傢俬店轉型，轉做完全不相干的麵包餅乾製造場，而且最終表兄真的給說服了。

這間由兩老表聯手創立的公司，名為 Garden Company（嘉頓），名字就是取自他們面談的地方 —— Garden 及其粵語譯音，看來是先有英文名稱，後有中文。

　　西餅一詞，按文釋義是指用西式烘焙方法製作出來的麵包、蛋糕、餅撻、餅乾、曲奇等食品，主要食材是麵粉、雞蛋、牛油、奶和糖。西餅來自西洋，相對來説，華人傳統吃的是唐餅，包括光酥餅（光蘇餅）、杏仁餅、老婆餅、雞仔餅、核桃酥（合桃酥）、皮蛋酥和各類糕點，今天已成懷舊食品；而仍然流行的還有應節的月餅、糕點和嫁女餅。唐餅生產商或中式餅店，可溯源至幾間位於元朗的老餅家，[3] 早期茶樓通常會兼營餅家，隨着舊式茶樓陸續停業，唐餅餅家紛紛改革以適應市場變遷，部分更參照西式餅店的做法，在製作和銷售形式上趨向多元化。

張子芳與英軍合照，前排左二為張子芳，坐在中央的軍人搭着一介平民張子芳的肩膀，狀甚熟稔，他到底是誰？令人萌生一探到底之念。
圖片來源：嘉頓有限公司

　　麵包是早期洋人的食物，華人一般不吃麵包。1857 年 1 月 15
日，發生了裕成辦館（E-Sing Bakery，又譯作裕昇、裕盛、怡成）
毒麵包案，華人東主張霈霖雖經陪審團裁定無罪，但歐裔社群從此
不再信任華人麵包商，[4] 造就了另一間經營麵粉與麵包的公司 —— 都
爹利洋行（Duddell & Co.），一躍而成香港主要麵包供應商。[5] 可惜
洋行的貨倉遭遇祝融被燬，東主都爹利黯然離開香港，而曾在洋行
工作的巴斯人打笠治（Dorabjee Nowrojee）隨即自立門戶，成立打
笠治麵包公司（Hongkong Steam Bakery），搶佔香港麵包市場。不
久之後，公司更成為駐港英軍（海軍）的麵包供應商。[6]

　　由蘇格蘭人 Thomas Ash Lane 和 Ninian Crawford 所創立的連
卡佛（Lane, Crawford & Co.），更早於 1850 年便在香港設肆經商，
公司當時的主要顧客對象為來港船隻，包括居港之三萬軍民。嗣後
多方擴充，兼營麵包業，[7] 於灣仔開設麵包店，在麵包供應方面可以稱
得上雄霸一方，為富裕的居民、海軍及軍部供應麵包，一直到戰前
為止。[8]

　　經過大半世紀的發展，至 1940 年，連卡佛已成為銷售男女服
裝、洋酒、名錶和家具百貨的大公司，在中環德輔道中 14 號、名為
證券交易行（Exchange House）的大廈設立公司總部，樓下為著名
的威士文餐廳（Café Wiseman），供應自家烘焙麵包。該大廈是全
港率先設有冷氣的樓宇之一，於 1961 年易名連卡佛大廈，1980 年
則改建成置地廣場中庭。

　　回顧 1930 年代，麵包西餅仍然屬於洋人尊享，被視為泰西（歐
美）洋貨食品。張子芳以年輕人的敏感觸覺，認識到西餅將日漸流
行，尤其是那龐大的華人市場，正等待開拓。

　　華人人口佔香港人口的絕大部分，數目龐大是不爭的事實；但
如何令華人愛吃麵包西餅，進而讓麵包西餅成為大眾的飲食文化，
張子芳眼前還有一段遙遠的路要走。

二、當小餅乾遇上大時代

　　嘉頓當然不是第一家製造西式餅乾和麵包的本地公司。早在 1891 年，正隆麵包餅店已於威靈頓街 118 號創業；至 1909 年，亦有一家協和昌記麵包舖於威靈頓街 124 號開設。同一時期，另一家位於德輔道中 16 號、香港大酒店旁的亞力山大食物館，出售「滋補麵包」。[9] 於 1917 年成立的馬玉山公司，售賣糖果、餅乾和麵包；[10] 迄 1921 年成立的安樂園餅乾雪糕公司，則售賣西式餅乾、麵包和雪糕，[11] 更自稱始創「威化」餅乾。1925 年 1 月，正隆餅家東主何康甫為他的產品註冊商標——「葵花牌麵包餅乾中西餅食」，英文為 Sunflower，品質卓越，港九設有四間分店，公司聲譽日隆。[12] 可見由中環一帶始，麵包餅乾有市，因此張子芳「眼見當時西餅漸成時尚食品」的說法，有一定的客觀事實支持。

　　當年售賣餅乾麵包的店舖大多設在中環這個繁盛的商業區，嘉頓在 1926 年開業時店舖和工場則位於荔枝角道，翌年即在中環德輔道中 296 號設立零售批發部，這段時期嘉頓只有數名員工，以手工操作為主，無論搬料送貨、燒爐烤餅，張皆親力親為。[13] 五年後生產工場連零售批發部遷至深水埗鴨寮街 75 號（今楓樹街遊樂場西邊）三間相連店舖，採用本地製造機器，日間生產餅乾，夜間烘製麵包。大約在 1930 年，由中國商會（Chinese Chamber of Commerce）出版的《中國商店及公司指南》提供了那時候深水埗工商業發展的資料，當時區內有四間糖果餅乾店。[14]

　　可是，在上世紀 20 至 30 年代間，餅乾麵包一類食品，真的有市場嗎？

　　回溯當時，答案明顯是：沒有。餅乾和麵包，尤其是前者，對華人來説是陌生的，餅乾是舶來品，麵包是西人食糧。看看當時中西報章的廣告，食品方面常見的是奶、醬油、香煙和酒，餅乾廣

告可謂非常罕見。例如在 1929 年《孖剌西報》上出現過的 Carr's Emblem Assorted Biscuits 廣告，[15] 正是凸顯產品來自英國及為宮廷（英皇佐治五世）御用供應商，對一般華人來説是高檔食品，甚至是奢侈品。

由此可見，嘉頓創辦人張子芳看到的並不是眼前麵包餅乾的市場，而是麵包餅乾業的前景。回顧嘉頓創業翌年即在中環德輔道中開設零售點，足見張子芳當時已經察覺到「洋人市場」（European market）的發展潛力，必定大有可為。

二戰前數年，麵包店的生意可謂蒸蒸日上，據人稱「糧油大王」的李廣林憶述，中環至灣仔一帶麵包店林立，出售當時廣受歡迎的一磅裝「方包」，售價伍毫，外籍人士喜歡用來製作三文治。由於需求上升，各麵包店大都兢兢業業，市場呈現一種良性競爭的氛圍。[16]

那麼一直主宰麵包市場的連卡佛，發展到此時又是何等景況呢？原來經過數十年的多元發展，連卡佛已將主力投放在高級百貨業務，但一路經營開的麵包生意，仍然繼續。鑒於當時灣仔巴路士街（Burrows Street）的麵包店及工場已不敷應用，公司於 1938 年覓得司徒拔道一處設立新式麵包店，同時聘任甫從英國抵港的艾德加（Thomas Herbert Edgar，1912–1985）為新店經理。[17] 身為軍人之子，艾德加同時加入了香港義勇防衛軍（Hong Kong Volunteer Defence Corps），[18] 軍部有見艾德加從事麵包生產，特安排他負責麵包的供應。日軍侵港之日，艾德加的職銜為「署理供應主任」（Deputy Supply Officer — Bakeries）。[19]

與艾德加同年的張子芳，人生之路卻是截然不同。張子芳創業之初，適逢省港大罷工，舉步維艱；不久又迎來全球經濟大蕭條，世界邁進動盪的 1930 年代，日本侵華，香港因其為英國殖民管治地的緣故暫且偏安一隅，卻始終無法獨善其身。戰爭的陰霾下，大眾消費疲弱，低下階層尤甚，何以解釋嘉頓往後卻能茁壯成長？

艾德加的名字，見於 1940 年商業名錄中連卡佛公司的職員名單。

圖片來源：*The Directory & Chronicle of China, Japan, Straits Settlements, ... Netherlands Indies, &c. for the Year 1940* (Hongkong: The Hongkong Daily Press, 1940), A623.

　　創業頭十年，張子芳開門市、遷店舖，孜孜矻矻，總算站穩了陣腳，但還談不上有重大發展，一宗災難事件或可反映當年嘉頓的窘況。1934 年 1 月 29 日晚上 11 時半，位於鴨寮街 75 號的嘉頓餅乾工場發生大火，由於現場放置了多桶豬油，助長火勢燃燒，至凌晨 1 時半大火被撲滅時，全舖盡燼；更不幸的是，在瓦礫中發現年約 18 歲學徒張國興（Cheung Kwok-hing，譯音）的遺體。[20] 工場被燼，嘉頓被迫停產，事件亦是嘉頓在經營歷史中首度被迫停產。[21]

　　面對如此慘痛的打擊，張子芳不單沒有沮喪放棄，反而在 1935 年以 10,000 元投得青山道 58 號地皮（2014 地段），興建面積達 1,400 平方米的廠房。青山道廠房於 1938 年落成，當年是一幢四層高混凝土建築物，其後於 1958 年重建，直至八十多年後的今天，這

座名為嘉頓中心的大樓，一直是深水埗區的地標。回溯當年，不禁令人懷疑，在如此的社會狀況和經營環境底下，張子芳憑甚麼買地建廠？他要不是盲目冒進，便是胸有成竹。

張子芳眼見中國內地戰禍連年，人口不斷流進香港，由 1931 年的 80 萬人口到十年後的倍增，龐大的人口移入為香港帶來大量勞動力。勞工供應大，工資因而低廉，有利企業家設廠擴大生產。人口急增的同時，對民生食品的需求也必然大增。至 1938 年 9 月，日軍行將佔領廣東，人口流入香港的情況加劇，嘉頓建成青山道廠房之時，供應尚能應付需求。據嘉頓公司網頁所載：「1937 年：抗日戰爭爆發，社會各界發起勞軍。嘉頓為此連續七天二十四小時不停生產 9 萬公斤（20 萬磅）抗日勞軍餅。」[22] 相信張子芳當年也想不到這是會成功的，但高瞻遠矚的他一邊建廠、一邊增產，將不可能變成了可能。

一個特定時刻的生產記錄，很值得進一步仔細分析。20 萬磅餅乾在七天二十四小時不停趕工下生產出來，粗略估算，在正常的情況下每天由朝八到晚十，約可生產 16,000 磅餅乾；假設顧客每次的購買量為 1 磅，160 萬人口中每天要有百分之一的人（即 16,000 人）來購買，否則生產過剩，產品滯銷，公司最終難逃虧損。雖然我們無法得知當年嘉頓的日常生產和銷售數據，但穩定的客源往往是食品業經營者的盈利保證。正正又是因為戰爭迫近，一張來自英軍的訂單，變成嘉頓最重要、最穩定的客戶，更成為嘉頓企業發展路上的一大助力。

這張訂單就是要為英軍提供軍用餅乾及防空洞餅乾。為甚麼英軍會對嘉頓製造的餅乾青眼有加？原因可能是嘉頓餅乾是以鹹餅製法焗成，含有豐富維他命 B，保存期又較長，[23] 而到 1938 年之際，嘉頓已具備足夠的工業化設備承接來自軍部的訂單。到底這宗英軍的訂單有多大？根據《1936 年香港防衛計劃》，是年香港的正規軍大

約有 6,400 人，[24] 隨着戰爭迫近，加拿大四營援軍於 1941 年 11 月抵港，至開戰前夕，駐港英軍已超過 11,000 人，[25] 從以上數字可以想像到，這張訂單絕對不小。

三、戰禍兮福之所倚

張子芳買地建廠，在戰爭的陰霾下投放巨資於餅乾業，可謂孤注一擲。由於嘉頓同人的拼搏和努力，加上取得為英軍提供餅乾的訂單，嘉頓在戰前茁壯成長，在社會上聲譽日隆。

1941 年 12 月 8 日早上 8 時，日機空襲啟德機場，不少炸彈落在九龍城附近；仍然留守在嘉頓廠房的職工，一定能聽到約 4,000 米遠處傳來的隆隆爆炸聲。就在眾人驚魂未定之際，人們竟然聽到飛機掠過的聲音，因為正當此時，九架日軍飛機大舉襲擊深水埗軍營。[26] 深水埗軍營是援港加拿大軍隊的駐紮地，距離嘉頓廠房只有約 400 米。

嘉頓廠房位於青山道與大埔道交界處，當時守衛該區的是英軍皇家蘇格蘭步兵團營部。12 月 9 日晚上，日軍突襲並佔領城門碉堡；11 日凌晨，日軍攻抵金山、上葵涌一帶，沿青山道南下，與英軍相遇並斷斷續續地戰鬥了一整天。由於英軍未能守住金山和青山道，位於嘉頓西北面的琵琶山和鷹巢山防線瀕臨崩潰，英軍被迫且戰且退，撤出九龍。[27] 有關日軍在 12 月 11 至 13 日入侵九龍的報道和資料相當有限，據悉香港淪陷時期，嘉頓青山道廠房被日軍佔用，廠內原料及製成品均被搜掠一空，三年零八個月的日佔時期開始，嘉頓停頓。[28]

戰爭未完，饑荒緊隨。香港十八天戰事結束，萬餘名戰俘按官階、種族，分別被監禁在不同的集中營。集中營好比人間地獄，擁

擠不在話下，衞生條件惡劣，加上食物短缺，1942 年單是深水埗集中營就有 300 名戰俘死亡。[29] 日佔期間，糧食嚴重不足，不知有多少人餓死，所有民生必需品如米、糖、麵粉、食油等需要定額配給。1942 年 4 月 11 日，日軍公佈白米配給辦法，每人每日六兩四；但即使有白米配給，也不容易輪到。出身富裕人家的李曾超群，1960 年代創立西餅王國，人稱「西餅皇后」，好像她在這種家庭中長大的小孩，在日佔期間也得天天捱餓。李曾超群如此憶述：

> 我最記得是吃光蘇餅，一個個這麼大的光蘇餅，一人每餐派一個，那時候幾乎沒有飯吃，天天都吃光蘇餅，我們這些小孩，一個光蘇餅怎會夠……[30]

日本佔領香港期間，由於食物短缺，日軍政府為了緩減人口壓力，強迫執行歸鄉政策，大量市民被驅逐至廣東，致使人口從開戰前的 160 萬，銳減至 1945 年時約 60 萬人。日本投降後，英軍重臨香港，之前離開的市民逐漸回港，部分工業恢復生產，經濟漸漸復甦。但接着數年受國共內戰、韓戰禁運的影響，香港的工業經濟在波濤起伏中摸索發展，當中因人口大幅增加刺激了內部需求，尤其是對食品方面的需求甚殷。1947 年香港人口有 1,750,000，不單超越了戰前水平，而且按年大增，由 1949 年 1,857,000 人，到 1951 年 2,015,300 人，再到 1956 年，香港人口已達到 2,614,600。[31]

1947 年，嘉頓註冊為有限公司（The Garden Company, Limited），這時期的嘉頓，呈現強勁的復元態勢。戰時嘉頓青山道廠房雖被日軍佔用，生產設施遭到破壞，卻反而促使嘉頓添置新機器、擴建新廠房，令產能大幅提升，每天產量達一萬磅，[32] 生意蒸蒸日上。從 1948 年的一段報章報道，可見其產品銷量可觀。據報載：「嘉頓糖菓餅乾有限公司，近為利便港九人士購買該公司出品起見，

特在香港電車路皇室行牛奶公司內及九龍方面則在彌敦道七十八號分設門市部，定於明日開始營業。一切出品，俱由英國技師愛架主理。」[33]

　　一天之內開設兩間門市，證明市場確有需求。可是戰後初期百廢待興，市場需求縱有上升，貿然增設兩間門市有一定風險，何以張子芳如此信心滿滿？相信這與嘉頓能夠取得長期又巨額的訂單有關。戰前英軍已向嘉頓訂購軍用餅乾，張子芳一直與軍部人士維持良好的關係；戰後陰霾漸散，廠房生產日增，天時、地利俱在，只欠人和，而嘉頓此時的貴人，竟然就是上文提到的連卡佛司徒拔道麵包店經理，同時又在防衛軍主管麵包供應的艾德加。

　　艾德加，正是剛才報章報道在嘉頓門市主理一切出品的英國技師 —— 愛架。

　　歷盡淪陷時期的艱苦歲月，艾德加曾替法國醫院焗製麵包，又待過日治扣留營；在香港重光、短暫回英後，旋於 1947 年初返港，

THE HONG KONG GOVERNMENT GAZETTE, MARCH 29, 1940.　　455

NAME IN FULL.	OCCUPATION.	ADDRESS.
E		
Eastman, Alfred Leonard George	Assistant, H.K. & Kowloon Wharf & Godown Co., Ld.	94 Waterloo Road, Kowloon.
Edgar, Joseph Jacob	Assistant, Ellis & Edgar	9 York Road, Kowloon Tong.
Edgar, Thomas Herbert	Baker, Lane, Crawford, Ld.	82 Morrison Hill Road.
Edwards, John Wheeler	Assistant Manager, Calif-Asia Co., Ld.	*The Tower*, Queen's Building.
Elarte, Franklin Juliano	Clerk, Mercantile Bank of India, Ld.	16 Fort Street, North Point.
Elarte, Leonardo Antonio	Clerk, H.K. & Shanghai Bank	16 Fort Street, North Point.
Elder, Peter James	Assistant, Union Insurance Society of	

艾德加的名字見於《香港政府憲報》

圖片來源："Jurors List for 1940," *Hong Kong Government Gazette*, no. 344, 29 March 1940, 455.

重掌司徒拔道麵包店。但時移世易，儘管戰前連卡佛曾悉力為軍隊供應麵包，但戰後政府政策不再一面倒地給予英資公司「特別待遇」，連卡佛在司徒拔道麵包店的續租事宜上又遇阻滯，[34] 1948 至 1949 年間，供應麵包給高檔次歐式咖啡屋的生意，以及供應麵包給英軍的大宗合約，已有相當部分落入嘉頓手中。而正正在這關鍵時刻，艾德加於 1948 年成為嘉頓公司的經理（Bakery Manager），一直到 1951 年初離任。

雖然今天我們無法得知艾德加在嘉頓獲得軍部訂單一事上扮演了甚麼角色，但可以從以下三點看到他的重要性。第一，單看他掛上「Bakery Manager」的頭銜，已知道他的地位頗高，因為連張子芳本人，在這段日子以至 1950 年代，都是自稱嘉頓公司經理，而不是董事總經理、董事長或主席之銜；第二，身為英國人又在防衛軍服役的艾德加，對英軍以至英商無疑乃信心保證，對於嘉頓能贏得眾多訂單，以及以「英國技師」之名而建立的品質信譽，應該發揮了重要作用；[35] 第三，對於張子芳在期間到英國物色先進機器設備一事，艾德加居中聯繫，接洽協商，容易水到渠成。

艾德加在此關鍵時刻加盟，說他是嘉頓的福星，也絕不為過。[36] 多年後，艾德加的兒子對其父親曾任職嘉頓有一番見解，他精闢地指出艾德加的角色和重要性：

> 我父親曾短暫地在此歷史時刻登場，並非由於他造麵包出色，而是因為他的「歐洲人」身份，他的出現為嘉頓增添了一點額外的可信度，這正是當時競爭者環伺底下，嘉頓所亟需。[37]

戰後，嘉頓持續向英軍供應產品，其數量之大，可以在數年後一段報章採訪中看出端倪：

嘉頓公司在港九設門市部、嘉頓糖菓餅乾有限公司,近為利便港九人士購買該公司出品起見,特在香港電車路皇室行牛奶公司內及九龍方面期在彌敦道七十八號分設門市部,定於明日開始營業。一切出品,俱出英國技師愛架主理。

戰後嘉頓公司在報章刊登的廣告
圖片來源:《大公報》,1948 年 9 月 30 日。

艾德加於 1976 年從英國來港出席嘉頓成立 50 周年
慶典,張子芳與艾德加並立,當時大家都已 64 歲。
鳴謝:Brian Edgar(艾德加兒子)

艾德加於 1942 年 6 月 29 日在香港結婚，妻子為 Evelina Edgar。
鳴謝：Brian Edgar（艾德加兒子）

1942 年 6 月 29 日，艾德加與 Evelina 在聖約瑟堂舉行婚禮。
鳴謝：Brian Edgar（艾德加兒子）
（作者按：筆者曾以為在張子芳與英軍的合照中，坐在正中央的英軍就是艾德加，後經艾德加兒子確認，相中軍人並非其父親。到底該相片中的軍人姓甚名誰呢？仍有待考證。）

　　我（張子芳）自 1947 年接任嘉頓公司經理職務以來，向本在商言商的宗旨，對政治不聞不問。但營業上極得中西朋友關照。如駐新界英軍數萬人，每日所需麵包皆由公司供應；港九各大紡織廠所需麵包，亦由公司派車專送。由於公司同人多年來苦幹經營，每年結算頗有所獲，故能增建工廠及添置最新式機器設備。[38]

　　引文中值得注意的還有一點，嘉頓的另一個主要顧客群就是紡織廠。紡織業、製衣業自 1950 年代開始已是香港的主要工業之一，在這段被稱為「經濟起飛」的階段扮演着重要角色，行業僱用的工人數目龐大。紡織業僱員人數，由 1947 年的 9,328 人，到 1956 年的 39,237 人，[39] 十年之間增加了四倍有多。戰後初期，大型的紡紗廠、織布廠多位於長沙灣道及青山道，小型的多位於北河街、元州街一帶。有見及此，嘉頓已備有運輸專車派送麵包，以保新鮮。

　　此時期嘉頓的主要顧客群，工人階級的升斗市民應佔大多數。其時香港工業起飛不久，社會經濟仍處於發展中的階段，普羅大眾基本上都需要為三餐溫飽而奔波；嘉頓為了迎合大眾市場的需求，生產出既容易保存又方便食用的麵包餅乾產品，慢慢贏得了口碑，品牌得以確立。1953 年聖誕夜，石硤尾寮屋區發生大火，導致五萬多名災民無家可歸。飢寒交迫下，嘉頓即時作出反應，漏夜送出 500 磅餅乾給深水埗街坊會轉發予災民，天一亮又將剛出爐的麵包派發到災民手中。[40] 這類急公好義的舉動，為嘉頓贏得了掌聲。

　　嘉頓此時另一明顯發展，是引進先進的生產設備。張子芳知道餅乾麵包乃源自西方，無論是師夷長技抑或是向西方取經，英國都是不二之選，更何況張子芳與「中西朋友」一向關係良好。據嘉頓公司網頁記載，張子芳於 1949 年參加戰後香港第一個貿易訪英團，參觀英國工業展覽會，並實地考察當地的餅乾及糖果製造業。是次訪英回港後，張子芳作出了擴展業務的關鍵一步，就是向英國廠商

Baker Perkins Ltd. 訂購最新式的自動化製餅機器。[41]

　　嘉頓斥巨資訂購新式製餅機器，在當時來説是一項令人矚目的大額投資。越洋訂購，所費需時，加上機器分批送抵香港後，要由賣方派技師來港進行組裝和測試調校等，可謂曠日持久。經過四年長的光景，當時遠東第一部最先進的自動製餅乾機，終於在嘉頓的廠房內正式投產。當年張子芳向記者講解機器運作時的顧盼自豪狀，活脱是製餅大師：

　　　　這是整套設備中的骨幹。麵粉開始進入這部機器時，首先通過製模部份，將餅型印好，然後再進入烘爐。爐有三部，都用油渣作燃料。每爐有火嘴三個，它發出熊熊的烈火，用間接傳熱的方式烘餅，一般是餅底部份的熱力要高些，而餅面所需的熱力則較低。第一部烘爐在每五分半鐘出餅一次的速率下，熱度為攝氏二百五十度；進入第二部是四百六十度；第三部五百度。如果將生產率調節為三分鐘出餅一次，那末機器的轉動率就會增高，烘爐的熱力也跟着增高。製餅機的最大特色，就在於它能自動調節這一點。[42]

　　張子芳強調製餅機能「自動調節」，可見他目光遠大，因為自動化生產，不止是為應付本地需求，更是為了拓展海外市場：

　　　　這部製餅機，全長三百四十呎，只要把它的電鈕調節一下，便可在三分鐘內將製餅乾的主要工序完成，一小時內可以出產餅乾約一噸。從目前本地餅乾的產銷情況看來，是否有需要投資近百萬元去安裝這部生產力龐大的機器呢？關於這一點，「嘉頓」的老闆是獨有見地的。他説：「要不裝上新機器，那裏有條件和外國貨爭一日之長短？」[43]

　　從會計和財務分析的角度，要看一間公司有沒有前景，主要是看它投資在研發、購置新設備上的多寡。在香港經濟發展初露曙光的年代，嘉頓在自動化和添置新機器方面的投入，無疑是傲視同儕。在以上的一段報道中，還提到許多嶄新設備，包括製糖果機、自動包切糖粒機、製麵包西餅用的篩粉機、攪拌機、自動搓麵包機和多個大型焗爐等。

四、焉知非福與非禍

　　在投資於生產設備方面，張子芳是具有前瞻性的，但這並不表示他坐上市場發展的快車便安枕無憂；相反，他積極開拓市場，宣傳促銷亦從未鬆懈，而參加工展會，更是不可缺少的重頭戲。

　　香港中華廠商聯合會於 1938 年首次舉辦國貨展覽會，目的是宣揚香港製造的工業產品、推動工商業發展及拓展對外貿易。由香港重光後到 1948 年，這個大型戶外展銷會復辦；之後數年，舉行的地點都是在尖沙咀半島酒店旁的空地（喜來登酒店現址）。1951 年，國貨展覽會改稱「香港華資工業出品展覽會」（簡稱「工展會」）；至 1961 年，又改稱「香港工業出品展覽會」，但人們已習慣稱之為「工展會」；而舉行日期，一般也是橫跨聖誕節假期前後。

　　聖誕及新年是糖果餅乾銷售的旺季，嘉頓除應時推出廣告宣傳外，參與工展會的展銷更是必不可少的行銷活動。以 1955 年為例，二十六天的展期便有 88.5 萬人進場，[44] 而每次工展會，嘉頓例必悉心佈置攤位，因此往往成為整個會場的焦點，[45] 其生產的「士的糖」更成為工展會的專利品。[46] 嘉頓在會場內擺放一個手持士的（手杖）、神氣活現的小紳士公仔，最為吸睛；士的既是玩具，也是「食得」的糖果，極受小孩歡迎，嘉頓「士的糖」之名遂不脛而走，單日竟

可賣出超過一萬支。

1950 年代，大時大節尚有如此氣氛，不過勞工大眾生活水平仍然偏低，「月餅會」的流行便是很好的說明。所謂月餅會，是預售月餅的一種方式，會員以分期付款向「會頭」或生產商預先訂購月餅，顧客負擔得起之餘，會頭或生產商也可預收一筆訂金，但同時也有可能出現會頭「走佬」或生產商倒閉的事情，那時候會員便會血本無歸。此時嘉頓以減輕顧客經濟負擔之名，推出「分期付款優待預購月餅」，而最特別之處是，嘉頓承諾「如遇時勢意外變化非人力可能控制時決將預付之款如數發還」，[47] 足見張子芳的承擔，嘉頓開創了「良心企業」的先河。

然而，「非人力可能控制」的「時勢意外」，卻不幸地發生了，時間就在 1956 年 10 月 10 日，這場被稱為「雙十暴動」的人禍，源於徙置事務處的職員在當日移除了李鄭屋徙置區內懸掛的國民黨旗和大型「雙十」徽牌，事件由示威及罷工開始，後來在 14K 及三合會介入下，迅速演變為嚴重的社會騷動，暴徒四出破壞。嘉頓位處石硤尾邨美荷樓附近，防暴隊曾經在美荷樓與群眾對峙，嘉頓因而被波及。整場衝突歷時三天，釀成 60 人死亡，是 20 世紀在香港發生並導致最多人喪生的一場暴動。

李恩霖根據自身經歷編寫而成的電影《桃姐》中，有一個場景正正就是發生在嘉頓麵包廠門前，當時年僅六歲的李恩霖，目睹他終生難忘的情景，使人怵目驚心：

> 一九五六年，因「雙十暴動」引發暴亂，大批暴徒襲擊我家對出的嘉頓麵包廠房。我從家中前窗正可俯瞰整個場面，當中有個暴徒在揮動青天白日滿地紅的國民黨旗時，被英軍開鎗擊斃，橫屍在嘉頓麵包廠房對出的草地上。事後兩天都沒有人來處理這具屍體，我從窗戶遠望其慢慢地逐漸發黑，是我平生第一次看着屍體變異，

小小心靈大受震動。[48]

暴動很快波及嘉頓。來歷不明的暴徒一連兩日闖入嘉頓青山道廠房，縱火破壞，令廠內原料盡燬，包括剛運送到廠的 2,000 包麵粉及 1,000 包庫存麵粉；機器被燒至焦黑，包括一部剛安裝價值 60 萬元的糖果機，頓變廢鐵。嘉頓被迫停產，復工無期。[49] 政府的調查報告書亦指出，在損失估算的細明表中，嘉頓麵包公司的損失為 300 萬元，[50] 不單止是各項之冠，亦是惟一具名的公司。張子芳被記者追問時，表示「多年心血毀於一夕，連自己也不忍目睹。」[51]

暴徒為甚麼襲擊嘉頓？據報暴徒的行動是有組織及有計劃的，他們先是包圍該廠，放火把廠外多部送貨車焚燬，繼而用汽車運載汽油和火水，衝進廠後將汽油及火水淋在機器和設備上，再縱火燃燒。據說當時汽車內有穿西裝者指揮，[52] 襲擊看似有嚴密部署。左派人士認為暴動是國民黨特務分子所策劃，[53] 之所以針對嘉頓，有傳是因為張家為中共元老葉劍英的親戚；此外，當年嘉頓的標誌是一粒五角紅星（作者按：可參看本文「早期嘉頓青山道廠房」的插圖，相中可見嘉頓廠房及車隊上都刻有五角星標誌），令人聯想到中華人民共和國的國旗，引起暴徒反感云云。[54]

對於種種揣測，張子芳一一反駁，指出「外傳公司後台老闆為某人某人及替內地製造月餅，概非事實」。[55] 對於嘉頓被破壞的原因，張認為是有人想打擊該廠業務，張說：「試想暴徒攻入嘉頓之後，首先便破壞新式機器設備，可為明證。」[56] 這一點能否構成「明證」實在難以稽考，不過張子芳痛惜新購機器盡毀之情，卻是溢於言表。

是年，張子芳 44 歲，他在過往十載，殫精竭慮，多少夢想、多少成就，一夜間，化為烏有。

五、人禍兮福之所倚

張子芳面對特大的中年危機，卻沒有從此一蹶不振。奇蹟般地，暴動結束後短短十日，嘉頓重啟生產。[57]

面對滿目瘡痍的廠房，張子芳能夠收拾心情，重新起步，顯示他擁有極頑強的意志；同樣是毀滅性的災難，他在十五年前香港淪陷之時曾經遇過，前車可鑒；況且今次廠還在、人還在，顧客還在，主要的客戶訂單還在，當然包括上文提到的三樓麵包西餅部所生產的麵包，大部分是供應給軍部的。

往後流傳一種說法，指暴徒襲擊當晚，有警員躲入嘉頓廠房，事後政府為答謝嘉頓，便規定所有政府部門皆向嘉頓購貨，致使嘉頓從此「水源」穩定，業務扶搖直上云云。[58] 但翻閱當年報章，以及政府調查暴動成因的報告書，找不到有警員躲進嘉頓廠房的報道，不過要說到嘉頓和政府關係良好，這點卻毋庸置疑。歸根究柢，嘉頓憑藉十餘年的努力拓展，根基已然確立，能夠絕地反彈，端賴做好三件事情。

第一，是迅速恢復生產。

停產後即連日清理現場，憑藉職工齊心併力，轉用人手生產法開工，先行修復可使用的舊機器，使部分麵包生產線得以恢復。全新的機器被毀，固然損失慘重，但正正因為機器是新購，英國供應商維修保養的售後服務也相當到位，對於損毀最大的自動製餅乾機及麵包機，嘉頓要求供應商盡快運送零件來港，結果只用上兩個月的時間，大型的製餅機便恢復正常生產。[59]

同時間搶修好的還有新購買的自動製糖果機，故此在事發後兩個月，各條生產線已恢復運作，趕及應付聖誕和新年旺季的需求。這部在當時全遠東獨一無二的自動製糖果機，生產率奇高，報道形容得相當生動：「煮好的軟糖整條從進口部分鑽進去，出口部分在啪

啪的聲響中迅速把一粒粒的糖果吐出，情形就像燒機關槍一樣。」
這部機每八小時可以吐出兩噸糖果粒而不假人手。

　　劫後初澄，嘉頓就以每天兩噸糖果、三萬磅麵包、七八噸餅乾
的產量，迎接 1956 年的聖誕。[60]

　　第二，是擘劃重建廠廈。

　　隨着產量的急速攀升，嘉頓在銷售方面同步擴張，在北角琴行
街開設支店，以配合港島區的顧客需求。該支店除供應嘉頓麵包、
餅乾及糖果等出品外，還兼營中西酒菜、冷熱飲品。[61] 這種結合麵包
餅店與餐廳食肆的經營模式，自 1950 年代中起，頗能切合草根階層
日常生活所需。其實位於青山道的嘉頓廠房亦設有餐廳，然而青山
道廠房既是生產工場，又集餐廳及銷售功能於一身，並不符合長遠
發展之道。張子芳決定重建廠房，向政府補地價，將建築加高至七
層，並更改部分用途至辦公和零售，整幢名為「嘉頓中心」的大樓
於 1958 年竣工；至 1962 年，張子芳購入深井新廠房，本設於深水
埗的生產工場，遂轉移至深井的現代化廠房。[62]

　　全賴張子芳的遠大目光，嘉頓中心落成後六十多年一直是深水
埗區的地標，尤其是它高聳突出的鐘樓，時西北九龍尚在開發階
段，通州街以外即為海邊，深水埗碼頭有渡輪往返中環，行人遙望
鐘樓上的時鐘，便知道要否加快腳步。相信張子芳當年也想像不到
大樓的設計，竟有如此獨特的功用。而他確實獨具慧眼，誠邀了第
一代受過正式訓練的中國建築師朱彬來設計大樓。朱彬為嘉頓中心
帶入現代主義風格，建築物的形狀依其功能而設計，奉行簡約的原
則，混合了高層塔樓建築和工廠建築兩個類型，跟當時普遍四平八
穩的工廠設計大不相同，給人很「摩登」的感覺。[63]

　　第三，是推出創新產品。

　　1956 年暴動後的聖誕，嘉頓以驚人的復甦能力應對市場需求，
更推出新產品 —— 得寶奶糖，賣個滿堂紅。[64] 一年後的聖誕，嘉頓

使出新招，推出四磅重樽裝糖果，既可送禮亦可自用；其賣點是巨型玻璃瓶可用作農曆新春裝載油炸食品之用，保證沒有「回南」令食物發霉之弊端，體貼地考慮到升斗市民的需要，大受家庭主婦歡迎。父母也樂於選購嘉頓出品的糖果，因為嘉頓強調其糖果富有維他命，並且由機器自動包裝，確保衛生。[65]

糖果不能當飯吃，麵包卻可天天食。在製作麵包方面，嘉頓有其獨當一面之處，正正因為其麵包餅乾有較長的保存期，所以能長期擔任軍部的指定承包商。當人人以為暴動後嘉頓必元氣大傷、應接不暇之際，它卻竟然能有新產品，研發上有新突破。嘉頓使用特別的麵粉，製作出保鮮期更長的麵包，即使隔了五天，入口依然鬆軟。[66] 與此同時，張子芳感到麵包業應該大有可為，生平事業要後繼有人，而他的兒子張尚羽，更足以成為他的左右手，因為尚羽在這方面顯露的天分非比尋常 —— 1957 年，年僅 20 歲，正在英國留學的張尚羽，代表倫敦市參加烘製麵包藝術比賽，獲得了首獎。[67]

所謂虎父無犬子，想張子芳必寄望張尚羽有日終能子承父業。果不其然，嘉頓於 1960 年推出藍白格以蠟紙包裝的「生命麵包」 —— 一款加入了維他命及礦物質的方包，嘉頓為此產品取名「生命麵包」，寓意吃生命麵包可以得到健康和成長。[68] 從此，「嘉頓生命麵包」、「嘉頓雪芳蛋糕」、「嘉頓威化餅」、「嘉頓時時食」、「嘉頓忌廉檳」等香港人耳熟能詳的食品，成為了令人回味無窮的「香港味道」。

結語

從嘉頓中心往東北方走，可登上喃嘸山的山頭。從山上回望，歷史悠久的嘉頓中心、充滿標誌性的鐘樓和特色外牆，映入眼簾。

倘若在日落黃昏之際登臨，華燈初上，更可飽覽西九龍萬家燈火的璀璨景色。久而久之，喃嘸山的名字已沒多少人記得，人人只管稱此山為「嘉頓山」。

歷史悠久的嘉頓，陪伴幾代香港人成長，它的出品家傳戶曉，每個香港家庭幾乎都有幾款嘉頓產品在家中，可能是早餐、午餐，又或是閒時零食。嘉頓經歷過戰爭洗禮，曾經趕製軍用餅乾作為緊急食糧；也經歷過人禍打擊，但依然不斷創新求變，推出「生命麵包」，成為普羅大眾的食品。殖民管治時期，香港每逢遇上天災，政府就以嘉頓「生命麵包」作為賑災食糧，救助了不少人的生命。

世道升沉，無形中亦見證了嘉頓的生命成長。

注　釋

1　嘉頓公司網頁記載為「黃華嶽」。〈里程碑〉，嘉頓公司網頁，擷取自 https://www.garden.com.hk/tc/ 里程碑 /（瀏覽日期：2023 年 10 月 26 日）。

2　梁炳華：《深水埗風物志》（香港：深水埗區區議會，2011），頁 202。

3　雪姬：《香港百年》（台北：創意市集，2021），頁 191。

4　〈裕成辦館毒麵包案〉，擷取自 https://zh.wikipedia.org/wiki/ 裕成辦館毒麵包案 ?msclkid=f53641ffd0f011eca8d4977fb10d7b4e（瀏覽日期：2023 年 10 月 26 日）。

5　鄭宏泰：《巴斯家族：信仰、營商、生活與文化的別樹一幟》（香港：三聯書店，2022），頁 79。

6　同上，頁 80–81。

7　Lane, Crawford, Ltd., *Annual Report 1975* (Hong Kong: Lane, Crawford, Ltd., 1975), 24.

8　Dave & Stefan, "The Origins of Hong Kong's Lane Crawford," *Blogging… Walk the Talk* (blog), 6 June 2005, accessed 26 October 2023. http://blog.mobileadventures.com/2005/06/origins-of-hong-kongs-lane-crawford.html 另見 Lane, Crawford, Ltd., *Annual Report 1975*, 3–5。另據「港九糖果餅乾麵飽西餅同業商會」理事長姜智深透露，其父姜勝和於 1948 年起在海軍船塢軍官會所（Mess, H. M. Dockyard）工作，姜老先生回憶當時海軍船塢過千官兵都是食自製方包為主，並無依賴外判商，原因之一就是擔心中共反英分子下毒。

就姜先生所提供的寶貴資料，筆者謹此鳴謝。

9　鄭寶鴻：《回味無窮 —— 香港百年美食佳餚》（香港：商務印書館，2022），頁 234。

10　*The Directory & Chronicle of China, Japan, Corea, ... &c. for the Year 1931* (Hongkong: The Hongkong Daily Press, 1931), 1104.

11　〈【嘉頓重建】生命麵包 91 年烘焙史　抗日時 7 天不眠不休產軍用餅乾〉，香港 01 網站，2017 年 8 月 7 日，擷取自 https://www.hk01.com/ 社區專題 /109922/ 嘉頓重建 - 生命麵包 91 年烘焙史 - 抗日時 7 天不眠不休產軍用餅乾（瀏覽日期：2023 年 10 月 26 日）。

12　The Industrial History of Hong Kong Group, "Ching Loong Bakery（正隆餅家）1889–1963," accessed 26 October 2023. https://industrialhistoryhk.org/ching-loong-bakery- 正隆餅家 -1889-1963/?msclkid=23545ca3d0d911ecb1bf2675273bc46f

13　〈麵包大王濃情八十年〉，《壹週刊》，2004 年 3 月 11 日，第 731 期，頁 89。

14　施其樂（宋鴻耀譯）：《歷史的覺醒 —— 香港社會史論》（香港：香港教育圖書公司，1999），頁 229。

15　"Carr's Emblem Assorted Biscuits," *Hongkong Daily Press*, 31 December 1929, 9.

16　李廣林原來在二戰時曾販賣麵包、餅乾、糖果等食品，他常對人說：「我是整麵包起家的。」就李先生所提供的寶貴資料，筆者謹此鳴謝。

17　*The Directory & Chronicle of China, Japan, Straits Settlements, ... &c. for the Year 1940* (Hongkong: The Hongkong Daily Press, 1940), A623.

18　"Compulsory Service Ordinance, 1939, Ordinance No. 32 of 1939," *Hong Kong Government Gazette*, no. 850, 22 September 1939, 1024. 另外艾德加亦有擔任陪審員，見 "Jurors List for 1940," *Hong Kong Government Gazette*, no. 344, 29 March 1940, 455。從浩瀚的檔案中尋得以上資料，全賴政府檔案處趙鍾維先生的義助，筆者謹致謝忱。

19　Edgar, B., "An Incident in Hong Kong Baking in 1948 or How Things Happen," *Gwulo*, 30 November 2014, accessed 26 October 2023. https://gwulo.com/node/22408

20　"Fatal Fire at Shamshuipo Biscuit Factory Burnt Out Last Night. Young Apprentice Lost in Flames," *The China Mail*, 30 January 1934, 9.

21　〈里程碑〉，嘉頓公司網頁，擷取自 https://www.garden.com.hk/tc/ 里程碑 /（瀏覽日期：2023 年 10 月 26 日）。網頁載被迫停產是「1932 年：冬節工場失火，因保險單之誤未能獲得賠償，工場被迫停工數月」，年份應為 1934 年。

22　〈里程碑〉，嘉頓公司網頁，擷取自 https://www.garden.com.hk/tc/ 里程碑 /（瀏覽日期：2023 年 10 月 26 日）。翻閱 1937 年自 7 月 7 日蘆溝橋事變後的報章，找不到嘉頓生產 20 萬磅勞軍餅乾的報道，但在每天見報的各界捐助活動中，嘉頓榜上有名。見〈婦女新運會〉，《工商日報》，1937 年 11 月 13 日，10。報載「嘉頓糖菓餅乾公司梳打餅一千盒共兩箱……正隆棧報效代製梳打餅一千二百磅、中發公司支店報效代製早茶餅一千四百磅」。

23　〈里程碑〉，嘉頓公司網頁，擷取自 https://www.garden.com.hk/tc/ 里程碑 /（瀏覽日期：

2023 年 10 月 26 日）。

24　*Hong Kong Defence Scheme, 1936*, 343.01 HON, Hong Kong Public Records Office. 此人數乃從上述計劃書中 Chapter 1, Table A(ii). Military Garrison — Imperial Troops（頁 19–20）的數據資料加總而得。

25　鄺智文、蔡耀倫：《孤獨前哨 —— 太平洋戰爭中的香港戰役》（香港：天地圖書，2013），頁 116。

26　同上，頁 162。

27　同上，頁 192–196。

28　〈里程碑〉，嘉頓公司網頁，擷取自 https://www.garden.com.hk/tc/ 里程碑 /（瀏覽日期：2023 年 10 月 26 日）。在日佔時期的一本電話簿 [香港電話局：《電話番號簿》（香港：香港電話局，1943），頁 140] 內，載有「嘉頓糖菓餅乾麵飽廠」的電話號碼為 57764 及地址為青山道 2014 地段的資料，但究竟期間嘉頓是否仍有生產，有待進一步探究。

29　亞洲電視新聞部資訊科：《解密百年香港》（香港：明報出版社，2007），頁 170。

30　同上，頁 179。

31　饒美蛟：〈香港工業發展的歷史軌迹〉，載王賡武主編：《香港史新編（上冊）》（香港：三聯書店，1997），頁 379。

32　梁炳華：《深水埗風物志》，頁 202。

33　〈嘉頓公司　在港九設門市部〉，《大公報》，1948 年 9 月 30 日，4。彌敦道 78 號即今文遜大廈位置。

34　"Lane, Crawford Meeting, Satisfactory Year," *The Hongkong Telegraph*, 26 August 1948, 5.

35　Edgar, B., "An Incident in Hong Kong Baking in 1948 or How Things Happen."

36　艾德加的往事得到他的兒子 Brian Edgar 致函確定，筆者謹此鳴謝。可能艾德加當年對嘉頓作出的貢獻匪淺，故在嘉頓成立 50 周年（即 1976 年）的大日子，特別邀請艾德加伉儷從英國來港出席紀念活動。

37　Edgar, B., "An Incident in Hong Kong Baking in 1948 or How Things Happen." 該段之英語原文為「my father steps briefly on to the historical stage not for the excellence of his loaves but in his role as a 'European', whose presence gave Garden that little bit of extra credibility they needed to be taken as seriously as their rivals.」。

38　〈慘遭匪徒破壞　嘉頓開工無期　經理張子芳昨感慨言之　多年來心血竟毀於一夕〉，《大公報》，1956 年 10 月 19 日，4。

39　饒美蛟：〈香港工業發展的歷史軌迹〉，頁 380–381。

40　〈嘉頓昨送餅乾　今晨續贈麵包〉，《大公報》，1953 年 12 月 26 日，4。

41　張子芳訪英訂購製餅機器一事，資料來自嘉頓公司的網頁，從報章上卻未能找到相關報道。不過英國公司出產製餅機器似乎是早已有之，一則載於《香港華商總會年鑑》的貿

易介紹就有如下的記錄：「英國衛嘉士有限公司來函署謂本公司專售製造餅乾機器函請介紹餅乾公司與之購買機器」，見〈中外貿易介紹‧壹〉，載香港華商總會：《香港華商總會年鑑》（香港：香港華商總會，1932）。

42　〈香港第一家　嘉頓公司新機製餅〉，《大公報》，1954年12月19日，7。

43　同上。另見〈全遠東第一副　最新製餅機〉，《工商日報》，1954年12月15日，6。

44　〈工展招待外商參觀　今日下午一時開放〉，《大公報》，1955年12月28日，4。

45　〈嘉頓大乳牛〉，《大公報》，1955年12月12日，8；〈嘉頓新年禮物包　糖果餅乾夾玩具〉，《大公報》，1955年12月25日，8。報載工展會第六街有一架雙層巴士，上發條會行走，車廂滿盛糖果，「禮物包」10元一盒，內有雙層巴士玩具、雜餅和花籃糖，分開買亦可——此行銷手法就像今天商場售賣「福袋」一樣。

46　〈工展場中特色貨品　士的糖大件夾抵食　小紳士人手有一支　安樂振興嘉頓銷量很大〉，《大公報》，1955年12月28日，8。

47　〈嘉頓月餅　分期付款優待顧客〉，《大公報》，1955年10月1日，4。廣告注明每月付款3元，明年秋節得月餅多種共八盒，備專車派餅按戶送上。

48　李恩霖：《桃姐與我》（香港：青森文化，2012），頁41。

49　〈匪徒兩次縱火　嘉頓廠損失數百萬〉，《大公報》，1956年10月15日，4。報道說廠房二樓是製餅乾部，購自英國的自動製餅乾機就在此層；三樓是麵包西餅部，那裏出來的麵包，有一大部分是供應軍部的；〈嘉頓兩分店　亦被匪搗毀　兩處損失約達八萬〉，《大公報》，1956年10月18日，4；〈嘉頓公司被縱火　金舖商店受搶劫〉，《大公報》，1957年1月3日，7。此報道為事發兩個月後港府發表的《九龍及荃灣暴動報告書》之敍述，提到暴徒當晚於11時25分焚燒嘉頓麵包公司停放於屋後的12輛貨車，建築物被擲石，有人將附有燃燒物之擔杆由破爛窗口投入，因廠內有易燃貨物，助火勢蔓延，消防員馳救途中被人擲石，需警察保護。

50　香港政府：《九龍及荃灣暴動報告書：一九五六年十月十日至十二日，附一九五六年十二月廿三日香港總督呈殖民地部大臣函》（香港：政府印務局，1956），頁31。位列嘉頓之後的小工廠及其他商號（第二大項）之損失為50萬元，約30間商店遭破壞的損失為30萬元，學校遭破壞的損失為25萬元，私人車輛的損失為20萬元。

51　〈慘遭匪徒破壞　嘉頓開工無期〉。

52　〈匪徒兩次縱火　嘉頓廠損失數百萬〉。

53　同上。

54　〈麵包大王濃情八十年〉。

55　〈慘遭匪徒破壞　嘉頓開工無期〉。

56　同上。

57　〈各界關懷　職工努力　嘉頓餐廳恢復營業〉，《大公報》，1956年10月22日，4。

58　〈麵包大王濃情八十年〉。

59　〈各界關懷　職工努力　嘉頓餐廳恢復營業〉。

60　〈嘉頓公司開動新機　機器設備第一流操作已自動化　十磅庄硬糖每罐十元遠銷非洲〉，《大公報》，1956 年 12 月 20 日，3。

61　〈嘉頓公司　北角設支店〉，《工商日報》，1958 年 12 月 6 日，7。

62　〈嘉頓中心聳立 80 年　見證深水埗社區發展〉，獨立媒體網站，2017 年 8 月 14 日，擷取自 https://www.inmediahk.net/node/1051349（瀏覽日期：2023 年 10 月 26 日）。

63　黎雋維、陳彥蓓、袁偉然：《迷失的摩登 —— 香港戰後現代主義建築 25 選》（香港：蜂鳥出版，2021），頁 130–135。朱彬於 1922 年在美國賓夕凡尼亞大學建築系取得碩士學位，1949 年後到香港執業，全港首座玻璃幕牆大廈 —— 德成大廈，就是他的設計。

64　〈巨型製糖果機　嘉頓擁有一部　每分鐘自動包裝三百顆　首製得寶糖在工展面世〉，《工商日報》，1956 年 12 月 10 日，9。

65　〈嘉頓八種糖菓　供應聖誕需求〉，《工商日報》，1957 年 12 月 21 日，9。

66　〈嘉頓新嘗試　麵包製成隔五天不壞　軟柔可口不久可應市〉，《大公報》，1956 年 12 月 27 日，3。

67　〈烘製麵包藝術比賽　留英學生張尚羽獲首獎　他是嘉頓公司經理之子〉，《大公報》，1957 年 7 月 14 日，5。張尚羽於 1955 年赴英留學，入讀工業學校，專攻食品製造。

68　雪姬：《香港百年》，頁 258。

第三部分

安身立命

戰後政府房屋政策的試金石：上李屋邨

馬冠堯

前言：上李屋村與開埠房屋問題

　　上李屋村是位於深水埗大埔道以西的一條小村。1926 年政府發展深水埗，將大埔道與桂林街交界至當時青山道的新路命名為青山道，[1] 上李屋村則在東起九江街，西至東沙島街，南有保安道和順寧道；順寧道之南是青山道，北是大埔道下的山坡。而 1952 年落成的上李屋邨，則於 1990 年代拆卸，現今是樂年花園。

　　香港開埠時是個小島，可興建房屋的土地少，因此樓宇不足，導致居住環境擠迫，人們亦被迫佔用官地，產生了寮屋問題。19 世紀政府解決的方法，是尋找和開發可建屋的土地如開山填海，並發寮屋牌照；沒有寮屋牌的，只好佔用官地，否則便要露宿街頭。

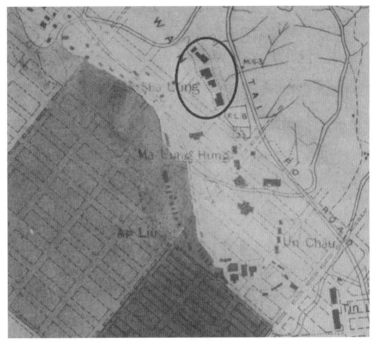

1918 年上李屋村

圖片來源：No. 304, Acquisition of Kowloon Farm Lot. No. 11, 19 September 1819, Despatches: 1919 July – Sept., CO129/455, 401, The National Archives.
鳴謝：英國國家檔案館

一、19 世紀政府對房屋擠迫的解決方法

1870 年代，殖民地醫官報告指出人畜共處一室，以及樓宇設計並沒有考慮到陽光、空氣和排污水的問題，衍生了嚴重的社會衛生問題。[2] 政府首次被迫重視房屋擠迫的情況，是在 1880 年代，由殖民地部聘請英國衛生工程專家翟維克（Osbert Chadwick）到港調查，[3] 並寫下報告。[4] 報告確定香港房屋的擠迫情況，但只是從衛生角度考慮和改善。其後根據報告建議所立的法律，亦未能全面落實和

執行。[5] 直至 1902 年，政府再委任委員會寫出報告，跟進翟維克的提議，[6] 並得出 1903 年的《公共衛生及建築物條例》，[7] 雖然已比較完善，但這也只是從衛生角度解決房屋問題。

樓宇的轉變

1856 年之前，樓宇是沒有完整的建築物法例規管，只靠一些清潔或秩序法例。如 1844 年第 5 號條例《香港殖民地良好秩序及清潔條例》，規定在香港建造某類建築物時，必須使用非易燃的建築物料，目標是減少使用茅草、木材等易燃建築物料，因為一旦發生火災，也可避免火勢迅速蔓延，影響相鄰的建築物。1856 年頒佈的第 8 號條例《建築物及公眾滋擾條例》，規範了私人建築物承重牆的厚度為 9 至 18 吋，而地基深度不能少於牆壁厚度的兩倍，並規定以鐵、木和磚石等物料建造某類建築物，以確保公眾安全。

翟維克的報告衍生出 1887 年第 24 號條例《公共衛生條例》，政府對建築物的廁所、廚房，以及排水設施和建築物的通風空間分佈等，首次作出一些必須符合的規範。在 19 世紀，香港政府對私人建築工程監管並不十分嚴謹，1889 年才制訂較詳細的《建築物條例》，開始監管私人建築工程。條例內除列明樓宇設計標準，亦要求新建築物在展開工程前，必須獲取工務司批准設計圖則。

1903 年 2 月通過第 1 號條例《公共衛生及建築物條例》，大致上將 1902 年草案條例納入其中，並汲取 1901 年閣麟街塌樓事件的教訓。1903 年，香港政府設立認可建築師制度，建築師除負責設計、獲取圖則批准外，亦必須在施工期間監督建築工程，確保符合設計要求。條例內列出政府成立建築事務監督，並加入大量有關樓宇設計、建造以至入伙後的細節和程序等條文，開始有系統地監管房屋設計和施工。但這些建築物條例都是着重從衛生和安全角度解決房屋問題，另一重點是法例只針對私人房屋，政府和軍部建築物

則可獲豁免。由此可見，政府是十分依賴私人市場供應住宅房屋。

二、20 世紀政府對房屋擠迫的解決方法

　　1920 年代，第一次世界大戰結束，很多外國人回流香港，而中國境內動盪，有不少同胞到港謀生，因此香港房屋供應非常短缺。工務司漆咸（W. Chatham）向定例局工務小組彙報房屋短缺問題，[8] 其後政府委任調查委員會研究解決辦法，委員會成員有大律師普樂（Henry Pollock）、定例局議員羅旭龢和工程師庇利（W. S. Bailey），[9] 重點在於如何增加樓宇供應和減低樓宇建造成本。報告在增加房屋供應方面考慮到幾點：首先，要開發新的地盤，如灣仔填海和遷移軍部，然後將新地盤的交通連接至各地。新地盤亦要加設政府設施和有效地運用有限的土地，並且考慮工務局人手不足的問題。在減低建築成本方面，他們考慮到地價、興建費用如物料和人工，亦想出辦法減低租金，[10] 因此立了管制屋租法例，以保障市民應付的租金。

　　1935 年的房屋委員會報告於 1938 年完成，內有談及有關房屋居住擠迫的問題，但重點仍然是衛生，主要針對肺癆病的傳播。除此之外，他們亦蕭規曹隨，尋找更多的土地，以低成本興建房屋，且對交通亦非常重視。但尋找土地要全面的城市規劃，如開山填海。[11] 雖然在 1941 年聘請了奧雲爵士（Sir David J. Owen）做了一個海港的全面計劃，但因戰爭而未能落實，要待戰後重建，有了規劃藍圖才開始發展。1936 年，香港保護兒童會支援了 1,572 個貧窮家庭，當中有 994 個家庭只能住在「床位」。[12]

　　總的來說，政府採用的主要方法是開闢新土地，即開山填海。而在財政緊絀下，亦想盡辦法減低建造成本。

社會的轉變

日本侵華，國內大量外國人來港暫避，亦有不少中國同胞來港避難，加劇了房屋短缺問題。除佔用官地興建寮屋外，有不少人要露宿街頭，因此在 1933 年，有社會人士成立私人團體「街邊露宿救濟會」（Street Sleepers Shelter Society）去協助這批難民，主席為侯利華牧師（Rev. N. V. Halward），秘書為鍾茂豐（Ruby Mow Fung），義務師庫為李海東，成員有普樂大律師、張寶樹和潘錫華醫生、李求恩牧師、克權士、保良局主席梁弼予、東華醫院主席潘曉初等人。[13] 政府亦與私人團體和業主商討，騰出空置的樓房給這批難民暫居，如馬會、英童學校、教堂和剛落成的政府樓宇等。其後亦首次興建難民營，為沒有地方居住的難民提供住宿服務。

但畢竟僧多粥少，低收入住戶往往要捱貴租，擠迫情況並沒有改善。政府若收緊租務法例，商人興建住宅意欲必減，將適得其反。戰後數以百萬計人移居，香港政府如何解決呢？

政府和私人團體參與供應房屋給有需要者

1933 年 12 月，街邊露宿救濟會於西環聖彼得堂設立露宿者寒冬庇護所，但春天回暖時會關閉，[14] 故並不能徹底解決露宿者問題，只是臨時的舒緩措施。

1937 年底，和平誓約聯盟（Peace Pledge Union）香港分部落實了一個安頓社區實驗計劃，在油麻地偉晴街 53 至 61 號租了五棟唐樓，改建成有室內廁所、光猛有燈而不擠擁的單位，每個單位最多可容 12 人；除板間房外，當中亦有床位計劃租給有需要的人士。計劃最大特色是內有一所幼童學校，及一所成人夜校教授中英數、道德、衛生常識和公民責任等。在挑選租客的時候，他們會參考保護兒童會和慈善協會的貧窮線（家庭收入每人每月不多於 4 元）。另外，所收的租金以不牟利為原則，若家庭未能付出最低租金，他們

會盡量補貼。至於管理方面，則聘請了一位懂英語的華人，負責監管租客的衛生和生活秩序。[15]

這個安頓社區實驗計劃目標太不實際，當然不太成功，但實際的效果卻能得出一個重要結論：貧窮人士無法交出合理的市場租金，因此資助窮人住屋需要大量的補貼。這個實驗是最早提供房屋社會福利給貧窮華人的大膽創新嘗試，其中聘請的宿舍管理員，就是現今物業管理專業人士的雛型；而幼兒學校和成人夜校這些附帶設施，便是有如現今的娛樂室。

1938 年 6 月 24 日，「緊急救濟難民會」召開第一次會議，由主教何明華（Bishop R. O. Hall）主持。該會成立之主要目的，是提供難民營給來自華南的難民。[16]同年 10 月，通過了在九龍亞皆老街馬頭涌村建設一平民宮，地皮免費，建築費由政府負擔一半，華商總會先墊支一半。圖則預定每間房可容八人，全宮可容 350 人，每個房間徵費 10 元，可於短期內實現。這是政府首次提供資助住宿給有需要的人士。[17]

馬頭涌平民宮。攝於 1960 年代。
鳴謝：香港房屋協會

1938 年 12 月，「緊急救濟難民會」改組，成立了三個小組，其中兩個小組分別照顧本地難民和華南難民，另一個小組則負責管理財政。申請入住馬頭涌平民宮已經滿額，輪候人士達 200 人。馬頭涌要加建平民宮，希望可以出租予更多專業人士。1939 年 6 月，「緊急救濟難民會」轄下的本地小組改名為「香港難民及社會福利會」，下分兩個小組，一個本地，另一個海外，附屬國際紅十字會。[18]

三、戰後房屋嚴重短缺和官民合作解決的方案

香港難民及社會福利會

1947 年 2 月 24 日，軍部將戰前香港難民及社會福利會（下稱社福會）在馬頭涌興建的十二間平民宿舍交回社福會。[19] 1947 年 3 月，社福會聘請了一位新秘書施國望（Catherine Scott Moncrieff）小姐，[20] 希望憑着她豐富的房屋管理經驗，管理馬頭涌村。

1947 年 11 月，社福會召開大會，定下該會最主要的方向就是做聯絡角色，及避免跟各社會福利機構工作重複，好讓有限資源得以善用，以獲得政府確定其獨立角色。其中亦有提到房屋小組，新秘書小姐的管理房屋經驗可大派用場，處理馬頭涌民宿。[21] 1947 年 12 月，社福會收到倫敦市長空襲救災基金（Lord Mayor of London's Empire Air Raid Distress Fund）一筆 14,000 英鎊的捐款。基金捐了 50,000 英鎊給位於東南亞的馬來西亞、北婆羅州和香港。馬來西亞得 28,000 英鎊，香港得 14,000 英鎊，其餘的給北婆羅州。[22]

1948 年 4 月，社福會經多番討論後，決定將這筆基金用於幫助有房屋需要的人士，並將捐款暫時投資在香港政府的重建基金，有 3.5% 回報率，希望可以籌款 60 萬元，並以低息貸款興建平民房屋給 100 名低收入人士。因此成立了「香港房屋會」（Hong

Kong Housing Association），成員有賴詒恩神父（Father Thomas Ryan）、何明華會督、羅拔臣教授（Professor Robertson）、太古船塢經理芬尼（John Finnie）和關祖堯律師等，施國望小姐為秘書。社福會將初步的計劃交給政府考慮，希望將來的租金每戶不會多於 50 元。1948 年 7 月，香港電台舉辦一個討論房屋問題的節目，威尼斯醫生（Dr. Willis）講述寮屋問題，特別是灣仔和北角，希望政府可以有中轉站。社福會施國望小姐希望可以針對一些低收入人士來提供協助，制訂讓他們可以負擔得起租金的房屋政策。她回憶於 1938 年，社福會得到中華總商會的幫助，以低息貸款於馬頭涌興建小型房屋，共有五十六個單位，內有小廚房和廁所。戰後英軍暫用，其後香港醫務衛生處亦暫用，1948 年交社福會管理。房屋用了七年但保養得不錯，社福會用了 31,000 元將樓房復修，雖然沒有刊登廣告宣傳，但已收到很多申請。其實當時這批人士是有識之士，例如老師、文員、電話接線生、會計師、警察和政府人員等，每個家庭每月收入大約 200 至 300 元。施國望小姐希望可以成立一個非牟利的房屋協會，幫助這批自力更生的人士。[23]

　　1948 年 11 月，施國望小姐通知公眾，倫敦市長空襲救災基金的捐款將會用於解決低收入人士租住房屋的問題。[24] 1948 年 12 月 14 日，社會福利會在大會上通過更改名稱為「Hong Kong Council of Social Service」，中文改為「香港社會服務聯會」（下稱「社聯」）。會上亦提到馬頭涌房屋的管理進展非常理想，居住了 286 人，他們的幫助對象主要是白領以下的低收入人士而非難民，因為他們的收入未能應付市值租金。社聯第一個試驗的房屋就是兩房單位，並向銀行尋找低息貸款興建，希望可以取得收支平衡。他們亦跟香港政府緊密合作，尋求他們幫助貸款約 30 萬元。[25] 1949 年 6 月，社聯的秘書，亦是首位有專業大型房屋管理經驗的施國望小姐，因約滿返回英國，[26] 她的空缺由兩位兼職的太太擔任，因此希望可以盡快聘得

在英國有經驗的社會工作者，替代秘書的職位。

　　1950 年 2 月，社聯會議報告成立的「房屋協會」開始成型，正草擬法案，希望可以興建平租單位給予低收入人士。管理馬頭涌村的委員會亦報告他們成立了管理委員會，當中包括房屋經理和住客代表，而住客也都同意每月租金由 20 元增加至 30 元。[27]

　　1950 年 6 月，社聯會議通過兩項決議。倫敦市長空襲救災基金的投資滾存已達 24 萬元，當中預留 4 萬元以聘請一位在英國有經驗的房屋助理社會工作者來港協助管理房屋，餘下的 20 萬元，將會興建一試驗性房屋。[28]

　　1950 年 12 月，社聯的房屋協會所聘請的房屋經理兼秘書抵港履新。社聯於修頓紀念二次大戰中心歡迎奧美斯頓（Dorothy Ormiston）小姐，她抵港前是英國告羅士打（Gloucester）的助理房屋經理，並持有英國房屋經理協會的會員資格（Member of the Society of Housing Managers）。《南華早報》形容奧美斯頓小姐抵港是香港房屋歷史上的重要日子。主席賴詒恩神父透露他們有一房屋試驗計劃，興建約 160 個單位，租金每月約 50 元，他希望計劃能以收回成本運作。[29]

其他房屋發展計劃

　　1947 年中，「九龍居民協會」（Kowloon Residents' Association）招募有興趣私人興建房屋人士，地點是渣甸山或九龍塘以東，興建大、小兩款別墅式洋房。形式是成立一個「建屋家居協會」（Home Building Society），向銀行貸款興建別墅式洋房，會員則分擔首期和日後還款，[30] 開拓了私人建造房屋路線並向政府要求資助。其實早於 1877 年，社會已有成立建屋家居協會的籌組計劃，當年亦有華人參與，就是第一位香港共濟會華人會員陳大光和創立《華字日報》的陳言。[31] 這些計劃後來發展成為合作社模式（Co-operative system），

即一班志同道合的人士一起組織合作社，以合作社的名義借貸款項，由各會員負責清還。政府於 1951 年立法制定合作社規則，法例在立法局通過，成為 1947 年第 43 號法例，最初的目標是協助漁民和農民創業，後期發展至公務員房屋合作社，並於 1953 年開始陸續有不少本地公務員成立合作社，自行興建房屋給本地的公務員，而現今仍有不少這類房屋存在。但由於參加者並不踴躍，加上港府依賴私人市場供應房屋政策牢不可改，不願意資助，「九龍居民協會」計劃最終落空。

1949 年 4 月，「香港革新會」（Hong Kong Reform Club）希望可以興建工人房屋，興建費用約 4,000 元，給予每月收入約 150 至 500 元的低收入人士入住。[32]

1950 年 8 月，「香港模範屋宇會」（Hong Kong Model Housing Society）宣佈將興建 400 個單位給予打工仔，每個單位有兩個房間、獨立廁所和廚房，屋村內有一籃球場和花園，興建費用約 300 萬元。主席律敦治估計每個單位租金約 80 元，但當時仍未能確實，希望最後租金不會超出預算，因為模範屋宇會是一個非牟利組織。300 萬元是從滙豐銀行所得的貸款，政府非正式補貼約 125 萬元，建屋地點在英皇道，地盤面積約 2.5 公頃。[33]

明顯地，當時社會解決房屋擠迫有三條路線：第一是九龍居民協會提議成立「建屋家居協會」去協助收入比較可觀的上層人士，第二是施國望小姐提出要協助低收入人士，第三是扶助難民。

政府的選擇

1947 年，香港聘請了城市規劃專家亞拔高比（Sir Patrick Abercrombie）到港，為城市規劃把脈並寫下報告。他在報告中解釋，因無法估計人口增長數量，故只能按實際情況推算出規劃住宅預算的數量。根據奧雲報告內建議每畝 504 人作微調，而得出規劃

預算的可容人口。每畝可建 24 棟樓，樓高 3 層共有 3 住宅，每宅 7
人，即 24 x 3 x 7 人 = 504 人。一層樓約 315 平方呎，每人約 45 平
方呎。每畝 43,560 平方呎，每人約有 86 平方呎，即 45 ／ 86 = 0.52
淨呎數。採用淨呎數，每畝可容 0.57 x 504 人 = 285 人。當時人口
為 150 萬，港島多出 10 萬人，要遷往九龍；而九龍算出規劃預算的
可容人口為 50 萬人，九龍多出 10 萬人，要遷往九龍衛星城市。

　　要改變政府依賴私人市場供應的房屋政策需要花龐大公帑，非
港府可自行決定。但香港房屋短缺問題嚴重，全面影響社會，殖民
地部認為要有新思維，故此罕有地派出最高官員訪港。1949 年 1 月，
殖民地部大臣副手官員柏斯堅（J. J. Paskin）訪問香港，他在港只收
集資料，沒有透露半句有關政策的言論。[34] 但回到英國後，他在報告
寫下驚嘆香港華人文員住在寮屋，上班衣着卻整齊清潔。[35] 不知道他
是否同情這批「中產」，覺得政府不應再依賴私人市場了，半年後，
殖民地部大臣斯威廉（David Rees-Williams）於 1949 年 7 月訪問
香港後，[36] 決定殖民地部在香港房屋政策上要實行一個強硬的領導方
向。1950 年 6 月，港督葛亮洪（Alexander Grantham, 1899–1978）
奉命往殖民地部開會，商討香港的社會福利、市政局、衛生、教育
和城市規劃等政策；在房屋方面，決定了提供房屋津貼給低收入的
白領人士。[37]

　　1951 年 2 月，港督勾畫出香港初步房屋計劃，仿效新加坡的
改善基金（Improvement Fund），在香港成立一改善基金貸款給非
牟利機構建造房屋，在指定時間內收回成本，以償還貸款。港督草
擬了一份計劃書並提交予殖民地部審批款項，他希望建造 370 個單
位供低收入人士，造價約 220 萬元，當中 13,500 英鎊（約 21 萬港
元）由殖民地發展及福利基金（Colonial Development and Welfare
Fund）支付，用於地盤整理工程，200 萬元則由港府貸款。建成後
由新成立的「香港房屋協會」負責管理和維修等。[38]

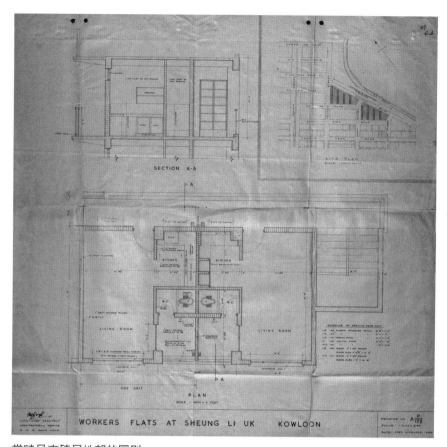

當時呈交殖民地部的圖則

圖片來源：Colonial Development and Welfare Scheme: Housing Project, Contains Drawings, 1951 Feb. – Oct., CO129/627/3, 49, The National Archives.

鳴謝：英國國家檔案館

　　1951 年 3 月 20 日，社聯轄下的房屋小組首次以「香港房屋協會」名義開會，舉行地點在輔政司辦事處，成員有太古船塢經理芬尼、主教何明華會督、關祖堯律師、陳乙明會計師、張家維和一些政府官員如舒雲（W. W. C. Shewan）等，芬尼任主席。[39] 4 月 18 日的會議芬尼任主席，討論聘請建築師的問題，結果決定聘用費咸（T.

S. C. Feltham）擔任試驗計劃的建築師。成立房屋協會的私人草案費用，暫時由關祖堯支付。[40]

1951 年 5 月 19 日，殖民地部批准港督的申請，但由於款項太大，殖民地部建議只能以一試驗形式落實計劃，待計劃成功後，再檢討和制訂香港的房屋政策。[41]

計劃中的單位有一房、一廚房、一廁所和露台。這計劃當時得到一些社會人士協助，如兩位華人地產商和工程師費博（S. E. Faber），政府內部則由工務局總建築師監控，並得到醫務衞生處（Medical and Health Department）和社會局（Social Welfare Office）協助商討籌劃計劃。而興建 370 個單位的費用，是不包括約 50 萬元的地價。興建地盤整理的費用約 21 萬元，是由香港殖民地及福利發展基金支付。[42] 政府通知社聯，早前所得的倫敦市長空襲救災基金捐款，可用作其他用途，故在訓練本地房屋經理方面，這筆款項有很大的幫助。

1951 年 5 月 16 日，成立香港房屋協會的私人草案在立法局獲得通過，是為 1951 年第 17 號法例。與此同時，殖民地部批准港府用殖民地發展及福利基金，資助約 21 萬元作為地盤整理費用，亦批准貸款 200 萬元給香港房屋協會興建試驗房屋。

房屋協會上李屋邨平民房屋的地價是以一半底價計算，貸款息口和建築費同是 3.5% 單利息算法，及須繳交地租，還款期是 40 年。[43]

上李屋邨的平民房屋其實是經過精心設計的。首先，為了節省建築費，費咸向工務局要求將房屋條例的 11 呎樓底高度降低，他參考過新加坡和西印度的樓底高度分別是 8 呎和 8 呎半，而最終工務局批准樓底為 9 呎半。《建築物條例》規定每人應該最少有 35 平方呎，所以四人單位面積是 140 平方呎，六人單位的面積是 210 平方呎，總共有 275 個單位。此外，由於煤氣公司不願意在屋內鋪設煤

氣喉管，所以上李屋邨的設計是預備住戶以「火水」煮食。中華電力公司願意供應電力予上李屋邨的住戶，並安裝獨立電錶，設計上更預備了可供熨斗使用的插頭。由於當時未有鹹水沖廁的設備，而水務局只供應食水，所以沖廁要用附近的井水。另外，麗的呼聲表示沒興趣在上李屋邨安裝設備，屋邨設計上亦考慮到接收遠程的電台才需要天線，所以不準備安裝天線。整體設計上還考慮到屋邨內是否需要商場，但由於附近有很多店舖，所以最終放棄了興建商場的計劃，並規定住宅不能作商業用途。上李屋邨的地盤面積有 7,000 平方呎，房協考慮設兒童遊樂場和興建社區中心。每一座房屋前有一草地及種植樹木，令單位更見開揚。香港小童群益會亦提出在上李屋邨設分部，照顧屋邨的男女童。[44]

　　1952 年 1 月，房協招標興建上李屋邨的平房，共有 14 間承建商被邀請，但當中有一間不合資格，最終由聯生公司獲合約興建。由於鋼筋要從外地購入，需要一段時間運送，工務局願意借出貨倉的鋼筋存貨供房協先行使用。不過上李屋邨的興建過程並不十分順利。首先，原來地盤臨近海旁，需要打樁，因而增加了建築成本。但費咸採用了一個聰明的解決方法，就是分兩部分興建樓宇，先讓短的石屎樁下沉穩定後，才與長樁結構結合，好等整座樓宇的下沉度相同，省回數萬元的樁錢。[45]

　　1952 年 5 月，房協刊登廣告列出申請人必須符合三個條件：一、在 1952 年 1 月 1 日以前，已在香港居住五年以上；二、有固定入息；三、申請人家庭除本人外，其家屬不能少於三人，亦不能多於七人，女僕亦作家屬計。1952 年 6 月，房協共派出 4,865 份申請表格，最後收回約六成表格。管理委員會將申請人分為三類：第一類大單位，第二類小單位，第三類超額的申請者。此外，他們亦公佈了一些統計數字，列舉申請人的工作單位，如政府、大企業或小企業。房協於 11 月總共收到約 4,500 份申請，角逐 270 個單位。

1951 年 8 月，房協委員會成立管理小組，研究如何分配單位和制定後備名單。[46] 第一輪篩選是選取合資格的申請者。申請人的家庭必須在三至七人內，兩名少於 10 歲的小童當一人計算。申請者亦須提供穩定入息證明，如僱主發出之糧單。協會有一個計分機制，但不是完全一成不變，而是靈活具彈性的。最後選出的申請人多於 270 名，所以須以抽籤方式來決定申請結果，未能成功的申請則放在候補名單內，次序是以抽籤方式來決定。大單位的月租是 70 元加差餉 15 元，小單位的月租是 56 元加差餉 10 元。房協為第三類的超額申請者做了一個統計，發現有 350 名超額申請者，當中超過七人的有 150 個家庭，八人的有八十多個家庭，而多於九人的家庭則只得數個。大部分在後備名單上的都是四人家庭，因此他們集中供應四人單位。[47]

上李屋邨。攝於 1970 年代。
鳴謝：香港房屋協會

1952 年 9 月，署理港督柏立基（Sir Robert B. Black）主持開幕典禮。柏立基祝賀房屋協會成功興建上李屋平民房屋，可以給政府一個好的實驗，看看香港整體房屋計劃如何走下去。他強調興建房屋並不太困難，但管理屋邨房屋卻是個考驗。

1952 年 11 月，已經有接近九成人入住上李屋邨，房協的房屋經理亦開始其管理工作。她每月收租時，會向住戶查詢居住環境的問題，然後把意見整理好，每月提交一個房屋管理報告予委員會討論和跟進，以改善將來的平民房屋設計。[48]

四、上李屋邨物業管理經驗

改善居住環境

房協聘用了兩名管理員和購入一部剪草機來保養每座樓房前面的草地和樹木。而有關垃圾的問題，管理員可幫助住戶清倒垃圾，但需收費：二樓或以下的住戶每月收 2 元，二樓以上的住戶收 3 元。這都是自願的，住戶亦可自行清倒垃圾。[49]

至於廚房的灶頭可以造得低一點，因為華人婦女比較矮小，石屎架改為廚櫃更為理想。廁所方面，則希望多一個水龍頭。晾曬地方不足，所以考慮添置晾衣架。至於窗門則承認設計失敗，很容易讓兒童爬上去而跌出窗外，因此很多住戶要求加裝窗花，而且安裝窗花還有一個好處，就是防盜。屋內有石屎間牆，令住戶覺得有些不便，故希望可以改為用活動的間隔。耶魯鎖的質素非常惡劣，容易壞和鬆脫，要跟進維修。由於治安不好，住戶要求在走廊的氣窗加花格，於是房協與保養承建商商討，希望可以全部劃一加花格，但由於很多住戶不願意付出費用，所以最終放棄了。房屋經理巡視私人加裝的鐵窗花格後，發現沒有阻礙觀感，所以准許他們繼續使用。[50]

處理投訴

順寧道 D 座對面有一機械公司常在夜間工作，大型機器在晚上發出噪音，令住戶難於入睡。個別住戶已寫信向勞工處和警署投訴，房協亦協助他們爭取公道。但由於工廠位於工業地段，勞工署回覆指沒有充分理據要求他們停工，所以房協的物業經理要跟工廠經理商討，以尋求解決辦法。最終房協經理與華星織造廠的經理商討後，廠方答應若需要開夜工，他們會盡量減低噪音。[51]

擴建設施

1953 年底，有二十六戶聯署要求在空地增設兒童遊樂場，房協經理因此進行了全面調查，結果發現大部分住戶贊成建議，因此房協在空地增設兒童遊樂場，並加上鐵絲網圍欄保護兒童的安全。[52]

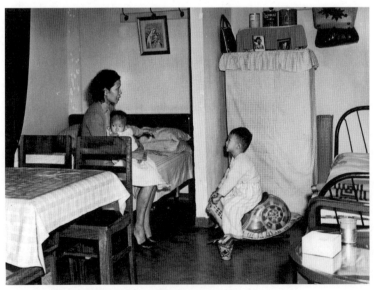

上李屋邨屋內的石屎間牆。攝於 1950 年代。
鳴謝：香港房屋協會

至於興建社區中心一事，費咸已做好建築圖則，是一層高的建築物，內裏包括小童群益會的會所，寫字樓及會堂，估計興建費用為 8 萬元。正待開工之際，因地盤範圍內約有五十戶徙置家庭政府尚未能及時安排遷徙，房協便開會討論社區中心的建築物，只得一

兒童在社區中心玩乒乓球。攝於 1950 年代。
鳴謝：香港房屋協會

上李屋邨內的兒童遊樂場。攝於 1970 年代。
鳴謝：香港房屋協會

層是否浪費土地。大部分委員希望地盤可興建平房，當中亦有社區中心的設施。房屋經理便向住戶做全面調查，結果顯示大部分住戶也希望有社區中心。房協決定興建平房加社區中心，並繼續聘用費咸為建築師。費咸畫出圖則，但是政府地價每平方呎要 20 元，所以成本上是有困難的，未必可以達到每戶每月租金 30 元的目標，因此建築要再度節省成本。另一方面，房協亦與政府商討，爭取減地價以達到每戶每月 30 元租金的目標。[53] 平房樓的興建費用由費咸跟鄔勵德（A. M. J. Wright）商討後減低，並於 1958 年 2 月完工，1958 年 3 月 1 日入伙，有九十個單位，主要是供四人和六人家庭居住；四人家庭月租 52 元，六人家庭月租 69 元。社區中心就建在地下，上午租給小童群益會的男童組，下午就租給街坊福利會，主要是提供聖約翰救傷課程和縫紉班給主戶。小童群益會男童組的人數限於三十五人，主要為就讀下午校的小學男童提供服務，活動包括講故事、遊戲、運動、唱歌、討論和手工藝等。住戶亦有租借社區中心作社交活動。街坊福利會其後亦在下午設立兒童診所。[54]

街坊鄰舍

邨內住戶關係和諧，主要原因是費咸的樓房設計。每層樓有十個單位，戶戶也是「打對面、門對門」，若夏天打開大門的話便會產生對流風，大家基本上毋須開風扇。另外，走廊盡處有個較大的空間，是供上落樓梯和連接鄰座的通道，成年人會利用這空間玩牌和打十五胡等，風涼水冷；如果要招呼親朋戚友，這通道還可以擺一兩圍茶席，但當然要及早通知鄰居和「睇水」（把風），遇上看更巡樓便要「走鬼」（避走離開）。

電話當年是奢侈品，若幸運的話，同層其中一戶安裝了電話，通常也會讓其他住戶知道號碼，好等有非常緊急的時候，可方便大家。後期發展到有電視，一些比較富裕的住戶會招呼小朋友來看卡

通片。「師奶」（主婦）們會做「會銀」，有所謂「標會」，[55] 大家信任程度高，未聞有「走佬」（潛逃）的情況。另外，主婦們有時忘記了買薑，會請鄰居搭買。屋邨附近有做玩具和塑膠花的工場，是「師奶」們的好兼職。同住在一條走廊，大家鄰里關係非常要好。邨內亦有葡籍住戶。男孩子除了加入男童會外，亦會三五成群在「坑渠蓋」上打波子，還有捉棋、踢波和玩拍公仔紙等遊戲。年紀稍大的中童會去看廉價的早場或公餘場，屋邨附近有仙樂戲院，青山道則有新舞台戲院。根據媒體《香港01》訪問，這群兒童如今已成銀髮一族，但仍然結伴同行。[56]

　　1981 年，上李屋邨出了一名會考九優狀元容尚佳，當時會考只准報考九科。[57] 小小的球場亦出了一名職業甲組球員林守焯。一文一武，正正代表屋邨也可以是社會向上流動的地方。

球場一角。攝於 1970 年代。
鳴謝：香港房屋協會

五、上李屋邨重建

1966 年，政府在上李屋邨後的大埔道，即九龍裁判處對面興建花園，改名上李屋村花園，同一時期香港大型的超級市場在中環和銅鑼灣紛紛開幕，可見香港已步向繁榮。[58]1990 年，上李屋邨完成歷史任務。1995 年，樂年花園（Cronin Garden）入伙，以房協第四任主席樂年（Rev. Fergus Cronin）命名。

接管馬頭涌村

1953 年 3 月，房協收到社聯的要求，邀請他們接收馬頭涌村的物業管理。房協開會後有條件地答應，並要求管理馬頭涌村的主席加入房協委員會，商討移交事宜。[59]同年 6 月，房協正式接收馬頭涌村，[60]並於 7 月開會及決定維修馬頭涌村。[61]

上李屋邨有一住戶因經濟問題經常欠租，房協於接收馬頭涌村後，靈活安排該住戶遷往馬頭涌村，因該處的租金比較便宜。[62]而若果馬頭涌村內經濟能力較佳的住戶想轉換環境，亦可以申請遷往上李屋邨，房協會安排住戶對調。[63]1954 年，房協收到政府對馬頭涌村的地契承諾，在機場 07 跑道關閉前，不會有任何改變，為時約五年左右。因此，房協便開始研究擴建馬頭涌村，並請了周耀年李禮之建築師樓負責設計，因他們減收則師費 2%。[64]

1955 年，房協在審查馬頭涌村申請時，定下了一些優先次序，例如優先給學校老師、文員、寡婦和年青的家庭入住。租金維持在每月 30 元。建築工程交給生泰建築公司承造，作價約 2 萬元；電器工程交給彩絲公司，約 1 萬元。連同原本有 56 間屋，再加新建的 128 間，合共有 184 間。由於馬頭涌村的地契是臨時的，房協認為最多只可維持七年。馬頭涌村的目標是為非常低收入的住戶提供居所，他們每月收入必須少於 350 元，所以大部分的住戶也是酒樓員

工、信差、司機和巴士服務員等。房協另有一項政策是設立向上流或向下流的機制，詢問入息較好的住戶，希望他們可以遷往紅磡，讓收入較好的住戶轉換較佳的居住環境。[65]

結語

　　港英政府最早正視房屋問題是以社會衛生和安全為出發點，解決居住擠迫的問題則未見有效的方法。戰後大量華人湧入香港，因此擠迫的情況更加嚴重，亦了解到依賴私人市場供應住宅房屋此一貫策略再也行不通。戰前的社會福利主要是依賴私人慈善團體和教會合作，加上政府少許的資助，提供有限度的服務。同樣地，在經濟未復甦之前，湧入的華人需要大量社會福利支援，但戰前依賴私人慈善團體和教會的捐贈模式，已不能解決戰後的問題。另外，由於興建房屋需要大量資金，資助長期住宿更需要一個完善的物業管理制度和動用不少公帑，因此它與其他社會福利有本質和運用資源上的不同。

　　戰後，殖民地部亦罕有地積極參與制訂香港房屋福利政策，殖民地部大臣和副手更先後訪港，剛好得悉社聯正籌組香港房屋福利給低收入人士，亦了解到這群低收入人士的獨特背景。殖民地部官員回英後想出了一個折衷的辦法，就是利用非牟利組織提供房屋福利予穩定的低收入家庭，這麼一來政府只需要擔保低息貸款、提供優惠地價和差餉，借非牟利組織以營商手法提供有限度的服務。粗俗點說，就是要成立一個大型屋邨的「出租廉價屋」機構。由於當時經濟還未復甦，低收入人士很多是本地或來自內地的專業人士，如教師、會計師和公務員，實質上就是中產的雛形。非牟利組織的收入因此而穩定，所以在經濟上是一個可行的方法，問題只是如何經

營物業管理。隨後港督葛量洪前往殖民地部開會，返港後向殖民地部提出了成立房屋協會，以試驗方式提供房屋福利給低收入家庭，這不只開啟了房屋供應從私人轉為半官方機構資助，以自負盈虧的模式資助低收入人士，同時亦開創了房屋福利獨立於整體社會福利的先河。

　　憑着上李屋邨的和諧設計，以及房協專業和開明的管理，居民可以和諧相處；房協亦為居民創造了上流或下流的機制，使居民可以享受社會福利，慢慢步向中產甚至社會上層。房協的成功亦有賴一群熱心委員的貢獻，他們的名字都記在成功管理的屋邨上，如 1975 年落成的勵德邨、1976 年落成的祖堯邨、1981 年落成的乙明邨、1984 年落成的家維邨、1989 年落成的祈德尊新邨和 1995 年落成的樂年花園。

注　釋

1　　*The Hongkong Government Gazette*, no. 201, 16 April 1926, 152.

2　　"Report of the Colonial Surgeon on His Inspection of the Town of Victoria, and on the Pig Licensing System. Hongkong, April 1874," 15 April 1874, enclosed in "Sanitary Reports (Hongkong) – Sanitary State of the Goal (1877–1878) and the Dry Earth System," *Administrative Reports* (Hongkong: Hongkong Government, 1879).

3　　Proposed Visit of Chadwick to Hong Kong, 13 September 1881, CO129/196, 47, The National Archives; *The China Mail*, 18 November 1881.

4　　*The Hongkong Government Gazette*, no. 74, 3 March 1883, 151–153.

5　　"Preliminary Report on the Sanitary Condition of Hongkong," *Sessional Papers* (Hongkong: Hongkong Government, 10 April 1902).

6　　"Report on the Question of the Housing of the Population of Hongkong," *Sessional Papers* (Hongkong: Hongkong Government, 14 May 1902).

7　　*Minutes of Meeting of the Hongkong Legislative Council*, 16 February 1903.

8   "Report of Proceedings of the Public Works Committee at a Meeting held on the 5th February, 1920," *Sessional Paper* (Hongkong: Hongkong Government, 17 June 1920), 47–49.

9   "Proclamations," *The Hongkong Government Gazette*, no. 3, 6 April 1923, 94.

10   "Report of the Housing Commission," *Sessional Paper* (Hongkong: Hongkong Government, 26 September 1923).

11   Owen, W. H., *Report of the Housing Commission 1935* (Hong Kong: Government Printer, 1938).

12   *The Hongkong Telegraph*, 15 December 1936.

13   *Hongkong Daily Press*, 30 August 1933；*South China Morning Post* (*SCMP*), 30 August 1933；《工商晚報》，1933 年 8 月 31 日；《天光報》，1933 年 8 月 31 日。

14   *SCMP*, 1 & 2 December 1933；《工商日報》，1933 年 12 月 2 日；《天光報》，1933 年 12 月 2 日。

15   *SCMP*, 19 November 1937, 11 July & 17 December 1938.

16   *SCMP*, 25 June 1938.

17   *SCMP*, 24 February 1939 & 24 January 1940.

18   *SCMP*, 17 June & 9 December 1939.

19   *SCMP*, 25 February 1947.

20   *SCMP*, 22 March 1947.

21   *SCMP*, 15 November 1947.

22   *SCMP*, 4 January & 13 May 1948.

23   *SCMP*, 25 July 1948.

24   *SCMP*, 18 November 1948.

25   *SCMP*, 12 & 15 December 1948.

26   *SCMP*, 13 June 1949.

27   *SCMP*, 8 February 1950.

28   *SCMP*, 8 June 1950.

29   *SCMP*, 9 December 1950.

30   *SCMP*, 17, 29 & 30 July 1947.

31   *The China Mail*, 18 January 1877.

32   *SCMP*, 15 April 1949.

33   *SCMP*, 27 July & 12 August 1950.

34   *SCMP*, 20, 21 & 23 January 1949.

35   Minutes dated 3 January 1950 by J. J. Paskin, CO129/629/8, 2, The National Archives.

36   *SCMP*, 28, 29, 30 & 31 October 1949.

37   Notes of a Meeting in The Secretary of State's Office on 30th June, 1950, CO129/629/8, 89–101.

38   Colonial Development and Welfare Scheme: Housing Project, Contains Drawings: 1951 Feb. – Oct, CO129/627/3, 23–30, The National Archives.

39   Hong Kong Housing Society 1. Minutes of meetings of the ... 2. Annual Report of the ... , 12 December 1950 – 22 April 1961, HKRS2201-1-21, folio 2, Hong Kong Public Records Office.

40   Ibid., folio 3.

41   Secretary of State for the Colonies to Officer Administering the Government of Hong Kong, 15 May 1951, CO129/627/3, 22.

42   Hong Kong Housing Society - Policy on Loans and Finance, 19 May 1951 – 14 August 1970, HKRS2201-1-9, folio 1, Hong Kong Public Records Office.

43   *SCMP*, 11 September 1952.

44   Minutes of the Meeting of the Executive Committee, September, October & November 1951, HKRS2201-1-21, folios 8, 9 & 10.

45   Minutes of the Meeting of the Executive Committee, January & February 1952, HKRS2201-1-21, folios 11 & 12.

46   Minutes of the Meeting of the Executive Committee, August 1952, HKRS2201-1-21, folio 7.

47   Minutes of the Meeting of the Executive Committee, February & June 1952, HKRS2201-1-21, folios 12 & 14；《工商日報》，1952 年 5 月 21 日。

48   *SCMP*, 21 November 1952; Minutes of the Meeting of the Executive Committee, December 1952, HKRS2201-1-21, folio 17.

49   Minutes of the Executive Committee Meeting, October & November 1952, HKRS2201-1-21, folios 15 & 16.

50   Minutes of the Executive Committee Meeting, January & February 1953, HKRS2201-1-21, folios 18 & 19.

51   Minutes of the Executive Committee Meeting, August, September & October 1953, HKRS2201-1-21, folios 29, 30 & 31.

52   Minutes of the Executive Committee Meeting, December 1953, HKRS2201-1-21, folio 34.

53   Minutes of the Executive Committee Meeting and Annual Report, December 1955, HKRS2201-1-21, folio 57; Minutes of the Executive Committee Meeting, January – April &

June 1956, HKRS2201-1-21, folios 58–62.

54 Hong Kong Housing Society, *Annual Report 1957* & *Annual Report 1958*（Hong Kong: Hong Kong Housing Society）.

55 百年前的香港已有「做會」（1919 至 1922 年新界理民官處理大量走會事件）。先是湊夠友好十人或多人，每人一份，若每份 100 元計，十人共 1,000 元；負責開標和收錢的人叫「會頭」。第一次開會由會頭中，毋須利息。若某人需要用錢濟急，必須出高利息去「標會」。例如 10 元息中標，不中者只供 90 元，標會者只收 810 元，其後每月要付 100 元，稱「供死會」。標尾會者收足 900 元。

56 〈【房協 70 年】上李屋居民變房協委員　樊偉權感激廉租政策藏富於民〉，《香港 01》，2018 年 4 月 16 日，擷取自 https://www.hk01.com/ 社會新聞 /178351/ 房協 70 年 - 上李屋居民變房協委員 - 樊偉權感激廉租政策藏富於民（瀏覽日期：2023 年 2 月 28 日）。筆者亦訪問了兩位不願透露姓名的住戶。

57 《工商晚報》，1980 年 8 月 12 日。

58 《工商晚報》，1966 年 10 月 15 日；*SCMP*, 15 October 1966。

59 Minutes of the Executive Committee Meeting, March 1953, HKRS2201-1-21, folio 20.

60 Minutes of the Executive Committee Meeting, June 1953, HKRS2201-1-21, folio 27.

61 Minutes of the Executive Committee Meeting, July 1953, HKRS2201-1-21, folio 28.

62 Minutes of the Executive Committee Meeting, November 1953, HKRS2201-1-21, folio 32.

63 Minutes of the Executive Committee Meeting, December 1954, HKRS2201-1-21, folio 42.

64 Minutes of the Executive Committee Meeting, October & December 1954, HKRS2201-1-21, folios 40 & 42.

65 Minutes of the Executive Committee Meeting, March 1955, HKRS2201-1-21, folio 48.

光耀香江：何耀光家族與香港公屋和建造業的淵源及發展

周文港

前言

在香港從事建造業者，無人不知道香港建造商會、福利公司和何耀光先生，主要原因不只在於他們1930年代已在香港從事建築行業，更是因為他們所負責的大型工程，多數成為香港的地標或者主要基建之一，對香港的現代化發展影響深遠。坊間大多數只聽聞何世柱的足跡，卻鮮有知道整個何耀光家族從發跡到發展也是在香港，而且營利來自香港，並沒有在內地賺過一分錢的情況下不時捐資內地，跨代一直支持國家和家鄉現代化發展，甚具敬恭桑梓之情懷，令人欽佩！

由於本書以青山道為主線，加上全港首創的石硤尾公屋群，乃何耀光家族旗下福利公司對香港民生發展最具影響力的工程，因此，下文先從石硤尾大火到香港公屋的建立開始談起。

何耀光
鳴謝：何世柱

一、緣起：由石硤尾大火到香港公屋的建立 ——
與何耀光家族的淵源

　　2008 年，香港藝術館舉辦「香港景·山水情 —— 黃般若藝術展」。展出的黃氏作品中，有一件橫幅是描繪石硤尾大火的〈九龍火舌圖〉。當時本文主角 —— 何耀光（1907–2006）已離世，其子何世堯參觀展覽，看到〈九龍火舌圖〉時深有感觸：這件作品所描繪的場景，與何氏福利置業公司後來的發展大有關係。於是他輾轉找到黃大德，希望此畫能歸藏何氏私人書齋「至樂樓」。黃氏子大德與乃兄大成商議後，即舉以奉贈，「以續兩家情緣」。[1]

　　這幅〈九龍火舌圖〉描繪的，正是 1953 年殃及數萬人的石硤尾

大火之慘狀，該場災難的發生和爾後的受災情況，與當時社會歷史環境、隱藏的社會問題，以及港英政府長期漠視新來港居民的居住環境不無關係。當時的九龍寮屋區火警時有發生，可說是可以預見的。但這場平安夜大火，終令港英政府正視寮屋問題，並着手推行公屋政策。有關大火的歷史研究資料繁多，因此筆者不再贅述，下段略述事件經過、救災情況與何耀光建立香港首個公屋項目的淵源。

二戰結束後，香港人口急增，大量移民湧入，無處容身。[2] 移民在山邊搭建木屋（又稱寮屋）居住。由於當時港英政府認為湧入香港的難民，僅為逃避中國內地的戰亂和動亂，不會在香港落地生根；加上當時的殖民地政策長期忽視香港市民基本生活需要，所以並未有主動大量興建房屋來安置南來居民。寮屋區往往沒有規劃，分佈雜亂無章，空間擠迫又缺乏消防設施，甚至連走火通道也欠周全，火警因而時有發生：如 1950 年青山道李鄭屋村（大火焚毀千餘間木屋）、1951 年 11 月九龍城東頭村大火（受災民眾達萬人）等。[3] 據港英政府文件顯示，[4] 石硤尾大火事發於 1953 年 12 月 25 日晚上 9 時 30 分左右，白田村眾安道 124 號一間木屋二樓的一個單位，一名製鞋住戶在燃點火水燈時，火種不慎燒着棉胎及製鞋膠水，引起火警。初時火勢並不猛烈，但當日空氣乾燥且附近缺乏水源，加上吹強烈的北風令火勢大增，波及多個木屋區，包括白田上村、白田下村、石硤尾村、窩仔上村、窩仔下村及大埔村，火災燃燒六小時。

時任滅火局長哥文（William J. Gorman），於事後調查報告中列舉火勢難控的幾大原因：當時相對濕度極低；主要風向指向寮屋區；各處的微風令火勢四處擴散；寮屋區並未設置防火通道；區內小型工廠多，物料堆積加速火勢；不少災民在逃出火場後折返，試圖取回財物，更增救援難度。[5] 港英政府在報告中提到，因是次火災而流離失所的群眾為 5 萬至 6 萬人，焚毀建築物達 10,000 座，佔地約 41 英畝。[6]

　　大火後，香港社會守望相助，捐款、捐助物資甚巨——石硤尾大火發生後第二天便成立的深水埗石硤尾六村火災急賑委員會，截至翌年（1954 年）1 月底籌得賑款 178 萬元。[7]此外，香港各商會、工會、同鄉會、教會等民間組織皆捐錢捐物，各報章亦早早發起代捐行動，展現出同舟共濟的精神。國際援助亦紛至沓來，中、美、泰等國捐錢捐物，英國則撥款約 320 萬港元。[8]

　　災後住屋成為一大緊迫問題。大量失去家園的災民流落街頭，風餐露宿，其安置問題迫在眉睫（除前文數字外，政府另有報告估計，因無法自行找到居所，不得不露宿街頭的災民達 21,700 人）[9]。人口密集且欠缺有效防火措施的寮屋區顯然難堪此任，且存在極大隱患。加之這場大火廣受國際關注，港英政府決意清理災區、收回私人土地、平整地盤及興建兩層高的防火屋以安置災民。

　　這項緊迫重任，輾轉交到了何耀光手中。其創建的福利公司（下稱「福利」）成立後的第一宗工程，就是為港英政府興建山頂道的一個儲水庫，其工程質量極佳，因此與政府建立了良好的合作關係。[10]後承建了一系列的政府工程，正是長期的友好合作，建立了港英政府對何氏的信任，因此才將如此備受矚目的民生工程交予其完成。根據何耀光長子何世柱的受訪資料，當時何耀光一口答應了政府的要求，並立即開展災民安置房屋工程。福利所建的平房「只有兩層，不用打樁，只需用磚和石屎建簡單地腳，然後在石屎上砌磚，再鋪上馬屎泥，最後用瓦通蓋頂便可。」工程質量並未因為事態緊急而下降，反因何氏傾注的心力而更為完善。據何世柱憶述，在興建平房時，由於要追求速度，天花是預製的石屎板，中間會有一些小空隙：「當時我父親認為如果上面有水流下來，或者有小朋友在上面小便，就會透過小空隙滴到下面，所以他自己出錢，找英泥填補了那些空隙，把它們封了，這部分完全沒向政府要錢。他不在意賺錢，在意是否貨真價實。」[11]何耀光的建屋信念是：「一幢樓，起碼住三

代人；福利要對起碼三代人負責」。[12]

　　平房的工程進度堪稱神速。首批災民在 1954 年 2 月 16 日遷入；3 月已建成十六座平房，即以平均十三天建成一座的速度進行工程；7 月 1 日已全部完工，合共建成了二百多座兩層高平房。能有如此的建屋速度，實有賴於工程方，亦即福利公司的經驗和高效工序。據報道，當時許多的建屋部件，也是在地盤以外大量生產，例如三合土階磚、通心磚便是於馬頭圍及九龍城製造；屋門、窗架、屋樑之金屬欄杆等部件，則在災場附近的東廬別墅[13]內製造，完成後再於地盤上組裝，故建築速度極快。由此可見，福利公司是香港建築業預製組件的「開山師祖」。

　　當時的平房，每座可容納六十八戶，預計總體容納災民約 27,000 人，條件較為有限，每單位大約只佔地 10 呎乘 15 呎，須供三至四人居住。居民亦要共用廚廁，這也反映了當時工程主要目的是「短期性的安置救助」，而非「安居」，故只會用最快、最實用、最低成本的方式完成「安置」這目標。當時主理工程的是工務局長包寧（Theodore Louis Bowring），而此後這些平房便稱為「包寧平房」（Bowring Bungalows）。

　　由於石硤尾災民數量龐大，臨時性的包寧平房很快便不敷所需。1954 年 4 月，港英政府任命何禮文（David Ronald Holmes）為首任徙置事務處（有着今天房屋署的功能）處長，興建徙置大廈以安置災民。據何世柱回憶，政府亦邀請了福利作為徙置大廈的承建商之一，最初兩幢工程就是由福利完成。但由於何耀光向來奉行「力不到、不為財」的原則，經手的工程往往非常細緻，故而要價偏高，後來政府便不再邀請其公司繼續建徙置大廈了。[14]徙置大廈最早的一批樓高六層，分為 A 至 H 座，兩端乃住宅單位，中間則是公共浴室。同年，八幢第一型徙置大廈在石硤尾災場落成，香港的公營房屋發展計劃遂於石硤尾邨揭開序幕。隨後八年間，另有二十一座

七層高的大廈落成。這便是政府公屋的緣起，而他們的設計圖則，就是出自福利公司之手。

何耀光的身世和發跡

說回本文中心人物：何耀光 MBE，祖籍福建永定，生於廣東南海，父親楊貴榮為窮所迫，將其過嗣何家。[15] 當時正處於歷史變幻、風雲詭譎的時代，其胞兄何耀全就是其中佼佼者。何耀全是 1925 年爆發的省港大罷工領導人和工人運動領袖之一，歷任委員會副委員長、中華全國總工會首屆執委及第二屆常務委員；於 1927 年 4 月國民黨的「清黨分共」事變中，慘被拘捕並殺害。何耀光自幼失怙恃，對其影響極深刻的兄長遇害後，為了其他家人的生計，時年只有 20

灣仔駱克道 33 號，福利建築公司最早期之
總寫字樓舊貌。
鳴謝：何世柱

歲的他，帶着全部家財僅一元半獨闖香港。

何耀光首先由香港舊同學梁錦祥介紹進入建築行業，進入他人生第一間的建造公司：建利建築公司。[16] 因英文優秀，何耀光日間陪外籍督查員視察工地，晚間則處理工程文書，全日做足十五小時。他如此堅持多年，從文員升任小主管，再任總經理助理，終於在1938 年，其年 31 時於香港創立福利，最初募集 60 股，每股集資100 元。如前文所述，福利成立後的首項工程，就是幫助政府興建儲水庫。廣東人信奉「遇水則發，以水為財」，時也運也，首項工程意頭極好，又獲政府青睞，福利發展果然如日初升。福利公司（現福利建築有限公司）其後成為香港主要本地建築商之一。

隨着福利公司的成功，何耀光其後又成立香港建造商會學校和醫療所、福利置業有限公司、福利地產有限公司等，成為香港建築業的實業家，並於 1952 年任香港建造商會主席。何氏一生熱心公益事業，除大力贊助本港及內地教育事業外，亦曾任東華三院總理，更是鐘聲慈善社永遠名譽社長、東林安老院創辦人等，同時為英國MBE 勳章得主、廣州市榮譽市民等。

除石硤尾災後平房和徙置大廈外，何氏主導的福利公司多年來承接了多項政府工程，包括北角政府物料供應署、香港大會堂停車場、中環天星碼頭、伊利沙伯醫院、廣東道政府合署（已清拆）、葵涌焚化爐（已清拆）、摩士公園等，可謂見證和親身參與了香港建築業的騰飛，以至香港城市現代化之發展。

值得一提的是，香港日據期間，日寇早就聽聞福利名氣，特意遣代表登門請何耀光承攬原屬英軍的海軍基地修復工程（一說為修復被炸毀的啟德機場和馬路等基建項目），[17] 何耀光冒死推搪，心懷「義不帝秦」，堅定信念，哪怕陷入停業的窘境，也拒為日寇服務。他將公司連夜關門，並舉家匿藏，街坊亦仗義，從未檢舉告發。但由於全家都仰賴福利公司的收入，公司停擺便是「手停口停」，很快

家中便陷入糧食短缺之境地。為了生存，何耀光一方面將大部分子女送回廣州，交予妻子郭佩珍的娘家親人照顧，以節省開支，自己則留在香港一邊當文員，一邊背着藤籃到街上租書賺錢。何世柱回憶說，自己當時年僅 5 歲便要跟舅父擺地攤、賣舊衣，對當時的苦境「記憶猶新」。一家人如此苦苦支撐了三年八個月，直至 1945 年香港重光才有轉機。縱使戰後亦有一些日本建築公司投來橄欖枝，也都被何耀光一一拒絕。[18]

祸兮福之所倚，也許正是因為何耀光在歷史的岔路口作出了正確的選擇，他獲得港英政府的信任，戰後又陸續接到了政府的工程項目，福利公司不斷發展壯大。其後，何不改其民族氣節，堅拒入英國籍及拒絕接受港英政府頒授的太平紳士頭銜。[19]受父親何耀光和伯父何耀全的影響，何世柱亦果斷拒絕回歸前夕港英政府為其發出加入英籍的邀請，他更要求自己的子女均不加入英籍，以表何氏族人的拳拳愛國心，何世柱認為：「作為中國人，就應該實實在在接納和維護自己的身份」。[20]

二、矚目工程：伊利沙伯醫院和天星碼頭

港人熟知的兩項地標建築 —— 伊利沙伯醫院和中環天星碼頭，皆為福利公司的手筆。

談及伊利沙伯醫院，其實應從瑪麗醫院（Queen Mary Hospital）的興建說起。因為 1930 年代，何耀光就曾經負責過這家「港島最大醫院」的工程（一說為 1937 年瑪麗醫院的落成，乃當時「遠東地區」最大的醫院）。何耀光在建利建築公司效力期間，他為人勤勉，又「懂英語，善與洋人上司打交道」，[21]因此頗受公司高層器重。當時瑪麗醫院工程第一期投資高達四百餘萬港元，為全港建築公司所注

目，但風險亦極大，若最後未能如期完成工程或是驗收不合格，將面臨巨額罰款。何耀光認為儘管風險極大但利潤豐厚，值得一搏，於是在董事會上力勸建利高層投標，及後建利果然中標，主理瑪麗醫院工程，最終賺到純利 40 萬元，在當時可謂是創紀錄的數字。[22]

而到了 1950 年代，由於人口迅速增長，九龍及新界區市民對公營醫療服務需求殷切，為彌補九龍醫院的不足，故曾經計劃以「新九龍醫院」（New Kowloon Hospital）命名新建的醫院，至 1958 年 11 月改以英女皇伊利沙伯二世命名為「伊利沙伯醫院」（Queen Elizabeth Hospital）。伊利沙伯醫院是由何耀光長子何世柱擔任項目經理的一個大型項目，號稱是當時整個英聯邦最大的公立醫院，佔地面積之廣，相當於四個國際標準足球場。[23] 父子都分別負責建設了當時香港兩家最大型的醫院，可稱得上是香港建築史上的一段佳話。

承接伊利沙伯醫院工程時，何耀光正值盛年，但卻交棒予年輕的長子何世柱，箇中原因大概有二：其一是何耀光在 50 歲時染病，初期被醫生診斷為心臟病（後來發現實則為神經衰弱），誤以為自己命不久矣，於是急召長子何世柱繼承父業。何世柱當時在香港華仁書院念大學預科，原先夢想到海外升學就讀醫科，卻因此變故臨危受命，入讀香港工業專門學院（今香港理工大學前身）學習建築，20 歲時取得高級文憑，加入福利。[24] 其二是何耀光少年老成，30 歲時就主理瑪麗醫院工程，他相信勤奮向上的長子何世柱也可延續這傳統，結果亦如所料，伊利沙伯醫院工程大獲成功。

建成的伊利沙伯醫院可以容納二千五百多張病床，這個數字在今日來看都算是大規模。另外，從建築工程角度來說，醫院是眾多項目類型中最複雜之一，因為涉及線管鋪設等複雜因素，亦要考慮病人行動的各類需求，施工建造的挑戰性極高。何世柱回憶說，記得那時候每兩個星期都會開一次會，與眾多著名公司一同商討建築事宜，例如由怡和負責建造升降機、太古負責機電等。[25] 1963 年，伊

1963 年 9 月 10 日，時任港督柏立基爵士於伊利沙伯醫院開幕典禮致辭。右二為何世柱。

圖片來源：Queen Elizabeth Hospital – Opening Ceremony, 19 July 1962 – 26 October 1963, HKRS307-6-29, Hong Kong Public Records Office.

鳴謝：政府檔案處歷史檔案館

由福利建築公司牽頭建成的伊利沙伯醫院，獲香港建築師學會評為「建築類銅獎」。

鳴謝：何世柱

利沙伯醫院正式竣工並投入服務，第二年便獲得了由建築師學會評定出來的建築類銅獎。何世柱亦慢慢在工商界嶄露頭角，其後更長時間擔任香港建造商會會長。

充滿香港歷史足跡的著名地標建築 —— 中環天星碼頭，也是福利公司承接的重要工程之一。中環天星碼頭曾經歷幾次搬遷和重建，第一代碼頭位於干諾道中與雪廠街交界，後於原地重建，成為第二代碼頭，並採用維多利亞式建築。隨着 1950 年代的中環填海工程開展，天星碼頭於 1957 年遷移至愛丁堡廣場。中環天星碼頭第三代工程即由何氏的福利公司承建，正式名稱為「愛丁堡廣場渡輪碼頭」。受填海工程影響，現時的中環天星碼頭實際為搬遷後再建的第四代，於 2006 年啟用並運行至今。

記錄顯示，該工程於 1955 年 1 月開始招商承建，由福利公司以 750 萬元標價投得，同年 10 月動工興築，[26] 由工務局派員監督工程進度。1957 年 12 月，福利公司順利完成工程，天星碼頭正式啟用。建成的「新」中環天星碼頭為維多利亞式建築，上蓋以鋼鐵建成，用混凝土樁柱。值得一提的是，工程特地仿照了英國的大笨鐘樣式建造鐘樓，可奏「西敏鐘聲」，其時報道稱為「小笨鐘」。[27] 製造商 Thwaites & Reed 亦曾設計英國倫敦的大笨鐘，當時是由比利時王子送贈予怡和洋行，再由怡和洋行轉贈給天星的。

中環天星碼頭鐘樓是香港最後一個機械鐘樓。鐘樓每 15 分鐘報時一次：15 分響起 4 下鐘聲，30 分響起 8 下，45 分響起 12 下，然後到了 60 分，在響過 16 下鐘聲後，鐘樓頂層最大的鐘，便會依照當時的點鐘，敲響相應的鐘聲，即每一小時一聲「噹」的響聲。這是香港所餘無幾的舊式鐘樓之一，為中環其中一個著名地標。1957 年底，中環天星碼頭正式啟用，呈 U 字型設計，可同時停泊四艘小輪，較第一代更具運輸效率。當時報道盛讚其規劃完善，行人走廊美觀。此處亦有小細節值得玩味，如今的天星小輪自由選位，但當

⑤

PWO 2256/49 VI

25th August, 1955.

Messrs. Fook Lee & Co. Ltd.,
33, Lockhart Road, Wanchai,
HONG KONG.

Dear Sirs,

New Star Ferry Piers - Contract No. 144 of 1955

    I have pleasure in informing you that your tender for the above works in the sum of $7,587,970.72 has been accepted by the Tender Board.

2.   The acceptance of the tender is subject to the proviso that under the terms of clause 55 of the General Conditions of Contract a variation order will be issued removing from the contract the majority of the items in the Fendering sections of the Bills of Quantities.

3.   The sum of $7,587,970.72 above is your tendered figure of $7,588,030.72 corrected to allow for one small arithmetical error found in the Summary of Bill No. 2.

4.   Under the terms of your tender, before signing the Contract Documents, you are requested either to:-

    (a)   Deposit with the Accountant General the sum of $100,000.00 as security for the due and faithful performance of the Contract.

    OR

    (b)   Provide two good and sufficient sureties or obtain the guarantee of a Bank or Insurance Company to be bound with you in the sum of 2½% of $7,587,970.72 for the due and faithful performance of the Contract.

    If alternative (a) is followed Debit Note No. 2390 enclosed should be presented for payment at the Treasury and the receipt brought to this office when attending to sign the contract.

    If alternative (b) is followed, details of the arrangement should be submitted to this office as soon as possible for approval and the form of Bond (copy enclosed) completed and brought to this office when attending to sign the contract.

5.   Your attention is drawn to clauses 21 and 22 of the General Conditions of Contract which require to insure Government Plant and Workmen. The policies of insurance together with the receipts for payment of the current premiums are to be deposited with the Engineer within 7 days of signing the Contract.

                    Yours faithfully,

                    J. ALEXANDER

                    (J. Alexander)
                    Actg. Chief Engineer,
                    Port Works.

cc. Hon. D.P.W.

ENCLS:

福利公司中標通知

圖片來源：Construction of New Star Ferry Piers (Contract No. 144/54), 10 May 1955 – 7 June 1956, HKRS2058-1-2, Hong Kong Public Records Office.
鳴謝：政府檔案處歷史檔案館

時卻以種族階級觀念區分（二戰前），或是以貧富區分不同等級的座位（二戰後），三等座甚至是沒有座位。[28] 而福利當年建成的碼頭卻是「三等乘客比頭等利便」，[29] 是否刻意為之？如今不可考了。

三、楚囊之情：社會公益和文化保育工作

何家的社會公益事務

何耀光發跡後心繫家國，回饋社會，是有名的善長仁翁。在他帶領下，何氏家族積極推動教育及社會公益事務，多次支持香港理工大學、嶺南大學等香港高校及內地高校和中小學的教研發展，亦曾捐款支持保良局建造商會學校重修、香港婦女基金會何郭佩珍耆康中心開辦等，並贊助了健康快車香港基金（主要為內地的治盲復明工作籌募經費）等多個慈善項目和基金。何耀光於 1981 及 1985 年，先後成立「何耀光慈善基金有限公司」和「至樂樓藝術發揚（非牟利）有限公司」，在內地捐建多間學校和慈善醫院，在老家福建省永定縣修路供電，造福國家和桑梓。他亦於 1950 年代組織了何氏宗親會，任會長一職多年，長期資助何氏族人中之貧困者。

何耀光在內地助學的足跡累累。他於 1996 年受邀擔任廣州師範學院（廣州大學前身之一）名譽院長；自 1999 年開始，何耀光更在廣州師範學院設立「何耀光助學金」，每年至少捐贈 10 萬港元，以資助品學兼優的寒門學子完成學業。另外，何耀光慈善基金會從 1989 年起，每年為廣州市教育基金會捐款 10 萬港元。他亦數次捐款東南大學，設「何耀光獎助學金」，獎金總額達數百萬元。也正因為其多年惠澤學子的大義之舉，何耀光被授予「廣州市榮譽市民」的稱號。[30]

在未設有慈善基金的早年間，何耀光也一直堅持「潤物細無聲」

在「何耀光助學金」頒發儀式上，何耀光親手向受助學生頒發助學金。
鳴謝：何世柱

式的救濟工作。據何世柱回憶，何耀光會關注新聞報道中的慘況，並「叫司機到苦主屋企附近的米舖，吩咐每月給這家人送米和油」，自己負責「找數」，而且隔一段日子去探望，看看受助家庭還有甚麼需要。[31]

　　子承父志，何世柱很早便耕耘慈善事業。他 27 歲出任東華三院主席（為當時最年輕的主席），1972 年起擔任了四年香港社會服務聯會主席，並任南華體育會會長、新生精神康復會會長、職業安全健康局主席、香港建造商會會長等社會公職。

　　何世柱履新東華三院主席時，決意進行內部管理改革，因為東華三院雖屬慈善性質的醫療機構，卻存在不少陋習，譬如「收取利是」，而這對當時的貧苦大眾來說，無異於百上加斤。何世柱十分明白，當時東華三院的員工薪酬低於政府醫院一至兩成，因此醫生都在外「開檔診症」以補貼收入，這無疑會影響院內的工作效果。於是他遵照法令，要求東華三院不收取門診費用（當時政府醫院門診

何耀光與受助的「何鄧好希望小學」學生
鳴謝：何世柱

診金1元，對基層市民已算沉重負擔），並為員工爭取合理薪酬，向政府尋求撥款，令院內員工薪酬與政府員工看齊。[32]

何家的文化保育工作

何耀光不僅勤耕於建築實業和慈善事業，亦是中國古代書畫的收藏大家、熱心的文化贊助人。1950年代，許多內地達官貴人逃到香港，有變賣書畫求生者。何氏一直熱愛中國傳統文化及書畫，自1945年抗戰勝利之後，在香港眼見歷代書畫不斷流失海外，他不忍文物飄零，於是抱着一份摯誠愛國的心，於1952年開始在港購藏中國書畫，以保存國粹。粗略估計他先後斥資數百萬元收購，並只買不賣，以其私人書齋「至樂樓」名義收藏，大部分是明末清初的明遺民主題之書畫，少量是宋元時期及明朝中期。

據何世柱介紹，「當年，每一件藏品都是用上幾千，甚至動輒二、三萬元的價錢購入，放在今時今日，這筆錢並不算大數目，可在當時卻相當於買一個或半個住宅樓的價格。」[33]何耀光堅持民族

氣節，因此格外喜歡收藏同樣有這種情操見稱的明末清初明遺民作品，他認為他們「寧願寄情山水，或遁入空門，都拒絕向異族強權屈服，非常值得學習」。[34] 何先後編纂了明代遺民書畫錄，及數十套明末忠烈遺集（詩文集）。此外，至樂樓的藏品曾於 2010 至 2012 年間應香港藝術館、紐約大都會藝術博物館的邀請進行公開展覽，被命名為「明月清風 —— 至樂樓藏明末清初書畫選」。

2018 年 7 月，何世柱代表家族，本着「化私為公」的精神，將其父親「至樂樓中國書畫」藏品共 355 項捐贈給香港特別行政區政府，並藏於香港藝術館；2021 年 7 月，再捐十件藝術品，當中包括八幅以明代為主的畫作，以及兩件藏傳佛教的文物。[35] 在禮賓府舉行的捐贈儀式上，何世柱致辭時説：

> 猶記得，家父已在戰前將福利建築搞得有聲有色，在香港淪陷期間，縱使日本人和他們的代理人多番魯迫，家父寧願捱窮捱餓，也拒絕為日本人服務；這種「義不帝秦」的高尚情操，至今仍深深影響着我和我的兄弟姊妹們，時刻銘記家父的為國為港多做貢獻的教誨。
>
> 亦正正是這種堅持民族氣節、「義不帝秦」的心，令家父特別喜歡收藏同樣有這種情操見稱的明末清初明遺民的作品。因為家父認為，他們寧願寄情山水，或遁入空門，都拒絕向異族強權屈服，非常值得學習；因此，既不斷收集他們的作品，更因而成為可能是世界上擁有最多和最好明遺民作品的私人收藏家。此外，因為家父在戰後對社會作出多番貢獻，港英政府欲委任他為太平紳士，所以邀請他加入英籍，而被他婉拒。可見，家父一生以堅持作為中國人而自傲，是一位堅守原則，而且又能身體力行的人。[36]

何耀光亦是粵廣府方言地水南音的一代宗師 —— 杜煥的恩人，

二人的交往促成了對地水南音的文化保育。何耀光在 1960 至 1970 年代，每年都會請杜煥到何家大宅演唱（即「私伙局」），闔家以上賓之禮相待，次次皆有司機接送，並將其唱詞記錄成錄像帶，送贈予他。杜煥視何家為大恩人，感激之情在歌聲中表露無遺。在自傳中特別交代：「哩位何耀光先生哩，闔家大細，人事確好，好謙，不枉有錢人嘅家裏呀。」[37]1990 年代，何耀光將錄製的杜煥南音錄音帶贈予香港電台，包括《大鬧廣昌隆》第一至四場、《男燒衣》、《孟麗君》、《妓女問米》、《灑金橋間》、《蒙正》、《香線贈釵》、《滿春元》和《鳳嬌投水》第一至四場等經典，為杜煥留世南音錄音補遺。[38]

不僅如此，杜煥過世近三十年後的 2006 年，香港中文大學音樂系中國音樂資料館啟動「香港文化瑰寶，杜煥地水南音」研究及出版計劃，得到了何耀光慈善基金支持資助。何耀光子何世堯更尋得家中所藏當年為杜煥所錄的卡式聲帶七盒，親攜至中文大學捐予中國音樂資料館。[39]

何氏子女積極繼承先父遺志，回饋社會無數，港人較為熟悉的是何世柱及何世堯兄弟。何世柱前文已有諸多着墨，他先後獲頒太平紳士、MBE、OBE 勳銜和大紫荊勳章（GBM）。1964 年，何世柱於 27 歲時出任東華三院主席，更於 1972 至 1983 年間，四次擔任香港社會服務聯會（社聯）主席。何世柱現任香港中華總商會永遠榮譽會長、福利集團有限公司董事兼總經理、建安保險有限公司董事總經理，並曾先後出任多項社會公職，包括：香港中華總商會司庫、副主席、立法局議員、《天天日報》社長、臨時立法會議員、立法會議員、五屆全國政協委員、勞工顧問委員會委員（僱主代表）、香港房屋委員會委員、香港廣悅堂名譽會長等。何世柱自小受父親「家國情懷」熏陶，故他也長期作為內地和香港的「紐帶」，以全國政協委員身份服務祖國和香港多年，為香港市民解釋「一國兩制、港人治港」的綱領，並代表港人向國家建言獻策。

　　何世堯則是 1970 年代起擔任東華三院總理，現任福利公司、福利置業、建安保險、志福建築等多間公司董事。他亦先後擔任何耀光慈善基金、至樂樓藝術發揚（非牟利）有限公司、香港法雷念佛會主席等職務。何世堯常年連同兄弟姊妹深耕慈善事業，捐建或捐贈有：孔教學院大成何郭佩珍中學、香港理工大學「何耀光樓」及「何耀光郭佩珍伉儷廣場」、嶺南大學中國經濟研究部、健康快車基金，並支持保良局成立「保良局香港建造商會學校」（幼稚園及小學 IBPYP 國際學校），及設立多項內地高校助獎學金等。據統計，何世堯代表家族通過何耀光慈善基金會向廣東省廣州市分別捐贈教育、文化、醫療衛生、兒童福利、賑災項目等社會公益及救濟工作超過 4,000 萬港元。前文提到的「健康快車」，亦受何世堯長年支持，從 1997 年 7 月至 2022 年 12 月，「健康快車」火車醫院共幫助了 126

2016 年 4 月 23 日，何耀光慈善基金捐贈 800 萬港元予嶺南大學成立「中國經濟研究部」。左二為何世柱。
鳴謝：嶺南大學中國經濟研究部

個偏遠地區、227,106 名貧困白內障患者及 91 間眼科中心。[40] 何耀光
另有其他子女長期支持社會公益事業，如何世傑，他在 2011 年向廣
州大學捐款人民幣 1,000 萬元，設立「廣州大學何世傑教育發展基
金」，為當時廣州大學接受的最大一筆捐款。[41]

回到本文最初提到的何黃之誼。何耀光素來惜才，早年就不問
回報地資助多人學業，亦不遺餘力地照顧貧困文化人（如前文所提
到的瞽師杜煥）。何與畫家黃般若是多年老友，1968 年黃病重，入
住跑馬地養和醫院治療，何耀光之子何世鏗醫生正巧在養和診症，
對黃照顧有加，陪護他走完人生的最後歷程。何家對香港以至內地
慈善事業的貢獻，堪稱香港世家典範之一。

結語

何耀光的一生，從憂患到波折、從發展到貢獻家國，從來不遺
餘力。何耀光、何世柱兩代人更一直身體力行、幫助弱勢，在興建
公屋時用料實在、貨真價實，不會將貨就價，一直踐行「一幢樓起
碼住三代人，對得人對得住自己良心」的高尚實業家精神；在從事
慈善事業時，不管事情的大小，始終保持奉獻、謙遜，尤其愛國、
愛家、愛鄉的心，令受助人感到無限安慰和感恩，實在難能可貴。

正如何世柱在捐贈書畫給特區政府時曾說：

作為一個從苦難交加年代，走到最接近實現中華民族偉大復興
時期的中國人，能夠有幸身歷其境，是我們這一代的榮幸，也深受
感動。我們期望，年青一代能通過認識這些來之不易的收藏品，以
至它們在歷史上沉重的承載，而能夠得以健康成長，共同一起將中
華民族偉大復興的中國夢變為現實，完成我們幾代中國人的夙願。[42]

　　同樣，筆者亦希望讀者讀到此文時，亦能領略何耀光、何世柱、何世堯等這個家族中人如何身體力行，一生保持高尚節操，不枉此生。

1　黃大德：〈緣份 —— 記與至樂樓家族的書畫情緣〉，《明報月刊》，第 53 卷，第 9 期（2018）。

2　在 1941 年 12 月至 1945 年 8 月間，本港人口一度由 160 萬下降至 60 萬，但戰後不久（1948 年）已回升至 180 萬，踏入 1950 年代更逐步上升到 236 萬。"Report tabled in Legislative Council on 7th December,1955 as Sessional Paper No. 31 of 1955," Annual Departmental Report, 1954–55 - Resettlement Department, 11 August 1955 – 24 April 1956, HKRS41-1-8470, Hong Kong Public Records Office.

3　任穎瑩、盧惠嫻：〈沖天大火六句鐘　煉出今日公營房屋〉，《新報人》，第 32 卷，第 4 期（2002），頁 9。

4　Shek Kip Mei Fire - Shamshuipo Streets, 20 January 1954 – 1 February 1954, HKRS163-1-1743, Hong Kong Public Records Office.

5　"Report from D.C.S. to C.S., 30 December 1953," Shek Kip Mei Fire - 1. Early Policy Decisions (26.12.53 – 31.12.53) 2. Early Reports Re …… 3. Letters of Thanks. 4. Miscellaneous General Matters, 26 December 1953 – 11 March 1955, HKRS163-1-1578, Hong Kong Public Records Office.

6　Shek Kip Mei Fire - Shamshuipo Streets, HKRS163-1-1743.

7　Shek Kip Mei Fire - S.W.O. Emergency Relief Measures, 29 December 1953 – 26 May 1954, HKRS163-1-1664, Hong Kong Public Records Office.

8　Shek Kip Mei Fire - 1. Early Policy Decisions (26.12.53 – 31.12.53) 2. Early Reports Re …… 3. Letters of Thanks. 4. Miscellaneous General Matters, HKRS163-1-1578.

9　"Report from D.C.S. to C.S., Third Meeting of the Coordinating Committee, 1 February 1954," Committees - Shek Kip Mei Fire - Minutes of Meetings of …… Co-ordinating Committee, 20 January 1954 – 17 February 1954, HKRS163-1-1677, Hong Kong Public Records Office.

10　呂志華：〈何世柱政商聲音兩邊走〉，《資本雜誌》，第 144 期（1999），頁 56–60。

11　〈石硤尾大火〉，《大學線》，第 112 期（2014）。

12 何世柱先生向筆者口述。

13 即「深水埗皇帝」黃耀東之大宅。大火後，其子黃伯芹即開放東廬予災民暫住，並任六村火災急賑委員會主任委員。見〈港九各界昨夜會議　成立六村急賑委會〉，《星島日報》，1953 年 12 月 27 日；〈藏珍居服裝設計師黃福慶〉，《頭條日報》Blog City 網站，2013 年 9 月 30 日，擷取自 https://blog.stheadline.com/article/detail/582284/ 藏珍居服裝設計師黃福慶（瀏覽日期：2023 年 9 月 14 日）。

14 〈友訪對話：福利集團有限公司董事兼總經理─何世柱先生 Mr. Ho Sai-chu〉，hpa 何設計微博網站，2014 年 9 月 26 日，擷取自 https://weibo.com/p/1001603759106056930203?from=page_100606_profile&wvr=6&mod=wenzhangmod（瀏覽日期：2023 年 9 月 14 日）。

15 何在幼年時命運多舛，輾轉寄養在多戶人家，14 歲時離家來到香港投奔兄嫂，後隨兄耀全返回廣州並考入中山大學。參姚北全：《何耀光》（廣州：廣州市教育委員會、廣州市教育基金會，1994），頁 5–20。

16 該同學在何耀光求學時見到何常常挨飢抵餓讀書，間中會多買一個麵包給何，令何感念餘生，並發願要將這種善心傳承，這或許也是何後來醉心慈善的原因之一。

17 林祺娟、鄧傳鏘：〈百億身家的傳承之道　何世柱：防患未然　變中求穩〉，《信報財經月刊》，第 467 期（2016），頁 50。

18 〈何世柱：牢記中華血脈　感恩黨引領國家繁榮富強〉，《文匯報》，2021 年 7 月 1 日，特刊頁 16。

19 〈賞畫無數　一眼知真偽〉，《星島日報》，2011 年 8 月 14 日，擷取自 https://hk.news.yahoo.com/ 賞畫無數 - 眼知真偽 -220924104.html（瀏覽日期：2023 年 9 月 19 日）。

20 何世柱時任立法局議員。徵引自〈何世柱逾半世紀奉獻耕耘　親歷祖國富強　助力香港騰飛〉，《文匯報》，2015 年 10 月 1 日。

21 林祺娟、鄧傳鏘：〈百億身家的傳承之道〉，頁 50。

22 何世柱先生向筆者口述。

23 〈伊利沙伯醫院是聯邦中最大〉，《工商晚報》，1962 年 6 月 6 日，頁 4。

24 梁潤堅：〈何耀光、何世柱父子談新時代與舊家風〉，《信報財經月刊》，第 1 卷，第 10 期（1978），頁 65–66。

25 〈何世柱〉，《香港建造商會 90 周年》，香港建造商會網站，2010 年 7 月，擷取自 https://s3.ap-southeast-1.amazonaws.com/hkca.com.hk/upload/doc/publication/abbbe2a8e94afd660d566429e747f5b7-NYmMb.pdf（瀏覽日期：2023 年 9 月 16 日）。

26 〈新天星碼頭動工興築　三十個月內可告完成〉，《工商日報》，1955 年 10 月 7 日，頁 5。

27 〈小笨鐘探秘〉，《大公報》，1957 年 1 月 6 日，頁 4。

28 〈天星小輪陪伴港人走過 125 年歲月　看清四代船身設計變化〉，香港地方志中心網站，2023 年 7 月 4 日，擷取自 https://www.hkchronicles.org.hk/ 香港志 / 經濟 / 天星小輪陪伴港人走過 125 年歲月 _ 看清四代船身設計變化（瀏覽日期 2023 年 9 月 15 日）。

29　〈天星碼頭今啟用〉,《工商晚報》,1957 年 12 月 15 日,頁 4。

30　〈捐資助教二十載,惠澤學子成長成才〉,搜狐網站,2019 年 4 月 17 日,擷取自 https://www.sohu.com/a/308797605_657135(瀏覽日期:2023 年 9 月 19 日)。

31　林祺娟、鄧傳鏘:〈百億身家的傳承之道〉,頁 53。

32　同上。

33　〈至樂樓書畫藏品贈藝術館〉,《大公報》,2018 年 7 月 20 日,B9。

34　何世柱:〈「至樂樓藏中國書畫捐贈儀式」歡迎辭〉,2018 年 7 月 19 日。

35　〈行政長官出席至樂樓藏中國書畫第二次捐贈儀式致辭〉,香港特別行政區政府新聞公報網站,2021 年 7 月 28 日,擷取自 https://www.info.gov.hk/gia/general/201107/28/P2021072800600.htm(瀏覽日期:2023 年 9 月 19 日)。

36　何世柱:〈「至樂樓藏中國書畫捐贈儀式」歡迎辭〉。

37　〈何家禮待‧一生感恩(二)〉,香港記憶網站〈杜煥:一代瞽師的故事(1910–1979)〉,2014 年,擷取自 http://www.hkmemory.org/douwun/text/index.php?p=home&catId=66(瀏覽日期:2023 年 9 月 17 日)。

38　〈杜煥南音補遺〉,《文匯報》,2011 年 12 月 27 日,A36。

39　〈何家禮待‧一生感恩(三)〉,香港記憶網站〈杜煥:一代瞽師的故事(1910–1979)〉,2014 年,擷取自 http://www.hkmemory.org/douwun/text/index.php?p=home&catId=67(瀏覽日期:2023 年 9 月 17 日)。

40　見健康快車網站,擷取自 https://lifelineexpress.org.hk/zh_hk/home(瀏覽日期:2023 年 9 月 17 日)。

41　温秋園、汪建華:〈何世傑　傳承父志　善愛並舉〉,《傑出人物》,2017 年第 3 期。

42　何世柱:〈「至樂樓藏中國書畫捐贈儀式」歡迎辭〉。

從大南街到青山道：
方寸之間的葉問詠春

許楨

―――

前言

2021 年 11 月 27 日 —— 正值李小龍誕辰 81 周年，筆者以「從茂林街到金巴倫道 —— 九龍之子李小龍」為題，假香港歷史博物館作講演，述說這位功夫巨星從嬰幼到青壯年，在九龍各處，尤其是窩打老道南北的足跡。透過海量照片、影片，我們深感「武術」與「電影」在李小龍璀璨如流星的人生當中，一直佔據最重分量。無疑，在武術領域，恩師葉問是改變李小龍人生軌跡第一人。和作為名伶之後的李小龍不同，葉問、葉準、葉正父子一直是粵港武林中人，跟東方荷里活的交集並不多。

未想到葉問故去三十多年後，他的一生、他身邊的各式人物，以及詠春拳，先後成為多部電影的題材，並廣受海內外業界、民眾所關注。在眾多以這位詠春宗師為主角的電影當中，《葉問 —— 終極一戰》着墨於其人、其事、其時代，多於其武。該作品有着更細緻的歷史刻畫、更濃厚的歷史感。該電影面世至今已十年，且以本文作

為那時香港的側寫。宗師葉問及其高足李小龍，是武者也是哲人。從民初到戰後，面對西力東漸，葉、李二人先後在歐式書院讀書；而終其一生，兩師徒始終致力於傳統武學與現代社會、現代傳播媒介的結合。這不是一人、一派、一拳種，而是過去一個半世紀，整個香港的奮鬥史。

執筆之際，適逢李小龍逝世半世紀；李小龍會在深水埗大南街173號舉辦紀念畫展，筆者欣然赴約，細品該會顧問、香港著名畫家馬富強系列佳作。有意思的是，七十三年前，葉問南下赴港，首度開班授徒就在大南街。從電影到武術再到電影，從李小龍又回到葉問 —— 愚以為，深受西方史學影響的中國當代史學、社會學，固然是科學；但我們永遠都不要脫離 2,100 年前，由史遷所奠下、深具人味的記傳體傳統。從創造歷史、書寫歷史，再到閱讀歷史，歷史的主角始終是人。至今，筆者仍能透過筆尖，感受到葉、李人生的溫度，且以拙文向那一代又一代以生命戮力書寫香港傳奇的先輩致敬。

一、師承陳華順

葉問，原名繼問，出於當地望族桑園葉氏。[1]1893 年 10 月 10 日（清光緒癸巳年九月初五），[2]生於廣東省南海縣佛山鎮（今佛山市），故葉問向以廣東南海人自許。其父名諱靄多，母吳瑞；兄妹四人，兄繼格、姐允媚（適龐）、妹允堪（適傳）。自 1899 年始，於佛山桑園大街葉家宗祠，[3]隨陳華順公初習詠春拳。[4]據其後輩複述，與葉問一同習藝者，尚有霍汝濟、吳仲素、吳小魯諸人。及至 1905 年，順公病重，囑託愛徒吳仲素，好生調教葉問、續授以詠春。未幾，順公辭世，葉問隨一眾師兄，護送先師遺體返其故里順德陳村安葬。[5]

自此至 1907 年間，葉問隨授業師兄吳仲素習詠春。吳氏拳館設

於佛山鎮普君墟線香街；同時隨吳氏習拳者，尚有阮奇山、姚才等，由是奠下葉問詠春之基。1908 年，葉問獲其姐家翁龐偉庭資助，負笈香港；於其時成立未久之般含道聖士提反書院就學，居於堅道。[6]次年，佛山詠春宗師梁贊之子梁碧，因旅居葉問同學之寶號而與葉問相識。本年少氣盛的葉問與「先生碧」過招後，亦為其技藝所折服。少年葉問因此機緣，隨「先生碧」深造詠春拳術，長達四載。[7]

1914 年，葉問得其兄繼格之助，登船赴日求學，未料於神戶與日本警察衝撞，繼而被遞解出境。此後二十餘年至 1937 年抗戰爆發，葉問居於佛山，於國民政府擔當軍、警之職；並娶晚清重臣張蔭垣（1837–1900）侄女張永成（1897–1960），1924 年生長子學準（葉準）、1936 年生次子學正（葉正），以及長女雅心（適伍）、次女雅媛（適吳）等。其時，葉問因武藝精湛、交遊廣闊，而為南國武林所重，卻因家資甚豐，從未開館授業，而常與詠春好手於府上花園切磋。他於葉氏大宅大廳一角，置木人樁一具，日夜練習。其時與葉問一同練武之同好，除阮奇山、姚才之外，尚有葉仲康、黎協箎、湯繼諸君。

其時葉問有一好友——從事棉紗貿易之殷商周清泉；因周氏常赴港、滬辦貨，葉問便與周氏兩位公子——燦耀、光耀多所來往，三人一行在佛山周邊遊玩。因周光耀排行第六，葉問遂以「六仔」稱之。未幾，周光耀即成為葉問座下首徒。[8]

二、抗戰始授徒

一切變故，皆由 1937 年 7 月 7 日「蘆溝橋事變」時，日寇侵華而起。自佛山淪陷至 1945 年光復期間，部分嘗於佛山軍、政部門任事之葉問友人，竟轉投日偽。然葉氏終不為所用，遂致生活困窘，

每有斷炊之苦；其兩名稚女，更於此期間餓死。

時周清泉尚有餘糧、不時接濟葉家。除周氏本人外，其長子燦耀，亦因經營小店，轉售舊物、古玩；稍有餘力、偶爾接濟葉問。亦因囊空如洗，其時葉問少穿長衫，多穿灰色短打、配伯父鞋、梳平頭，偶爾抽兩口「大頭熟」（中式熟煙）。因周、葉兩家份屬世交，周燦耀遂鼓勵其弟拜師學藝；葉問為報周氏之恩，遂收周光耀為其首徒。[9]

葉問開始傳藝，卻並未設館，於周家位處佛山鎮永安路 139 號之聯昌花紗店授業。[10] 周光耀等人之拜師禮，即於聯昌行二樓貨倉舉行。其時雖山河破碎、故土淪喪，拜師禮仍稱嚴謹，一切行禮如儀，並有見證人等。與周光耀一同拜師者，尚有郭富、倫佳、陳志新；其後呂栢應、周細強亦加入研習詠春之行列。[11] 是為葉問授業生涯最早的一批徒弟。

一如電影《葉問》所展現，行禮後，周光耀仍師葉氏「問叔」。稱師父為「叔」之習慣，直至葉氏南來後，仍保留一、兩代，成為戰後本港早期詠春傳人特色。據周光耀回憶，眾人於聯昌行每周習藝兩、三次，每次兩、三小時，皆在紗行收舖後進行。所用空間為舖面後貨倉，該處設有木人樁、沙包、刀、棍等，堪稱完備。貨倉之二樓設有數張床，可供留宿。因設有天窗，甚為通爽，頗合練功之用。

經八年抗戰，佛山光復。自 1945 至 1949 年期間，葉問於當地任刑偵隊長、後任南海警察局副局長／代局長，因工務繁忙，投放於詠春之時間精力日少。僅受好友湯繼之所託，於上沙眾義體育會，就詠春拳套對彭南有所點撥。光復之初，葉問於刑偵隊長任內，每有緝捕抗戰時投日漢奸之任務。有時候，為了給予「落水」友人生路，葉問亦會着其子通風報信，好讓相關人等避走。上述人等及後避難香港，不少以廟祝為業。未想，到葉問南下無着、至為

潦倒之際，又暫厝於相關廟宇之中。其中之一，便是後文所及的深水埗醫局街天后廟。

　　據葉問長子葉準回憶，當地警察局長李耀華於 1949 年易幟前赴港；葉問便代理佛山一帶維持治安之職，以免故鄉出現無政府狀態。直至新政權成立、一切停當後，葉問方才隻身南下。1949 年 12 月，葉問、葉準父子自佛抵穗，於珠江之濱的大同酒家暫歇。葉問着其子往鄰近之「粵海關」，購買當天傍晚往澳門船票。[12] 葉問先至澳門，宿於草堆街友人之雀仔舖，為時數周。[13] 至 1950 年 1 月，再有家書寄抵佛山時，葉問已轉至香港。葉問於桂林街天后廟落腳，一住兩月有餘。及至是年 3 月，葉準赴港尋父，亦同住於該廟。[14]

　　於此父子相聚期間，二人每天用過早茶，多乘渡輪過海，於中上環一帶散步。葉問少時求學即居於該區，此刻重臨，或亦感慨萬

1949 年冬，葉問子然南下，投靠佛山故人，暫居於深水埗醫局街 182 號天后廟。

千；葉問每向其子指出某某寶號之店東，即為其同窗友人。然則，卻從未因眼前困阨而前往求援，可謂「君子固窮」矣。及至晚上，父子二人多回到九龍閒逛，常路經李耀華所開設九龍城合興毛巾廠、大角咀雷生春一帶。

及後，葉問、葉準父子散步路徑有變；早茶過後便各自閒逛，復於下午四、五時，於必列者士街卜公球場會合。葉問似乎對於各式競技激烈的運動頗顯興致，愛在卜公球場觀摩姚卓然、莫振華等名宿較技。父子二人，偶爾亦在士丹利街大牌檔吃碟頭飯；於廣佛錦衣玉食的葉問，望着眼前的碟頭飯，亦曾明言實在食不下嚥，人生潦倒莫過於此。

某日早茶過後，葉準與其父分道揚鑣，才覺身無分文，遂往九龍城一茶居友人處借錢渡海。未想對方竟諸多推託，葉準冷暖自知；加之在港謀生不易，遂生返鄉之意。其子北返未幾，葉問如常在港、九閒逛。一日行經上環文武廟旁之水坑口，竟不支昏厥於武昌酒樓門前，並被送往西環瑪麗醫院，住院數天。醫院憑葉氏身上李民之電話號碼，才得以知會其友人，接其出院。李民時任親國府之港九飯店職工總會秘書。[15]

李氏原為佛山警察局秘書，葉問於刑偵隊任事之際，二人已然相識。李民往瑪麗醫院之時，葉問精神恍惚，竟忘卻其子已然返鄉，還誤以為相約在卜公球場會合。可見，其時葉問不只捉襟見肘，實亦因前路茫茫，而身心俱疲。在李民規勸下，葉問終決定以授武謀生；在社會現實與生存壓力之下，開展人生新一頁。從此，詠春武藝於葉問一生有着全然不同的意義。假如說，葉問僅為了存活，而須授武維生，而這一決定卻為中華乃至世界武林開了一道大門。

1950 年代初，葉問於深水埗大南街 159 號港九飯店職工總會授拳。該地於 1960 年代重建。

三、開宗大南街

1950 年 7 月，在李民穿針引線下，問公在深水埗大南街港九飯店職工總會開設來港之後第一個詠春班。開班之際門庭冷落，僅得梁相、駱耀等八人，俱為該會之職工。及後參加者，計有徐尚田、葉步青、招允、李思榮、羅炳、文少雄諸人。稍後，問公尚於飯店職工總會上環公安分會設班。於分會習詠春者，有李榮、佘美瓊、李銀歡等。[16]

其時，葉準剛考上大專，準備研習音律；趁開課前再度赴港，時問公已遷居飯店工會。其後張永成攜同幼女赴港辦理身份證，並短暫留駐數天。張氏返鄉未幾，陸、港兩地即行邊境管制，葉問伉

儷從此永別。1960 年夏，葉夫人張永成，於佛山福興街家中貧病交織而離世。

　　1950 年秋，徐尚田繼李民任港九飯店職工總會秘書。[17] 次年元旦，於該會拜問公為師。比徐氏更早拜師者，如梁相、駱耀等，多為問公在省、佛的故人。由於徐尚田工作、生活、習武俱在工會，與問公共對時日甚多，因而甚為掌握葉氏授業之初各式狀況。徐氏回憶道，一如電影《葉問 2》所呈現 —— 人少時在工會大廳練拳，人多則上天台。並提及早期學員出身貧苦、生活多無着，能交的學費不多。徐氏本人屬幸運兒，任工會秘書月入達 140 港元。而梁相在廚房任事、駱耀當樓面，雖亦為飯店業全仁，但開工不常、收入不定。

　　因工人開工不足、失業嚴重，有心有力習武者有限。從 1950 年中到 1951 年，隨問公習藝者，由七、八人減至三兩人。為拓展生源，眾人遂到上環公安分會開班；梁相、徐尚田等，到分會宣傳。一時間，學生人數增至四十餘人，學費每月 5 元，每周授課兩次。亦有飯店工會以外之市民加入，每班規模維持在十多二十人上下。其後，問公又於離公安分會不遠的士丹利街開班授徒十餘人。詠春拳終以港九飯店職工總會為平台，站穩了腳跟；而問公本人的生活，亦基本有了着落。

　　在公安分會詠春班，問公收到了第一批女弟子 —— 為會外人士，多於附近街市工作。功夫較好者，為佘美瓊和李銀歡；除公安分會外，二人亦到飯店總會習武，頗為用心。當中，佘美瓊甚至有在巴士上以詠春防身，具以寡敵眾之實戰經驗。除佘、李二人外，及後又有更年輕的兩名女士加入。

　　1953、1954 年間，港九飯店總工會領導層改選，梁相落敗。問公遂將拳館遷離大南街，搬至海壇街中、背向海邊一單位。此時入門弟子計有：黃淳樑、王橋、王作、伍燦等。未幾，葉問又到不遠

處的汝州街三太子廟授拳，弟子有李漢，以及對面天祥衣紙舖四、五名伙計。其時，問公、徐尚田同住於海壇街，師徒相互照應；二人租住的單位居某唐樓之四樓，騎樓連廳僅十餘呎乘十餘呎。在此百餘呎狹室當中，問公授徒逾十人，實亦反映詠春拳於狹小空間中靈活實用之特點。1954、1955年間，梁相重掌飯店工會，問公復將詠春拳館搬回大南街。期間入門者計有：李金城、簡華捷、盧文錦、張卓慶等。及至1955至1957年，問公詠春拳館遷至油麻地利達街，入門者計有：李小龍、梁紹鴻[18]、陳成、張學健、蕭煜民、潘炳烈、彭錦發等。[19]

於利達街，問公授業處，亦為十餘呎乘十餘呎的大廳，木人樁則置於廚房。在此前後入門的弟子，如盧文錦、梁紹鴻、李小龍等，出身中上家庭者不少，年紀更輕、經濟條件優厚、學識亦不

1953至1954年，葉問於深水埗汝州街196號三太子宮（哪吒廟），作私人教授。

俗。如梁紹鴻，他與李小龍背景相似，跟香港電影業亦頗有淵源，其表姐為影星紫羅蓮。梁、李二人自小交好，1955 年中，李氏自葉問處習武方才兩月，即於紫羅蓮尖沙咀寶勒巷住所天台，向梁展示詠春拳；梁氏見該拳種之實效，遂由李小龍介紹至利達街學藝。梁紹鴻在油麻地首度面見問公之時，在場者僅師兄伍燦一人。為其開拳、授以「小念頭」者，亦為伍燦。

梁氏習詠春兩個月後，見不少師兄因與各大門派切磋，縱然勝多敗少，但亦負傷纍纍，因而有所動搖，並因性格直率，而向問公多所提問。問公欣賞其觀察力、分析力，並念及梁氏家勢、年紀、學識與一眾師兄甚為不同，且武館遷至李鄭屋後，治安亦確實不靖，遂建議到梁氏家中作私人教授。1955 年 9 月，梁紹鴻備齊拜帖、燒肉、鮮橙，在其北角家中行三跪九叩的拜師禮。禮成後，師徒二人邀一眾見證人，外出用膳慶祝。

此後，問公每周乘船一、兩次，於下午時份到梁氏北角家中作私人教授，梁紹鴻亦進展甚速。每月學費雖高達 300 元，然梁氏欽服問公武藝，仍覺甚為值得。每次問公授拳一小時上下，因梁氏醉心武道，每天練功甚勤達四至六小時。隨着梁紹鴻的進度，此後四年半間，在其家中一一置有木人樁、刀樁、品字樁等練功器械；梁氏負笈澳洲前，已頗得問公真傳。

四、遷館李鄭屋

於此期間，即 1957 至 1962 年間，在弟子伍燦協助下，問公拳館遷至新落成的李鄭屋徙置區，此時的徒弟計有：麥普、楊熙、梅逸、何金銘等。遷至李鄭屋後，問公拳館比之前狹小；一進門處即為教練空間，左右各置一中式長櫈。內則以綠色木板間房，置有帆

布床等，即為問公等生活區；廳、房之間亦無門相間，僅下垂帆布一張，以稍擋視線。單位一角僅有一洗手盆，廚、廁在屋外，與各住戶、商戶共用。每有弟子上館練功，問公多坐於椅上，邊抽煙邊注目觀看，館中多以收音機播放粵曲。而伍燦等在海壇街、利達街已然入門之師兄，則任助教。一來一眾師兄弟相互介紹入門，或為同事，或為友人，可協助問公認人。二來詠春拳並非大開大合，異常重視細節。如手腳之方位、動線、發力，亦須手把手調試。從吳仲素到伍燦，乃至及後黃淳樑之於李小龍，「授業師兄」於詠春、於黐手之角色殊重。

就教學條件而言，李鄭屋時期確實遜於此前此後。因此，1950年代尾、1960年代初，問公至港、九各處作私人教授亦漸多；除梁紹鴻外，尚到筲箕灣順記缸瓦舖，教授弟子王伯夷、王榮、楊宗瀚、周樂治、王國有等；至尖沙咀寶勒巷，教授弟子唐祖志、趙兆中、李偉志、陳德超、譚禮等；以及到大埔道，教授鍾錦泉、鍾永康兄弟。[20] 任私人教授亦確為問公提供較佳收入；據唐祖志回憶，在其寶勒巷家中學拳之親友，每人每月學費達40元。[21] 但無論在李鄭屋還是私人教授，學員每多認真練習，問公及一眾師兄亦用心教導。如鄒子傳與唐祖志，學畢全套詠春入門之「小念頭」，盡皆長達數月。問公對於弟子手肘開合、指掌高低，要求亦甚嚴謹，嚴師方出高徒。

而常到李鄭屋習武之十餘名弟子，多為附近九巴車廠之員工。如羅炳為九巴司機，伍燦為巴士拉閘員，也有一些師兄弟負責巴士維修。其中，也有李鄭屋街坊，如廖建中，其父於該徙置區開飯館。[22] 九巴車廠的同事，多為中、壯年男性，彼此口耳相傳，便一一到問公處習藝。當時，巴士員工上班多分為上、下兩班，一般而言，早班放工後、晚班上班前，即下午兩、三時之際，最多九巴仝仁往問公處練武。此外，1950、1960年代，香港治安未靖，九

1957 至 1962 年間，葉問於李鄭屋徙置區居住並授拳，後重建為李鄭屋邨。

1962 至 1963 年，葉問置拳館於青山道 60-60E 號興業大樓某單位。

龍中、西尤其複雜。偶有不守規矩之乘客，巴士仝仁，尤其司職拉閘、票務、稽查者，難免與不肖者相衝突。在人多、狹窄的巴士之上，靈活、迅猛、精準之詠春拳，施展起來頗見殊效。此現象或亦可反證，詠春拳種確曾在嶺南戲班紅船上傳播，便於舟車之上施用。

而在九巴車廠任文職，及後擔當問公助教之鄒子傳，亦為其一。[23] 相對問公南來授業頭十年 —— 飯店工會、海壇街、利達街的親歷者，如：梁相、徐尚田等前輩，鄒氏無疑成為李鄭屋、興業大廈 —— 即問公於青山道一帶設館授徒的見證人。而飯店工會時期入門者，如梁相、駱耀等，仍偶爾到李鄭屋向問公請教。早於油麻地利達街時期，鄒氏即由同事羅炳介紹，投入問公門下。其後，問公拳館遷至李鄭屋徙置區，臨近九巴車廠。其時專責記錄巴士進出車廠維修之鄒氏，乘地利之便，勤於午飯、下班時段，至李鄭屋練武。

據鄒子傳回憶，問公在李鄭屋的拳館長期開放，晚上十時許才關門。在此期間，不分授課時段，學員隨時上館習藝、切磋。此後半世紀至今，鄒氏先後於深水埗、青山道多處設館，自身亦桃李滿天下。而今，其「詠春傳館」距離問公曾設館的興業大廈不遠，與九巴車廠、李鄭屋亦同處一區。

如鄒氏所述，在李鄭屋時期，學習詠春之主體在於勤加練習「黐手」。問公常從旁觀察，並由富經驗、年輕力壯的師兄任助教。如「黐手」手勢不當，問公會有所指正。當然，問公偶爾亦會與弟子「黐手」，在對奕中執正「手位」。據鄒氏所理解，「黐手」之關鍵在於感應，若只喋喋不休地解釋這一手如何解另一手，意義不大。問公強調，人有高矮肥瘦，根據自身與對手情況，「黐手」之法每有不同。讓經驗、功力、體格多有不同之師兄弟，自由組合「黐手」，再由問公、助教根據表現指正，最具助益，亦最切合詠春強調實戰的思想。

問公租住、教拳的李鄭屋單位僅二百餘呎，着實淺窄。有見及

此，徐尚田師傅因有秘書之正職，又已開始授拳收入穩定，遂生集資協助問公遷館之意。1962 至 1963 年間，遂與十數名師兄弟集資，以每月 30 元，助問公租借青山道、大埔道交界之興業大廈一單位作為拳館。興業大廈為 1960 年代初落成之現代化大廈，而於李鄭屋時加入拳館的一眾九巴人員，及後大多亦到興業大廈繼續研習詠春。

五、詠春體育會

及後，問公武館弟子日多、月入漸穩，徐尚田與一眾師兄弟方才停止支援恩師，可見問公南來近十載，維生仍然不易；然早年招收之徒弟，亦頗重情義、合力襄助。於興業大廈入門者，計有張耀榮、何聯、章靜安、陳暖林、陳太炎、郭思恩等。期間，私人教授者計有尖沙咀式華洋服舖，鄭彼得聯同寶勒巷之一班舊人，以及又一村屈榕生、楊宗翰等。[24]

興業大廈離李鄭屋、巴士車廠甚近，繼續隨問公習武之九巴員工不少，亦有其他行業的專才，如梅逸為房署督察、何聯為大生飯店東主、張耀榮為關文偉會計師行要員等。最大轉變在於大量警察加入；如鄧生、藍賢發、彭錦發，於警隊具領導地位者，所投入之人力、物力，於葉問詠春在港廣泛流傳，作用甚大。自興業大廈始，投入問公門下之警察，並長期支持詠春發展者，陳暖林即為其一。[25]

陳暖林經警察同事介紹到興業大廈拜入問公門下，其後亦到福全街、衍慶街等地深造詠春，於詠春體育會成立後，陳氏義務擔任該會財政達三十多年。陳氏畢業於官立伊利沙伯中學，語文水準較高，因此自進入警隊之始，即任指揮工作。然而在警校時，僅接受非常有限之自衛、擒拿之術，武藝平平，到問公處習得詠春拳後，竟敢孤身一人上樓緝捕毒犯，此前未敢想像。事實上，鄧生等探長

大力推廣詠春，除自身熱愛國術外，亦是看重詠春於警察執勤之實效。詠春本非花拳繡腿，實亦傳統武術得以在現代社會生存、轉化、復傳承之憑藉。

及後，因租約事宜，問公詠春拳館遷離興業大廈。1963 至 1965 年間，弟子何聯借出位於旺角道、福全街之大生飯店閣樓，讓問公繼續授武。閣樓有數百呎空間，並置有何聯親自設計之彈簧木人樁，十餘名師兄弟常在此練拳。除陳暖林外，尚有楊宗瀚、彭錦發、章靜安、李恩榮、邱克蘇、彭熾欽、黃漢忠（黃紀民）等。[26] 學員多於放工後，晚上七時開始，練功兩小時至晚上九時，然後隨問公到鄰近的龍鳳茶樓；三數人一桌，每晚都有好幾桌，人數着實不少。時問公雖春秋漸高，但入夜興致不減；夜茶過後，一眾弟子簇擁下，逛花墟、遊車河。偶爾閒逛至公園，眾師兄弟再耍起詠春，及至凌晨兩三時。

此外，鄧生亦在新蒲崗衍慶街租置單位，請問公前往作私人教授。該處面積有數百呎，沙包、木人樁一應俱全；學費與大生飯店時一樣，每月 50 元。學員六、七名，悉數為警察；以探長、沙展等指揮官為主，如鄧生、藍賢發、彭錦發、李耀輝、袁志剛、黃國、陳暖林等。陳氏用功甚勤，一星期三晚、每晚七至十時，前往衍慶街隨問公練拳。與大生飯店時期不同，因學員人數少，問公有更多機會與弟子黐手，或示範樁法。問公二公子葉正，亦常前往該處任助教。陳暖林指，詠春首重練習、領悟，是故問公示範後，須親自體會當中奧妙，為師者解釋不多。陳氏於衍慶街時期，學會了三套拳法、木人樁法、六點半棍法等。每晚練拳過後，師徒一行一如大生時期夜遊。如秋天駕車到西洋菜街松竹樓吃大閘蟹，冬天吃羊進補，每由鄧生埋單。此外，鄧生又於其上水馬尾下別墅設擂台；遇有東南亞國術比賽，即於該處選拔、培訓詠春好手出賽。

回首大南街飯店工會，到福全街大生飯店，問公之詠春開枝散

1967 年，詠春體育館成立；次年遷於旺角水渠道 3-11 號長寧大廈 2 字樓 C。

1967 年，葉問責承長子及眾弟子，成立詠春體育會，於油麻地彌敦道 438 號鄧氏大廈某單位臨時辦公。1970 年代，葉問徒孫梁挺於原址設館至今。

1965 至 1972 年，葉問於旺角通菜街 141-151 號怡輝大樓某單位終老。

葉；然其拳館或租或借，長則三數年、短則三數月，即因各種緣故而須易地重置。大生閣樓雖由弟子何聯借出，亦終因業主收樓，連飯店亦須結業，可謂皮之不存。1967 年，在問公指示下，由長子葉準，聯同六名弟子 —— 屈榕生、楊宗翰、陳德超、陳太炎、羅賢偉、許紹昌，以有限公司向港府註冊成立「詠春體育會」（Ving Tsun Athletic Association, VTAA）。[27]

　　成立之初，由藍賢發借出油麻地彌敦道 438 號鄧氏大廈（Tang's Mansion）某單位，予體育會辦公；[28] 並於次年，在鄧生等人發起、募捐下，合眾人之力，於旺角水渠街購置該會永久會址。在鄧生呼籲下，時警界領袖，如呂樂、顏雄、藍江等，多見於贊助人芳名錄上。及至 1969 年，中國國術總會在港成立，葉問詠春傳人鄧生任創會主席；香港之武林，尤其葉問詠春一脈，自南來傳藝始，幾起幾伏、越挫越勇，終走向黃金時代、走向世界。

結語

　　從抗戰時之佛山，至南下香港，葉問開館授徒，本為解決個人生計。然而，無論在家鄉還是他鄉，不管經營狀況如何艱難，問公亦從未收取潤拳，而是讓武館中門大開，來者不拒。反之，就「社會學」角度，師徒之間、同門之間，呈嚴密網絡狀，乃葉問詠春譜系至為明顯之特徵。事實上，雖事隔數十載，回首前塵，前文所及一眾門人，皆可清晰指出彼此間之地緣、親緣與事業關係。誰介紹誰入門，更屬相關回憶當中幾近必然之起首。事實上，以廖建國為例，即便為李鄭屋之街坊，登門拜訪問公亦被拒諸門外；無他，皆因未有介紹人。

　　以人為紐帶，問公以一人扣一人，或多人之體系，來確定門生人品、性情之可靠。廖氏不得其門而入，唯有請其父上門；最終，因廖父亦曾於港九飯店職工總會任事，與問公頗有淵源，而接受其子拜師學藝。上述人際網絡，從佛山時期至南來之初，大抵以地緣、鄉緣構成。因此之故，問公最初之一、二批弟子，多原籍南海、佛山，即所謂「南（海）番（禺）順（德）」地區。李民與葉問，既屬同鄉，又為同袍。因李民之故，葉問詠春師徒網絡第一次向行業——飲食業轉化；其時香港正快速發展成亞太工商業中心，於港、九市區，人與人之聯繫，逐步轉化成以「經濟關係」為本、「生產關係」為主。

　　葉問詠春傳播鏈，完成從血緣到業緣之轉化。如大南街、公安分會時，學員幾乎悉數來自飯店、街市，或相關之貿易體系。李鄭屋、興業大廈時期，新加入者多為警察。作為問公授業最終所在之肇輝台葉承芍律師家，參與者亦悉數為律師。從大南街始，問公拳館幾經搬遷；設館之所在，與一眾弟子之地緣關係，由家鄉、家業之所在，變成毗鄰各人工作之所在。如李鄭屋、興業大廈之於九巴

公司，即為顯例。在香港高速城市化、現代化之歷程中，工作，或曰生產，據有市民生活核心位置，主宰市民日程及動線之安排。

隨着問公弟子入門年齡趨輕，其家庭、學術背景提昇，盧文錦、李小龍、梁紹鴻赴台、赴美、赴澳，葉問詠春在各地傳播，遂成全球化之拳種。[29] 當然，詠春傳播網絡隨香港留學潮而鋪開，僅屬該拳種全球化之「外緣」。其「內因」，始終是葉問詠春講求實戰，師生關係極之平等 —— 如問公即常與黃淳樑、唐祖志等徒子、徒孫討論拳理，並每每因實際應用經驗回饋，而修正拳套重點或招式次序。由此，我等不得不設想，以葉問詠春走向世界為例，及至清末，中國或起碼華南某些本土文化內容與元素，本身就具有「現代性」；問題只在於如何完成精神、內容、形式之進一步轉化，最終與世界接軌。

若如此，葉問詠春重機理、實用，與平等、開放之精神，使之在短短數十年之間走向世界，便非偶然了。而當中作為中、西橋樑，以多元並包見稱之香港，無疑成就了世界文化交流史一件大事。

本文圖片提供：許楨（攝於 2023 年）

注　釋

1　戰後旅居香港，領取身份證時，名「葉溢」。

2　葉問之生年有爭議，本文僅從其香港身份證明列之日期。葉準、葉正、徐尚田、黃淳樑、蕭煜民編：《葉問宗師百年誕辰紀念特刊》（香港：詠春體育會，1993）；並參葉準、盧德安、彭耀鈞：《葉問‧詠春 2》（香港：匯智出版有限公司，2010），頁 270–278。

3　桑園大街幾度易名，先後改為福賢路、蓮花路；葉家宗祠即今佛山市城區人民政府之所在。

4　時佛山為中外貿易中樞，商賈於錢、銀匯兌需求甚殷。陳華順公因從事兌錢業，鄉里時人稱之為「找錢華」。

5　葉準、盧德安、彭耀鈞:《葉問‧詠春》（增訂版）（香港:匯智出版有限公司，2009 年），頁 8–10。

6　葉問入學時所報通訊地址為「皇后大道中 227 號」，即龐偉廷為店東之「和隆莊」。而葉氏同期之校友，有居於永樂街、乍畏街（今蘇杭街）、文咸東街、德輔道、般含道、堅道、薄扶林道者。即上、中、下環（灣仔）為主，每為富家子，且多從事南北行等中外貿易生意。

7　葉準、盧德安、彭耀鈞:《葉問‧詠春》（增訂版），頁 11–14。

8　葉準、盧德安、彭耀鈞:《葉問‧詠春 2》，頁 12–23。

9　周光耀，今名周仲明，生於 1926 年，佛山沙坑人。父祖三代營商，祖父周汝庚於佛山永安路開設「聯昌花紗店」；父親周清泉，曾到滬、港營商，曾於佛山松桂里、九龍塘尾道置有物業。1949 年後，周光耀家庭被視為「開明工商業地主」。周光耀於畢業後，先在一所羽毛球廠中當文職，其後經過勞動及自我思想改造，再回羽毛球廠中當工人。然而，直至暮年，周光耀每朝仍以詠春小念頭健身。

10　聯昌花紗店即今「東方廣場」之所在，為一棉紗貿易行由周光耀祖父周汝庚到廣西打工，繼而累資開設。周汝庚到上海辦洋紗，或到沙宣洋行辦印度棉花回佛山賣售。於電影《葉問》之中，該花紗行被藝術加工為棉花廠。

11　葉準等編:《葉問宗師百年誕辰紀念特刊》。

12　葉準、盧德安、彭耀鈞:《葉問‧詠春 2》，頁 194–213。

13　據葉問赴港早期弟子徐尚田回憶，葉問其後每有赴澳門，多往該雀仔舖探望友人。可見葉氏頗重落難時與各方之情誼。

14　葉準等編:《葉問宗師百年誕辰紀念特刊》。

15　葉準、盧德安、彭耀鈞:《葉問‧詠春 2》，頁 194–213。

16　葉準等編:《葉問宗師百年誕辰紀念特刊》。

17　徐尚田師傅，原籍廣州，1933 年生。1949 年，徐氏中學尚未畢業；逢解放初，廣州未穩、經濟不振，並因家中人口眾多，徐氏遂自穗赴港，以謀生路。1950 年秋，得繼問公故友李文之任，擔當「港九飯店職工總會」秘書。徐師傅先後在飯店工會、公安分會習詠春拳。其後於李鄭屋邨繼續追隨問公，習得六點半棍、八斬刀等技藝。因粗通文墨，徐師傅先後任在不同工會任文職。1960 年代，開始授徒，並以跌打行醫。1960 年代中，於長沙灣設館。「六七暴動」致港九樓價急瀉，徐師傅遂購置長沙灣長勝大廈一單位作醫館兼武館；單位外牆上有陳語山書「詠春拳徐尚田跌打」，以作招徠。其後近半世紀，徐師傅即於上址傳揚詠春，貢獻殊大；並有《詠春寶典》、《徐尚田詠春拳》（光碟）等著述行世。葉準、盧德安、彭耀鈞:《葉問‧詠春 2》，頁 36–52。

18　梁紹鴻師傅，1942 年香港出生，1943 至 1955 年旅居澳門。1955 年中，梁紹鴻在好友李小龍介紹下，拜問公為師、習詠春拳。其後葉問公親自上門授拳；至 1959 年負笈澳洲前，從問公「私人授業」達四年半。期間，梁師傅將詠春拳、械，一一學習。1963 年，梁師傅自澳洲學成返港，開創自身事業。至 1974 年，梁師傅再度離港，赴美經商。並於美國開館授徒，先後受聘於美國海軍陸戰隊海豹突擊隊（U.S. Navy SEAL）、聯邦調

查局（FBI）及特警部隊（SWAT），任武術教官、聲名在外。及至 2002 年，梁師傅返港定居，並於海內外推廣詠春拳。2007 年中，梁師傅與問公長子葉準師傅，一同到英國講學；復於 2009 年夏，為其徒孫、玄孫開設深造班，於順德作特訓。及後，於王家衛執導、以葉問為主角之電影《一代宗師》中，梁師傅任詠春顧問，並為飾演問公之梁朝偉，授以詠春拳。在問公一眾弟子裏，梁師傅尤其強調實戰，其事蹟詳見伍志堅所著：《詠春善戰者——梁紹鴻實戰錄》（*Wing Chun Warrior: Duncan Leung's True Fighting Episodes*）。葉準、盧德安、彭耀鈞：《葉問・詠春 2》，頁 96–110。

19　葉準等編：《葉問宗師百年誕辰紀念特刊》。

20　同上。

21　唐祖志師傅，廣東中山人，1940 年生。1950 年代初，與許炎良、何錦華等，一同於大南街港九飯店職工總會拜問公為師。然而，唐氏此時並未真正隨問公習武。及至數年後，唐祖志邀請問公到其寶勒巷府上親授詠春拳術。後來，問公到同處尖沙咀之金馬倫道「式華洋行」作私人教授，唐祖志亦於該處習拳。在此數年間，唐氏自問公處習得詠春三套拳，以及黐手、木人樁、六點半棍、八斬刀等技藝，並經常向問公探討拳理。與唐氏往來密切、常一同練拳之同門為何金銘。及至 1960 年代，唐祖志、何金銘於金馬倫里開設拳館，由何氏主教。於其全盛時期，何、唐拳館學員多達五六十人。好些弟子，更因訓練有方、習武得法，而於擂台上戰績彪炳。唐祖志亦因此於本港詠春界甚負盛名，出任詠春體育會多屆董事。葉準、盧德安、彭耀鈞：《葉問・詠春 2》，頁 80–94。

22　廖建中師傅，1944 年香港出生。從事飲食業，曾為德興火鍋集團董事。因其父於李鄭屋徙置區設飯店，廖建中於年少時替其送外賣，而意外得知問公於該地設館授業。廖氏少年醉心武術，先後研習洪拳、白鶴、蔡李佛、喇嘛拳等。及至 1961 年，廖建中拜入問公門下。對打時，廖氏每以斬手攻擊對手腕骨、喉核等脆弱部位，故被同門冠以「辣椒仔」綽號。及後，亦隨一眾師兄弟遷往青山道興業大廈繼續學藝。葉準、盧德安、彭耀鈞：《葉問・詠春 2》，頁 112–123。

23　鄒子傳師傅，1925 年生。於油麻地利達街投入問公門下，並先後隨問公於李鄭屋、大埔道興業大廈研習詠春。但最主要的習武經歷，集中在李鄭屋。及至 1963 年，大約在徐尚田等一眾師兄協助問公將拳館遷往興業大廈時，鄒氏並開始與師弟麥普合作授徒。鄒、麥二人弟子借出九龍城某處天台，作教授場地。及後，鄒氏將詠春拳館先後遷往桂林街、弼街、營盤街、鴨寮街、青山道。如今，其「詠春傳館」永久會址坐落青山道鴻裕商業大廈。鄒師傅設館傳藝近半世紀，門下高足計有：麥廣權、陳德光等。葉準、盧德安、彭耀鈞：《葉問・詠春 2》，68–77。

24　葉準等編：《葉問宗師百年誕辰紀念特刊》。

25　陳暖林師傅，1941 年生；官立伊利沙伯中學畢業，後加入警隊。問公拳館遷往福全街大生飯店後，陳暖林亦相隨。於警校同期受訓者，有曾任教師之李耀輝；其後，李氏亦拜入問公門下，於 1966、1967 年間，到新蒲崗衍慶街一同研習詠春拳。葉準、盧德安、彭耀鈞：《葉問・詠春 2》，頁 126–138。

26　葉準等編：《葉問宗師百年誕辰紀念特刊》。

27　同上。

28　問公徒孫梁挺，亦於該大廈設館至今，名為「國際詠春拳術總會梁挺館」，未知與藍賢發，或「詠春體育會」早期歷史有否關聯。

29　葉準、盧德安、彭耀鈞：《葉問‧詠春》，頁 18–20。

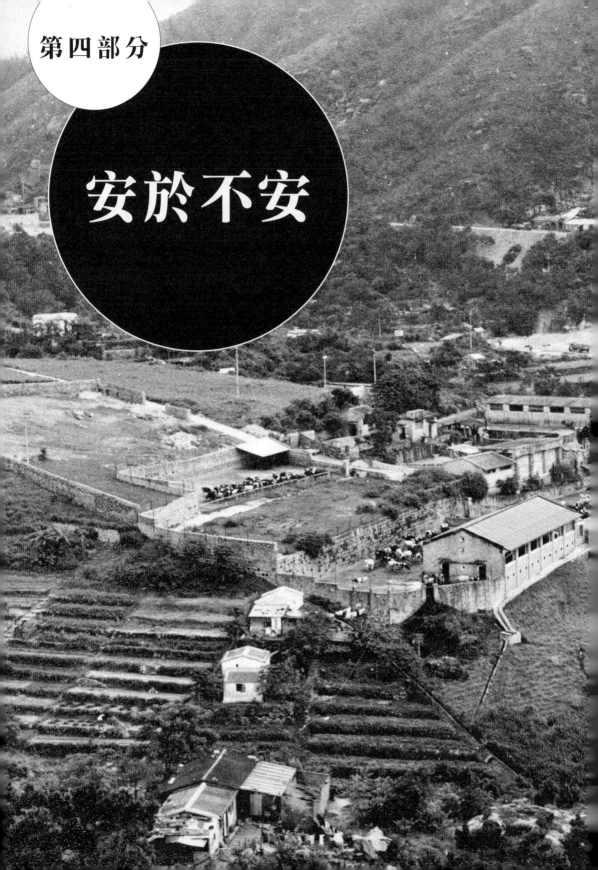

第四部分

安於不安

香港史上一間獨特的大學：
達德學院

劉蜀永

前言

　　達德學院是比香港中文大學歷史還要久遠的香港大專院校，只是存在時間較短而鮮為人知。該校有全新的教學理念和高質素的教師隊伍，在新中國成立初期和國家改革開放時期，達德校友對國家和社會做出過重要貢獻。達德學院的歷史值得回顧和研究。

一、達德學院的建立和關閉

　　香港達德學院是在中國內戰的背景下，由中共和民主人士合作創辦的一所大學，於 1946 年 10 月 10 日宣告成立，10 月 20 日正式上課。李濟深為校董會董事長，陳其瑗為院長。

　　抗日戰爭勝利後，國民黨和共產黨兩大政黨對未來中國的發展前途和政權結構有着完全不同的看法。國民黨不願中共合法存在，

1947 年的達德學院校園

企圖獨享抗戰勝利果實，抗戰期間因一致對外而暫時擱置的國共矛盾，再次凸顯出來。

從 1946 年 6 月開始，國民黨控制的國民政府調集軍隊二百三十餘萬人，對中共在各地的根據地發起進攻，聲稱三至六個月消滅中共武裝，內戰全面爆發。隨着國民黨軍事進攻的加劇，國內的政治環境也在不斷惡化。

為了逃避國民黨當局的政治迫害，國統區許多左翼民主人士（包括政治家和文化教育界人士）被迫陸續轉移到香港，需要妥善地安置。他們當中不少是著名的理論家、作家、記者、教授，皆是學識淵博，並有從事文化教育工作的豐富經驗，無疑可以構成高質素的教師隊伍，而學校是他們理想的落足點。

此外，第二次世界大戰結束後，海內外有不少因戰亂或受迫害而失學的青年，他們嚮往和平民主，追求真理，渴望讀書。在香港

1947 年末，達德學院院長陳其瑗（右）和
郭沫若（左）攝於達德校園本部大樓前。

辦大學吸收這些失學青年，既能解決社會問題，也是為了新中國培
育人才。

　　中共和民主人士之所以選擇在香港開辦大學，除了「香港地居
衝要，為自由港口，唧接海內外交通，往來稱便，加以商賈輻輳，
時賢聚集，教育設備，籌措較易」[1] 這些有利因素外，也與當時香港
較為寬鬆的政治環境有關。

　　香港是英國佔領下的中國領土。為了維護英國在華利益，使自
己在任何情況下都能處於較有利的位置，長期以來，英國政府對中
國內部各政治派別之間的爭拗，一般採取觀望的態度。同時由於英
國重佔香港不久，百廢待興，其主要精力放在經濟重建上，所以戰
後初期，港英當局在宣傳上和對待某些群眾運動上，給予一定的自
由，以顯示其「民主風度」。它對國共雙方的爭鬥採取「中立」態度，

國民政府通過外交途徑多次要求驅逐中共黨員和民主人士出境，它皆以不干涉中國內部黨派鬥爭和只引渡刑事犯、不引渡政治犯為由，加以拒絕。[2]

在這種特殊的歷史背景下，一有良好的師資，二有較多的生源，三有相對寬鬆的政治環境，香港達德學院這間大學便應運而生，並且在較短時間內取得顯著的辦學業績。

中國共產黨是達德學院的創辦者之一。據連貫回憶，1946年夏天，陳其瑗由美國回到香港，找到當時中共廣東區委書記尹林平，說他是應董必武邀請回來辦學的。尹林平即電請示中央，經回覆確有其事後，便和連貫及饒彰風分頭找在港的民主黨派負責人和愛國人士商量。與此同時，民主黨派和愛國人士也正在商量在港籌辦一間大學。於是，經大家協商便成立籌備小組，並定名為「達德學院」。課程分本科、專科兩種，以本科為主，並公推李濟深為董事長，聘請陳其瑗為院長。黨組織還指派黃煥秋等參加具體籌辦工作。[3]

左翼民主人士也是達德學院的創辦者。楊伯愷在1947年1月1日出版的《達德青年》創刊號上寫道：

> 本年六月間（作者按：應為1946年6月）在廣州（當時內戰未全面化）與黃藥眠先生、丘克輝先生、張香池先生等……商議籌辦學院，交換意見的結果，認為地點以香港最為適宜，同時對籌辦應即着手事項，如籌劃經費，尋覓校址，擬具章程計劃，學校各種設備，向當地政府立案，教學計劃，時間功課的規定，以及負責人員之推定，皆經議妥。……七月間陳其瑗先生自美國歸來，談及此事，亦極贊成。同仁等以陳先生過去歷史和人格，足為表率，又為當代教育家（廣東國民大學創辦人及第一任校長，曾任廣東教育會長），徵得同意推舉為籌備主任。[4]

關於達德學院的命名，據〈本院創辦經過及現況〉一文，乃取義於「知、仁、勇三者，天下之達德也」。[5] 這段話出自《小戴‧禮記》的《中庸》篇。而達德學院的英文名稱是 Ta Teh Institute。

達德學院借用蔡廷鍇將軍的芳園別墅作為校舍，位置在屯門新墟青山公路東側。別墅之所以命名為芳園，是蔡廷鍇為了表達對妻子彭惠芳的敬重。芳園別墅又名瀧江別墅，因流經他故鄉廣東羅定的一條河流——瀧江而得名。

芳園別墅面積約 500 平方米，建於 1935 年，[6] 耗資 17,000 港元，由蔡廷鍇本人設計。中西合璧的造型，莊嚴穩健的氣派，淺灰色的主體建築上，飾以青釉中式瓦片大屋頂，四周配以瑞龍雕塑，極具民族風格。

達德學院設有商業經濟、法政、文哲三個學系，另有會計和新聞兩個專修科和預備班。達德學院開辦不到三年，大約有 1,000 名學生在不同的時期在校就讀。

曾有人說：「達德擁有名教授之多，是空前的，這也許是絕後的。」這句話並非言過其實。連香港總督葛量洪（A. Grantham）在給英國殖民地大臣瓊斯（A. Creech Jones）的絕密信函中也說：「該學院有不少能高識廣的教授，其中很多是中國的知名學者。」他在該信函中還引用香港教育當局的話說：「儘管該校教職員幾乎都是中國民主同盟成員，但他們的質素明顯比本殖民地其他教育機構的為高。」[7]

達德學院開辦的過程中，港英當局口頭同意學院招生上課，但卻拖延不發立案執照，並對其嚴加監視。直到 1947 年 12 月 18 日，教育司才給達德學院發立案執照。

1948 年，中國共產黨領導的革命運動在全國範圍取得最後勝利的趨勢日漸明朗，英國政府對香港未來地位的擔憂日甚一日。出於鞏固在香港地位的考慮，港英當局對中共和民主人士在港活動由包

1947 年除夕，鍾敬文、宋雲彬、黃藥眠（左二至四）等教授攝於達德學院校園。

容、監視，逐漸演變為限制和鎮壓。他們對達德學院的態度也產生了很大的變化，對達德的疑慮日益加重，並決定要封閉它。

1949 年 2 月 22 日，港督會同行政局，下令取消達德學院的註冊資格。[8] 2 月 23 日，港府新聞處發佈消息說教育司已奉港督命令，取消達德學院的註冊資格，理由是港督認為已有充分的證據足以證明該院「利用學校以達政治活動之目的，而此項目的，係違反本港及其他地方之治安利益」。[9] 從 1946 年 10 月 10 日開辦，到 1949 年 2 月 22 日被封，香港達德學院僅僅存在了兩年零四個月。

港督葛量洪事後向英國殖民地部解釋封閉達德學院的決定時說：「之所以作出這一決定，是由於該校從事政治活動。有足夠的證據顯示，它被作為共產黨活動和教學的中心。讓它繼續存在，有礙本殖

民地的利益。」「其學生忠實追隨共產黨的路線，情感上強烈反蔣、反美。很明顯，該校在向中共軍隊輸送學生方面，起着重要和積極的作用。」[10]

1949 年 2 月 23 日，學院以陳其瑗院長名義張貼佈告：「奉教育司本月二十二日起撤銷本院注冊執照。事出意外，望各同學保持鎮靜並停止一切活動，靜候學院處理。」[11]

香港左派報章對達德學院被封表示不滿，但反應並不強烈。1949 年 4 月 2 日，港督葛量洪在向英國殖民地部的報告中說：「關閉該校一事，並未引起本地報章太多評論。左翼《文滙報》的評論，對這間『民主思想』學府的結束，遺憾多於震怒。」[12]

香港中文大學盧瑋鑾教授就左派對達德封校的反應有如下分析：

> 英國政府對此事有了心理準備，以為「反應激烈」，怎料意外地只是「遺憾多於震怒」。其實，這種反應完全由於大陸情勢大局已定：一月三十一日人民解放軍已入北平。一九四八年十二月，重要文化人如郭沫若、馬敘倫、翦伯贊、侯外廬、沈志遠、陳其瑗等均已秘密離港北上。「達德學院」的學生也紛紛返國。任務已完，左翼才會如此輕輕「遺憾」，英政府總算透一口氣。[13]

盧瑋鑾教授的分析有一定的道理。當時在港的中共負責人和民主人士考慮的，首先是建立新的革命政權大局，正如方方在 2 月 25 日於中共中央香港分局會議上所講，要「保證民主人士北上參加人民政協不受干擾」，所以才在達德學院被封一事上，未與港英當局過多糾纏。另外，一些民主人士把在達德任教看成是權宜之計，並沒有在香港教書的長期打算，他們還是希望回到內地為國家效力。

二、達德學院的辦學理念與實踐

教育方針與培養目標

　　以自由研究的精神，融合世界文化潮流，闡揚民族歷史光輝，創辦一所新型民主大學，是達德學院創辦者的教育理想。

　　為了實現這一教育理想，達德學院提出了這樣的教育方針：一、廣義的愛國教育；二、和平的民主教育；三、進步的科學教育；四、人本的自由教育；五、集體的互助教育。[14]

　　關於達德學院的培養目標，〈達德學院組織大綱〉規定：「本學院以研究高深學術養成為人民服務之實用人才為宗旨。」[15]這就是說，達德學院培養的人才既要有正確的政治理念（為人民服務），又要有高深的文化修養（高深學術），和較強的社會實踐能力（實用）。

　　陳其瑗院長特別強調要培養「真才實學」，反對空頭革命家。他說：

　　　　「真才實學」是我們的目標。為了培養的是真才，學的是實學，那麼我們希望同學不僅能有除舊之才，並且有佈新之才；不僅能解決目前的問題，並且能解決將來的問題；不僅有正確的思想，進步的理論，改革社會的方法，並且也有開闢和發展長期工作的知識能力。達德同學，單是懂得民主政治還不夠，並且要有經濟、行政、文化、教育各部門的業務知識和技術知識。局面越發展，這種人才越需要得迫切。我們要記住：如果我們不關心工業，不關心經濟，對這些學問一無所知，一無所能，只會一種抽象的革命工作，這種革命家是毫無用處的，我們應該反對這種空頭革命家，要學習使中國工業化各種技術知識。這可以作為今後學習方向的指南針。[16]

　　達德學院注重將學生培養成全面發展的人才。1947年春季校方

撰寫的〈本院創辦經過及現況〉一文說：

> 學院創辦目的，在求理想教育之實現及適應社會之需求，針對此點關於教育方面，注重下列幾點：（一）堅實的樹立科學的知識基礎。（二）普遍的養成生活上必需之技能。（三）造就高深理論之認識。（四）確實養成自動、自治之精神。（五）養成優良之民主、自由作風。（六）陶冶成高尚人格。（七）鍛鍊出健全體魄。[17]

其中，「確實養成自動、自治之精神」、「養成優良之民主、自由作風」和「陶冶成高尚人格」，是對德育的要求。「堅實的樹立科學的知識基礎」、「普遍的養成生活上必需之技能」和「造就高深理論之認識」，是對智育的要求。「鍛鍊出健全體魄」，是對體育的要求。達德希望培養出德、智、體全面發展的新人。

理論聯繫實際

理論聯繫實際，是達德教學活動的一個顯著特點。達德校方提出：「教、學、做、合一，為現代教育精粹所在，本學院以此為鵠的，先求學教兩方，溝通一致，再求學做合一，完成教育之目的。」[18]

達德教師傳授基本知識時，注重引導學生運用理論分析、探討問題。從達德的教學實踐來看，理論聯繫實際着重於三方面：一是中國歷史和現實的社會狀況；二是當前形勢和重大的政治、經濟事件；三是當前的社會思潮和理論觀點。方法上，除老師課堂講解和開設專題講座外，還採用組織小組討論的方式。據校友回憶，1948年上半年的小組討論題目就有「新民主主義經濟」、「中國經濟危機」、「思想方法」、「藝術美與生活美」、「當前文藝工作的理論和實踐」等。在課程的設置上，也適當考慮中國社會的實際和形勢的發展。例如，當時解放區頒佈土地法大綱，開展土地改革，這是關係重大

的事情。學院就開設「土地問題」課，講述馬克思主義的土地理論、封建土地制度、資本主義的土地關係等內容。又如，還開設了「中國政治概論」、「中國經濟概論」等內容緊密聯繫中國實際的課程。[19]

理論聯繫實際，還體現於學校的小課堂與社會的大課堂之結合。達德教師盡可能創造條件，讓學生走出課堂、接觸社會、了解社會，把書本上的知識與社會實際結合起來，在實踐中增長才幹。他們組織學生到工廠去了解管理；到大公司去了解會計設計與實踐；到電影製片廠去參觀管理與拍攝；到漁港去採集民歌、民謠、民風；到報社去實習編輯、採訪、出版、發行、管理等等。

文哲系主任黃藥眠教授主張開門辦學。他常對學生說：「要把你們趕到社會上去經風雨、見世面。」他經常邀請文教界的知名人士，如沈鈞儒、郭沫若、茅盾等做學術報告或開座談會。他盡量提供機會讓學生去見世面。文化界有重大活動，如在六國飯店歡迎茅盾到港的盛會、在九龍召開的朱自清追悼會等，他會安排同學輪流去參加。黃藥眠教授還安排學生到永華電影製片廠參觀實習。他兩次組織學生到海島、海港收集「鹹水歌」。這些收集來的民歌、民謠，使鍾敬文教授高興得如獲至寶。[20]

商業經濟系則曾組織學生到南洋兄弟烟草公司、三光布廠、永發印刷廠、合眾印刷廠等企業考察經營管理。

新聞專修班的學習與實踐結合更加緊密。平日教學的課堂講授和實習，佔有同等比重。同學們自籌經費，先辦了一張油印報《達德新聞》，1948年下期又改成鉛印。按照一個報館的規格，全部同學分別安排編輯、採訪、管理（經理、印刷）等部門，並定期轉換。[21]此外，還組織參觀團，到《星島日報》、《華商報》和《文匯報》等報館去參觀，考察經營管理、技術設施。還有的同學被派到報館見習。陸詒教授還曾帶領學生到「國貨展覽場」採訪。有一次九龍木屋區發生大火，數以千計的貧民無家可歸，新聞專修班組織調查小

組進行採訪，並寫出報道。

民主管理的嘗試

在教學行政管理方面，達德學院進行了大膽的嘗試，創造了董教學聯席會議、院務委員會和教授會等組織形式，發揚了民主辦學的精神。這樣的民主辦學體制，當時在中國是一個創舉。

董教學聯席會議

達德學院創辦初期困難重重。要發展民主教育事業，培養人材，這個大家認識上基本一致，但當時解放戰爭已經開始，在香港的特殊環境下，怎樣辦學？學制、課程、教學內容與方法等等，怎樣才能適應新形勢和特殊環境，讓學生們的不同目的和要求得到適當滿足等等，未必有一致的認識。學生不少交不起學費，經費困難，課室、宿舍、教學設備嚴重不足，教授和學生的生活存在不少困難，教與學的矛盾逐漸突出。這種種原因導致學生由開始時踴躍聽課，如飢似渴地讀書學習，到逐漸出現聽課情緒低落、意見多，怪話、爭吵也多了。

為了解決上述問題，校方決定召開董事、教職員和學生參加的董教學聯席會議。1948 年 2 月 17 日，聯席會議在學院本部廣場舉行，從下午 2 時開始，至當晚午夜結束。到會的有校董和教職員的大部分及學生三百餘人。大家坦誠相見，發言認真，多具有建設性，最後集中到如何搞好學院、發展學院、改進教學內容等方面來，消除了相互間的誤解，使大家了解到學院實際困難與滿足各方面要求之間的矛盾，明確了學院和學生之間根本利益的一致性。隔膜的消除，大大加強了全院師生對學院的維護與發展的責任感。[22]

院務委員會

1948 年 2 月，達德學院建立了由行政領導、教授代表、學生代表三方面組成的院務委員會。這是學院管理體制改革的重大舉措。院務委員會是全院最高行政管理權力機構，成員為院方四人（院長、總務主任、教務主任、生活指導委員會主任），教授代表三人，學生代表三人，共十人。學生代表由學生自治會推選，首任代表為謝一鋒、邵達明、呂波濤。

德達學院學生謝一鋒的畢業證書

達德學院學生於青山灣合影

院務委員會由院長主持，「以溝通職教學三方面的意見，共同推進院務為宗旨」，每月開會一次，共同商議學院興革的重大事項。對學院發展有關的方針原則、應興應革事宜，學制與課程改革，教學內容與方法的改革，以及有關經費問題，擴大招生問題，對學生的學習生活之組織管理與指導問題，對學生會工作的指導、支持、配合問題，免費旁聽生的設置問題等等，都通過院務委員會討論決定後執行。院委會每月開會一次，必要時可增開。

這是達德學院在教育管理方面的大膽嘗試，是民主教育的體現，特別是學生直接參與學院管理決策，是一個創舉。院務委員會的設置，對當年達德的鞏固、發展、改革和解決一系列重大問題，發揮了十分重要的作用。[23]

教授會

教授會是院長和院務委員會的參謀、輔佐組織，學院的重大問題都要提交教授會研究、討論。教授會的正確意見可以影響、修正領導上某些不精確的提法和不成熟的決策。[24]

在學院開辦的兩年多時間內，達德學院的創辦者和全院師生不斷探索新的教育理論，不斷檢討改進，竭力把達德辦成理想中的新型民主大學。開學才一個月，全校便舉行以「新型民主大學的理論與實踐」為題的討論會。

在教育史層面，達德學院的教育理念和實踐在當時的中國（包括英國佔領之下的香港）是先進的。它對課程設置、教學方法和行政管理的改革，進行了大膽的探索，有人稱之為「開放式民主教育」的探索。其中的一些做法，至今仍有值得借鑒之處。它在香港教育史和中國教育史上，也應該佔有一定的地位。

三、達德校友對國家的貢獻

達德校友曾為中華人民共和國的建立和國家的改革開放，作出過重要的貢獻。

據 1985 年對 350 人的調查，大約有 93% 校友在解放前參加革命工作，其中十八位在解放戰爭中犧牲，成為革命烈士。在這十八位烈士中，曾偉曾參加達德學院籌備工作，是達德學院籌備小組成員。1949 年 3 月，當人民解放軍準備渡江之際，他受組織派遣，經廣州飛往上海，參加民主同盟上海市執行部會議，並與其他民主黨派協商，策反蕪湖、太湖一帶的敵軍起義。1949 年 4 月 5 日被國民黨逮捕。1949 年 5 月 21 日，即上海市解放前三日，他為了建立新中國捨身赴義。其餘十七位烈士黃立、楊湛廬、姚世輯、龍躍如、熊宜武、植啟芬、蒙茵、劉松羨、朱為昌、葉旭明、莫次、關漢芝、李卡、羅欣、覃天銘、陳海濱、李立峰是達德學生，絕大部分犧牲在廣東、廣西和福建的遊擊戰爭中，犧牲時都非常年輕，最小的年僅 16 歲。[25]

根據粗略統計，在解放戰爭期間達德學院的同學擔任工委書記、支隊副司令和政治部主任各一人，縣工委書記、團長、政委十六人；連長、指導員、武工隊長等幹部七十餘人；排以下幹部六十餘人。[26]

一些達德學生曾參加在華南解放區創辦南方人民銀行的工作。之後，他們又隨解放軍入城，在廣州市軍管會的領導下，前往金融、財政、海關等部門，對國民黨遺留的舊機構，實行全面接管。建國後，他們大部分人成為廣東省金融、財政和外貿部門的骨幹。[27]

教職員中，李濟深、陳其瑗、沈志遠、章乃器、曾昭掄等北上，在中央人民政府中擔任了要職。李濟深任中央人民政府副主席，陳其瑗任內務部副部長，沈志遠任出版總署編譯局局長，章乃

器任糧食部部長，曾昭掄任教育部、高教部副部長。

達德學院被封後，五十六位歸僑同學北上參加「青訓班」。後來，他們中間有三十一人被分配到僑務、外事部門工作。在北京的較多，其次是福建、廣東等地。[28]

建國初就有許多達德師生活躍在新聞戰線上，而且多數成為所在媒體的骨幹。其中在新華通訊社的有呂毅子，在中國新聞社的有楊純、朱文良（朱甦），在上海的有劉思慕、陸詒，在南方日報社的有張琮、曾惠存、梁彬、王希琛、趙淩雲、陳章淮，在《羊城晚報》的有刁雲翔，在東莞的賴湘，在廣西的有呂波濤等。[29]

中國內地在 1970 年代粉碎了「四人幫」以後，在鄧小平理論的指引下，奉行改革開放政策。國家不僅在經濟方面改革開放，在政治思想方面也撥亂反正，糾正過去「左」的偏差，提倡「解放思想，實事求是，團結一致向前看」。國家出現了比較寬鬆的政治局面。國家的知識分子政策也作了較大調整。

在改革開放新的政治環境下，達德校友得到國家重用，能夠在國家的經濟建設和文化建設中發揮更大的作用。據 1980 年代中期粗略的了解，當時達德校友任職副省長的一人，國家機關或省機關的司、局、廳級幹部四十多人、處級幹部六十多人；大專院校黨委書記、副校長三人，正副教授十一人，講師二十人，中學校長二十六人；省級銀行副行長二人，省級公司董事長二人；駐外首席記者三人，省級以上報刊主編、副主編八人。[30]

達德校友的命運與國家的命運、整個中國知識分子的命運緊密相關。新中國成立前後，他們能為建國貢獻力量，迎來了他們生命中的第一個春天；改革開放以後，迎來了他們生命中的第二個春天。部分達德校友有幸在改革開放的前沿地區如廣州、深圳、福建等地擔任要職，發揮他們的聰明才智，為國家做出重要貢獻。匡吉、王謙宇、鄭康明、吳平、林濱、張狄、張其華、林東海、張琮等校友

1992 年 1 月 21 日，達德校友王謙宇（前右一）陪同鄧小平在深圳遊覽錦繡中華微縮景區。

的經歷很有代表性。一些身處其他地區的達德校友如李任天、蔡國棟、何銘思等，也有了報效國家的大好機遇。

匡吉

匡吉（在達德期間用名周智明）原為達德法政系學生。1983 年，匡吉出任廣東省副省長，當時正值中國社會發生重大變革的歷史時期。中央［1979］50 號檔宣佈廣東、福建作為改革開放的試驗區，先行一步。匡吉上任後認為，廣東要實現鄧小平的指示，在市場經濟方面先行一步，要繁榮經濟，關鍵的關鍵是做好基礎設施，因此他把百分之百的精力放在礎設施上。

廣東是水網地區，珠江三角洲二十多個縣市被河川分割。從廣州到深圳要過江四次，到湛江要六次，到番禺也要三次，用汽車渡

輪。匡吉提出用「以橋代渡」的辦法解決問題，提高生產力。用了十年時間，在珠三角修建 177 座橋樑，延長米 78 公里。所有汽車渡輪全部賣給了外省。

發展經濟，交通、能源是先行官。當時廣東能源緊張，1982 年底電力裝機容量僅有三百五十多萬千瓦，難以支撐經濟的發展。匡吉決定採取「兩條腿走路」的辦法，一方面早動手做長期規劃，分批次建設大型火電、核電及水電廠；一方面採取短平快措施，動員各地先搞建設週期短的柴油機發電廠。1980 年代廣東柴油機發電廠的裝機容量超過一千萬千瓦。

匡吉冒着很大風險，耗資人民幣二百多億元，在東莞沙角修建了中國最大的火力發電基地，有 A、B、C 三個廠，總共裝機容量 390 萬千瓦。他一個月去一次現場開協調會議，涉及問題很多，但最重要的是缺乏資金。A 廠原是列入國家計劃，1983 年，當年國家計劃撥款 3,000 萬元。由於廣東從 1983 年起對中央實行財政包乾，財政部撤回投資。匡吉就把深圳、珠海、中山、惠州、東莞的領導找來，讓他們出錢，將來按出錢多少分電，用「買青苗」的辦法解決了資金問題。B 廠及 C 廠則採用在西方國家廣泛使用，但在計劃經濟時代從未聽說過的 BOT 模式，[31] 由香港企業家胡應湘投資，即外商投資建廠，合同定死電價，定明買多少電，規定年限（二十年）由外商經營，期滿後交回中方。

對於即時運輸和短途運輸，高速公路有絕對優勢。廣東要率先實現現代化，高速公路就要優先發展。匡吉親自制定了規劃，用二十年時間，興建十三條共三千多公里、覆蓋全省二十一個市的高速公路網。他為廣深高速公路的修建付出了大量心血。修建廣深高速公路是香港企業家胡應湘提出，並與廣東省領導習仲勳、劉田夫簽訂了意向書。後因領導層有不同意見，被擱置下來。匡吉上任後，和胡應湘一起大力推動修築高速公路。他和胡一起先去德國、

後去美國考察，幾乎跑遍了兩國的高速公路。回來後，在他的推動下，簽訂了合作修築廣深高速公路的合同。修路資金，廣東沒有出一分錢。合和股東貸款 4 億美元，國際銀團貸款 8 億美元。匡吉出任廣深高速公路修築總指揮，親自處理徵地、拆遷等問題，每個釘子戶，每筆大的賠償，他都要到現場處理。拆遷補償必須用人民幣支付，那時對外匯管制很嚴，問題遲遲不能解決，他就去找趙紫陽把問題解決了。線路選定後，他和胡應湘一起，爬山越嶺，分幾次把全線走了一遍。有幾次在途中只是吃個饅頭充饑。廣深高速公路終於修建成功，極大地改善了香港與廣東之間的交通狀況。

此外，匡吉還參與領導修建衡（陽）廣（州）鐵路複線，主持修建三茂鐵路和廣梅汕鐵路，領導組建廣東省移動通訊公司，還主持制定了韶鋼和廣鋼、惠州大亞灣石化基地、茂名乙烯廠等大型企業的發展規劃。

匡吉在擔任副省長期間，思想開放，敢作敢為，這與他在達德的經歷有關。他說：「這與我在達德受的教育有關係，思想比較開放，不固步自封，甚麼都要經過思考。」[32]

王謙宇

在中央黨校任教的王謙宇校友，於中共七屆三中全會以後，在全國報刊雜誌或內部發表論文三十餘篇，在撥亂反正和實行改革開放政策中起過積極作用。例如，他在《關於社會主義國家的特區建設問題》的論文中，論述了社會主義國家特區的性質和意義，提出建設特區的理論根據，即採用國家資本主義形式，利用資本主義來建設社會主義。他還提出了加快特區建設的幾點意見：解放思想，統一對社會主義國家特區建設的認識。堅定不移地實行特殊政策和靈活措施。做好全面的、科學的特區建設規劃。建立完善的特區管理體制，提高管理水準。中共中央總書記胡耀邦兩次對該文做出批

示。1981 年 5 月 25 日，他寫道：「這個材料對中央同志從理論上、方法上思考問題很有幫助。」同年 5 月 29 日，他又寫道：「此文材料豐富，觀點也可取，建議送小平、陳雲、先念、紫陽，書記處書記及有關副總理一閱。」讀了《關於社會主義國家的特區建設問題》等兩個材料後，福建省委書記項南於同年 6 月 2 日寫信說：「材料，我一口氣讀完了。對於有各種各樣議論的特區，特別需要在理論上和實踐上加以探討，加以試驗，可以不誇張地說，兩份材料比投資還更重要。」「你們在那裏吶喊，對新生事物的成長將會起到極大的促進作用。」[33]

王謙宇不僅在理論上為經濟特區吶喊，還身體力行參加特區建設。1985 年，他被調往深圳特區華僑城建設指揮部、華僑城經濟發展總公司任黨組書記、指揮部副主任、總公司副總經理，及香港中國旅行社集團董事副總經理。在制定華僑城規劃，設計華僑城管理體制機構，解決華僑城土地問題等工作中，他以卒子過河的精神拼命工作。經過他和同事們多年的辛勤努力，一個原來地圖上沒有的華僑城屹立在特區的土地上，過去的荒灘野嶺變成一個富有特色、稱譽中外的新城區。

鄭康明

1947 年秋，鄭康明到達德學院商經系讀書。1949 至 1959 年間，他先後在廣州市人民銀行擔任辦事處主任、營業部主任、副行長，分管業務。1959 年，鄭康明參加籌辦廣州市對外貿易局，並成為第一任副局長。每年兩次廣州交易會，他都擔任廣東省交易團副團長。

1981 年 10 月，廣東省開始在香港籌辦粵海公司，這是廣東省政府派駐海外的獨資窗口公司，資金 200 萬美元，做代理出口、委託進口的工作。1982 年 2 月，鄭康明參加籌辦工作，出任副總經理。

1948 年，達德學院商經系第一屆畢業生及教職員合影。

達德校友鄭康明（前右）擔任粵海集團董事長期間，帶領部下考察香港貨櫃碼頭。

1985 年，鄭康明出任粵海集團董事長。上任之初，省長葉選平對他說：「我給你尚方寶劍。按照香港的辦事規則辦事，不要樣樣請示，按期彙報就可以了。」在省政府的大力支持下，鄭康明積極大膽地拓展粵海的業務。他上任後最重要的工作就是搞實業，不當皮包公司。他認為，在香港這樣一個競爭激烈的社會，沒有自己的實業，難以立足。他提出四個「一」的思路，並認真實踐：一、在香港要有一批實業；二、在國外要有一批開展業務的據點；三、在國內要有一批貨源基地；四、在公司要有一支精幹的隊伍。

鄭康明擔任董事長期間，可以說是粵海集團最興旺的時期，業務蒸蒸日上。1990 年，粵海投資公司在香港上市。1992 年，鄭康明離任時，省政府派出秘書長邸長雲帶領調查組按照慣例進行離職審計。審計報告說：「香港粵海集團成立於 1980 年。十一年來，各項主要業務經營成果顯著，並且已向實業化、多元化、國際化邁出可喜的一步，為我省經濟建設和香港的繁榮穩定作出了貢獻。」「粵海以 200 萬美元起家，經過十一年的經營，至 1991 年 12 月 31 日，集團總資產為 133.15 億港元，總負債 105.10 億港元，淨資產 28.05 億港元，加上所屬公司的盈利 3.68 億港元，集團資產淨值逾 31 億港元。」[34] 審計報告是對粵海的發展和鄭康明的工作的充分肯定。

結語：達德校舍成為法定古蹟

達德學院關閉後，倫敦傳道會（即今世界傳道會）購下校舍。1961 年，倫敦傳道會把業權轉予中華基督教會香港區會，教會為了紀念第一位在中國傳教的新教傳教士馬禮遜，將校舍主樓命名為「馬禮遜樓」。1960 年代中期，馬禮遜樓才成為退修用的何福堂會所。何福堂是香港第一位華人牧師。

　　2003 年 3 月，中華基督教會向屋宇署申請拆卸何福堂會所和其他建築物。在建築事務監督考慮這項申請期間，民政事務局長何志平徵詢了古物諮詢委員的意見，大家都認為馬禮遜樓最具文物價值，值得保留。屯門區議會亦關注拆卸計劃，並召開會議討論，結果一致表示支持保存馬禮遜樓。[35] 一個月後，民政事務局長決定根據《古物及古蹟條例》，宣佈馬禮遜樓列為暫定古蹟，為期一年。[36] 同時，政府有關部門繼續與中華基督教會磋商保留馬禮遜樓的安排，可惜始終無法達成共識。為了保護這個在近代中國歷史中扮演獨特角色的校園，民政事務局長於 2004 年 3 月根據《古物及古蹟條例》，正式刊憲宣佈「稱為馬禮遜樓的建築物及其鄰接土地為歷史建築物」。達德學院的主樓自此成為香港的法定古蹟，也是屯門的第一項法定古蹟，達德學院的歷史亦可以通過這座主樓的保護永遠保留下來。[37]

2016 年 9 月 28 日，「達德學院創辦七十周年紀念會」於嶺南大學舉行。
達德校友（前排左起）：郭宏隆、曹直、吳佩珩、王謙宇、林濱、何銘思、鄭康明、黃經城。

本文圖片提供：劉蜀永

注 釋

1　〈本院創辦經過及現況〉，《香港達德學院概況》（香港：香港達德學院，1947），頁 5。

2　余繩武、劉蜀永主編：《20 世紀的香港》（香港：麒麟書業，1995），頁 165–166。

3　連貫：〈關於創辦達德學院的一些回憶〉，載《達德學院建校四十周年紀念專刊》（香港：香港達德學院，1986），頁 5–6。

4　楊伯愷：〈達德學院創辦經過〉，《達德青年》，創刊號（1947），頁 5–6。

5　〈本院創辦經過及現況〉，頁 5。

6　蔡廷鍇對其孫子說：「1935 年你祖母在香港新界青山購建一幢房子，我即定名為『芳園』。」見蔡醒民：〈懷念我的祖父蔡廷鍇〉，載廣東省政協文史資料研究委員會、廣東省肇慶市政協文史資料委員會、廣東省羅定縣政協文史資料委員會合編：《一代名將蔡廷鍇》（廣州：廣東人民出版社，1992），頁 184。

7　〈葛量洪致瓊斯絕密信函〉，1949 年 4 月 2 日，FO 371/75780，英國外交部檔。

8　盧瑋鑾：〈達德學院的歷史及其影響〉，《香港文學》，第 33 期（1987），頁 32–33。

9　〈香港政府突然下令　取消達德學院註冊〉，《華商報》，1949 年 2 月 24 日，轉引自《達德歲月》編委會編：《達德歲月：香港達德學院紀念集》（廣州：中山大學出版社，2004），頁 41。

10　〈葛量洪致瓊斯絕密信函〉。

11　編委會編：《達德歲月》，頁 42。

12　〈葛量洪致瓊斯絕密信函〉。

13　盧瑋鑾：〈達德學院的歷史及其影響〉，頁 33。

14　〈本院創辦經過及現況〉，頁 6。

15　〈達德學院組織大綱〉，《香港達德學院概況》，頁 11。

16　陳其瑗：〈新歲新努力〉，《達德青年》，第 5 期（1949），頁 6–7。

17　〈本院創辦經過及現況〉，頁 7。

18　同上。

19　梁木：〈具有鮮明時代特色的新型高等學府 —— 達德學院的歷史作用及其辦學特色〉，載達德學院校友會編：《達德學院建校五十周年紀念文集》（廣州：廣東人民出版社，1996），頁 83。

20　黃素心：〈戰鬥的一生 —— 緬懷黃藥眠老師〉、郭速之：〈懷念黃藥眠老師〉，載達德學院校友會編：《達德學院建校五十周年紀念文集》，頁 181、187。

21　劉樂揚：〈達德學院的校風和學風〉，載達德學院校友會編：《達德學院建校五十周年紀

念文集》，頁 89–90。

22　〈達德學院紀事〉，載達德學院校友會編：《達德學院建校五十周年紀念文集》，頁 13；
　　謝一鋒〈民主辦學的創舉 —— 記董教學聯席會議和院務委員會〉，載達德學院校友會
　　編：《達德學院建校五十周年紀念文集》，頁 92。

23　謝一鋒〈民主辦學的創舉 —— 記董教學聯席會議和院務委員會〉，頁 93。

24　劉樂揚：〈達德學院的校風與學風〉，載達德學院校友會編：《達德學院紀念特刊》（香港：
　　達德學院校友會，1985），頁 44。

25　見《達德歲月》編委會編：《達德歲月》，頁 114–121。

26　張壽頤：〈達德學院培養人才的實踐和成果〉，載達德學院校友會編：《達德學院建校
　　五十周年紀念文集》，頁 104。

27　趙元浩：〈達德學院被封後部分同學在建中學院財經專業培訓情況〉，載達德學院校友會
　　編：《達德學院建校五十周年紀念文集》，頁 362–364。曾桂蟬：〈從達德到建中 —— 以
　　身許國〉，嶺南大學香港與華南歷史研究部藏品。

28　振勳：〈達德學院北上的僑生〉，載達德學院校友會編：《達德學院建校五十周年紀念文
　　集》，頁 376–377。

29　主要根據張琮：〈兩點補充〉，嶺南大學香港與華南歷史研究部藏品。

30　《達德歲月》編委會編：《達德歲月》，頁 113。

31　BOT 是英文「Build-Operate-Transfer」的簡稱，即「建設—經營—移交」。

32　《匡吉訪談錄》，2006 年 5 月 20 日、5 月 30 日。《匡吉自述》，2006 年 6 月 5 日。

33　摘編自王謙宇：《在地獄的入口處》（香港：大道出版社，2002）。

34　《鄭康明訪談錄》，2006 年 7 月 10 日。

35　〈有關保存達德學院歷史建築物的事宜〉，屯門區議會第二十一次會議，2003 年 3 月 20
　　日。

36　〈何福堂會所馬禮遜樓宣布為暫定古蹟〉，《香港政府新聞公報》，2003 年 4 月 11 日。

37　〈政府將宣布馬禮遜樓為古蹟〉，《香港政府新聞公報》，2004 年 3 月 18 日。

煥發新枝：
榮氏企業在香港

黃紹倫

前言

　　青山公路 13 咪半是深井村所在地。深井近年以燒鵝聞名，但在 1950 年代以後的一段時期，曾經是香港的工業重鎮：它擁有啤酒廠、麵包廠、化工廠，以及棉紡紗廠。紗廠名叫九龍紡織工業有限公司，在 1948 年成立，規模甚大，僱用過千工人。為了方便工人上班，紗廠設有單身員工宿舍和眷屬宿舍。紗廠全日二十四小時運作，初期採取兩更制，後來改為三更制。紗廠為工人提供膳食，改為三更制後，膳食加入了附近生產的嘉頓麵包，是早期的快餐。到了 1980 年代，香港工業北移，九龍紗廠廠房改建為住宅樓宇「麗都花園」，單身員工宿舍亦重建成為「海韻花園」，只留下眷屬宿舍沒有拆卸。眷屬宿舍後來歸還政府，翻新成為「光房」，給予社會企業「要有光」經營，租給有迫切需要的家庭入住，成為九龍紗廠遺留下來的具體標記。九龍紗廠的創辦人叫李國偉，他是榮德生的女婿，所以九龍紗廠可算是榮氏企業移植到香港的分支。[1]

九龍紡織工業有限公司 1950 年代的印刷廣告。廣告下方所繪畫的是位於「青山公路十三咪半」的九龍紗廠，其廠房面積約三十餘萬平方呎，於 1949 年開始運作。廣告上方左、右兩幅圖像，分別是其公司商標「順風牌（Yacht）」及「駝鳥牌（Ostrich）」。

圖片來源：*Directory of Commerce, Industry and Finance* (1955)

　　無錫榮家是中國民族資本家的首戶，由兩兄弟聯手創業，他們是榮宗敬（1873-1938）和榮德生（1875-1952）。在二次大戰前，他們在國內建立起傲視同群的民營企業，被傳媒尊稱為「麵粉大王」及「紡織大王」。作為「麵粉大王」，他們創辦了茂新系粉廠四間、

福新系粉廠八間，在 1947 年的總生產量佔全國麵粉產量的 25%。而作為「紡織大王」，他們開設了申新系紗廠九間，在同年的總生產量佔全國棉紗產量的 15%。榮氏企業規模龐大，但經營手法卻有別於西方流行的現代企業模式。榮氏兄弟堅持所有企業皆以無限公司形式擁有，決策權力高度集中，可說是家長式管治。在高層人事方面，則倚重血緣和地緣關係，任用的大多是家族成員或同鄉夥伴。[2]

1938 年，榮氏企業遭到重大打擊，失去領軍舵手。在那一年，日軍攻佔上海，榮宗敬逃往香港避難，身心飽受外憂內患煎熬，突然病逝於養和醫院，終年 64 歲。[3]巨星隕落香江，遺體運回上海，後來在無錫安葬。榮宗敬死後，榮氏企業統一不再，在八年抗戰之後，分成三支系統。大房一支，由榮宗敬長子榮鴻元代表總公司；二房一支，由榮德生代表申新二、三、五廠；德生女婿一支，由李國偉代表申新四廠及福新五廠。[4]李國偉是工程師出身，抗戰時力主搬廠內遷，獲得成功，振興了榮氏企業，故此能夠別樹一幟。

1947 年，國共內戰激烈，中共勝利在望，民營工業開始南遷，內地資金大量流向華南以及香港。那一年，在香港開設的工廠有 365 家，其中兩成左右為內地資金創辦。到了 1948 年 1 至 4 月期間，香港新登記的工廠有 144 家，其中約六成為內地資金擁有。所以在一年半之內，內地南逃到香港的工廠達到 150 家以上，資金總額約為二億五千萬港幣。[5]

一、面對去或留、徬徨怎決定？

在國共相爭的成敗關頭，萬千家庭面臨去或留的艱難決定。不少家庭兵分數路，倉皇四散，榮家的各個分支亦不例外。但匆匆外逃，危機四伏，不幸的連性命也賠上。1948 年 12 月 21 日，香港

離島火石洲發生空難，一架中國航空公司「空中霸王」客機由上海飛往香港，在濃霧中墜下火石洲，全機三十三人罹難，包括榮德生的三子榮一心。榮一心畢業於美國紡織名校羅威爾大學（Lowell University），抗戰勝利後致力復興申新三廠，到了 1948 年，他父親說他為了「擴充海外業務，曾去粵、港、台灣等地察看銷場」。榮德生堅持留守在上海和無錫，不往外遷移，「詎竟不聽余命，妄擬向海外擴展」，[6] 終於繼他伯父榮宗敬之後，隕落香江。至今，在無人居住的火石洲上，仍然豎有刻着「榮一心先生罹難紀念」的圓形石柱。[7]

　　1949 年 3 月 25 日早上，港督葛量洪在港督府接見在港設廠的紗廠老闆和代表。出席的紗廠代表之中，榮氏企業佔了四家。它們分別是大元紡織，由榮鴻元及榮鴻三代表；南洋紗廠，由榮鴻慶代表；偉倫紡織，由朱成信代表；以及九龍紡織，由李忠樞、李枬和吳英蕃代表。[8] 以下對這四家落戶香港的榮氏企業作簡單介紹。

大元紡織

　　1948 年，榮家大房長子榮鴻元在上海被捕。那時候，國民政府蔣經國到了上海「打老虎」，整頓經濟，重擊「老虎」之一便是榮鴻元，其罪名是私套外匯，囤積居奇。榮家大房多方奔走，據說付了美金 50 萬元的疏通費用，換取了緩刑釋放的裁決。榮鴻元獲釋不久，便離滬赴港，同年和他的二弟榮鴻三在香港成立大元紡織，他自己為大股東。大元紡織在港營運不佳，因為設備主要是從上海運來的舊紗錠，很快便疲態畢露。加以榮鴻元採取「狡兔三窟」的避險策略，在上海拆卸舊紗錠後，部分運去台灣，其餘的才轉到香港，所以大元紡織在啟動時，只有大約 8,000 紗錠，規模比其他三家落戶香港的榮氏企業為小。榮鴻元到了香港後，猶豫未決，仍然打算遠走他方，終於在 1950 年代中期，轉往巴西設廠，移民南美。他的二弟榮鴻三初時亦跟隨去了巴西，後來兄弟分途，榮鴻三轉往美

國從商，和他們的母親同住。大元紡織在香港維持了一段時候，生意未見起色，首先把部分設備出售給華僑紗廠，合作經營，最後在1974年正式結束營業。[9]

南洋紗廠

1947年，榮鴻元的三弟榮鴻慶比他的兄長先到香港來，和他的姊夫王雲程攜手創辦南洋紗廠。榮鴻慶是大房榮宗敬的幼子，年紀上和兩位兄長有一段距離。他在1946年畢業於上海滬江大學商學院，因戰亂關係，未能出國深造，畢業後在上海申新六廠和申新一廠工作，第二年即到香港籌建新廠，那時榮鴻慶只有24歲，和他同往香港創辦新廠的是姊夫王雲程。王雲程原為申一紗廠廠長，他是榮家拍檔王堯臣之子，在1928年18歲的時候，得到榮家資助，前往美國羅威爾大學專修紡織，和榮家二房的榮一心及榮德生女婿唐熊源一起留學。王雲程畢業後回到上海，21歲便出任申新一廠廠長，年紀輕輕，翌年更迎娶榮宗敬三小姐為妻。[10]

南洋紗廠的一個特點，是董事會主席職位不由榮家成員擔當，

榮鴻慶
圖片來源：《香港棉紡業二十五年紀念冊》（香港：香港棉紡業同業公會，1973）

而是長期由猶太裔英商羅蘭士・嘉道理爵士出任。早在二次大戰之前，嘉道理在上海便和榮家結交，關係相當密切，王雲程初到香港建廠時，兒子便是寄居於嘉道理家中。嘉道理家族擁有香港的電廠中華電力，而紗廠是用電的大戶，電廠和紗廠互相倚賴，故此王雲程亦同時出任中華電力的董事。嘉道理在戰後得到香港政府重視，獲委任為行政及立法兩局議員。他的政治地位以及英商身份，能夠為南洋紗廠提供有效的保護傘。[11]

　　1953 年 7 月 20 日，港督葛量洪前往南洋紗廠巡視，嘉道理、王雲程、榮鴻慶以及紗廠其他董事空群而出，陪伴貴賓。《南華早報》報道這次巡視時，描述南洋紗廠為「世界上最現代化廠房之一」。[12] 不久之後，南洋紗廠在香港股票市場上市，業務蒸蒸日上。到了 1970 年代，牛仔服裝開始在美國流行，逐漸成為世界潮流，王雲程早着先機，親自赴美研究牛仔布的生產技術，並進行市場調查，回港後在 1978 年開始生產「金山牌」牛仔布，銷售大旺，逐漸成為南洋紗廠的主打產品，暢銷世界，歷二十多年而不衰。到了 1990 年代，香港經營成本上漲，王雲程與榮鴻慶決定結束南洋紗廠生意，把龐大廠房改建為二十九層高的商業大廈，即今日位於觀塘的南洋廣場。[13]

偉倫紡織

　　偉倫紡織在 1947 年成立，由吳昆生和陸佐霖創辦。他們二人皆為榮家的長期拍檔，各自代表申新九廠和中華一廠。在香港註冊成立時，董事及股東名冊內均包括榮家大房及二房成員，但在營運上主要由吳家及陸家輪流主事，榮家成員沒有直接參與。[14] 吳昆生的兒子吳中一是紡織業專才，1936 年從英國波爾頓（Bolton）專科大學紡織系畢業，回國後加入申新九廠工作。中共佔領上海前，隨父親吳昆生到港；1949 年 8 月，響應榮家二房榮毅仁的號召，返回上海，並說服香港資方匯回 300 萬港元，投入申新九廠，恢復生產。[15]

吳中一雖然離港回滬，但吳昆生和陸佐霖在香港籌建新廠的工作，並沒有鬆懈下來。他們一鼓作氣，把偉倫紡織辦得有聲有色。1954 年 9 月，英國工黨代表團抵港訪問，行程之一便是參觀偉倫紡織的廠房。代表團的成員包括英國北部地區紡織貿易聯會的主席，他在參觀之後說：「這廠達到最佳的現代標準。」[16]

1972 年 12 月，吳中一獲准離開上海，前往香港探親。其後父親吳昆生去世，他接任偉倫紡織主席及董事長的職位，在香港住下來。他在上海經歷了文化大革命的煎熬，回到香港後，重遇舊愛，即著名電影明星李麗華。吳中一再度展開追求，成為李麗華第三任丈夫，兩人白頭到老。[17]

九龍紡織

九龍紡織在 1948 年由李國偉和李冀曜創辦。李國偉又名李忠樞，而李冀曜又名李栱，兩人是堂兄弟，亦同是榮德生的女婿，李國偉娶榮德生大小姐，李冀曜則娶四小姐。他們兩人代表申新四廠在香港深井投資開設新的紗廠，榮家二房的榮爾仁、榮溥仁皆為董事。李國偉這樣敘述設廠的經過：

> 1947 年底，李冀曜由申來漢，向我陳述英商信昌洋行總經理高默思對我申四可以借款，惟對上海、漢口兩地不願貸款，如在香港設廠，則購地造屋等均可借款。他說曾向榮爾仁和榮溥仁詢問，同意進行，並由榮爾仁負責取得榮德生先生的同意……當時與高默思約明：將已付機器定金十二萬餘鎊及新廠建成後的全部資產作抵借款。該廠建設共費港幣一千二百九十二萬餘元，我申四投資連前述紗機定金十二萬餘鎊在內，共港幣三百八十萬元……約當全數百分之二十九，餘均出於抵借之款……
>
> 該廠以股份有限公司組織在香港英國當局註冊，首次註冊在

1948 年 3 月中，註冊投額為港幣三百萬元。那時僅我和李冀曜在港，我兩人商量：如以申新四廠名義向港當局註冊則有許多不便，故決定重定公司名稱為九龍紡織工業公司。但新公司不能以「記」及「代表」向港地註冊……我決定用申四副經理、廠長、秘書主任、會計主任及總出納的別名作為股東，再以申記四記由我和李冀曜代表兩戶。又根據當時的錯誤思想，認為可以便利營運，向高默思商定，假託其名義為大股東之一，而彼方實未投資。為免將來糾紛，雙方交換了一個文件，存在九龍廠，而我與李冀曜為重要主持人，故假定股額最大。[18]

1949 年新中國成立，隨即向李國偉招手，武漢的中南區統戰部派孟起處長赴港，動員李國偉回國發展。李國偉同意回去看看，在當年 12 月乘船前往東北、天津、唐山和北京觀光，1950 年元旦在北京受到新中國領導人董必武及陳雲接見。他決定把申四總管理處從

李冀曜（又名李栿）
圖片來源：《香港棉紡業二十五年紀念冊》（香港：香港棉紡業同業公會，1973）

李啟文（又名李棐）
圖片來源：《香港棉紡業二十五年紀念冊》（香港：香港棉紡業同業公會，1973）

香港移回漢口，他自己則在漢口恢復原職，並卸去香港九龍紡織的董事長職位。李國偉在 1978 年病逝北京，安葬在八寶山革命公墓。李國偉回國後，九龍紡織由李冀曜及申新四廠原廠長李啟文（又名李棐）主持業務，一直經營至 1997 年結業，股本及盈餘發還給股東。[19]

榮氏企業、名實相符？

若說上述四家落戶香港的棉紡工廠均屬「榮氏企業」，是否準確呢？它們在創辦初期，的確和榮宗敬、榮德生兄弟建立起來的企業集團有着千絲萬縷的關係；而移植到香港之後，它們各自發展，成為相對獨立的個體，但仍舊互有牽連。即以偉倫紡織為例，它在運作上是由吳家及陸家成員交替領頭，輪流擔當主席及總經理職位，榮家成員並沒有直接參與，但榮鴻慶與他的兒子榮智權均長期名列偉倫紡織的董事局。[20] 而這幾間紗廠之間，後來亦添加了姻親關係，例如南洋紗廠王雲程的兒子便娶了偉倫紡織吳昆生的女兒為妻。但姻親之間，不一定是和洽互助的。王雲程初時反對這門婚事，因為他和吳昆生在業務上交惡。王雲程與吳昆生移居香港後，同時前往台灣，以榮家申新系的資源開設新的紗廠。他們在紗廠的「公共股份」誰屬的問題上起了紛爭，相持不下，吳昆生動員台灣警備司令部宣佈，不許王雲程離境，雖然行動並不見效，但兩人交情卻因此一刀兩斷。而兩人的兒女在美國相識，戀愛期間對這段上代恩仇，並不知情。[21]

榮氏企業在戰前上海享負盛名，幾乎無人不知，但落戶香港的四間分支卻名聲不顯，坊間亦鮮有提及它們和榮家的血脈淵源。原因之一，可能是受到榮毅仁在內地風頭甚勁的影響。解放後，榮毅仁跟隨他父親榮德生留在上海。作為榮家留守在新中國的「少壯派」資本家，他受到中共領導人的重視，以及國際傳媒的注目。但韓戰後，美國對中共實施禁運及凍結海外資產，移植於香港的榮氏企

業，雖然在股東名冊上沒有把榮毅仁完全除名，但懼怕樹大招風，步步為營是在所難免的。況且在解放前，榮德生被綁架，付出大量贖金才獲得釋放，接着榮鴻元被捕，動用了不少疏通費用。種種警號，都促使落戶香港的榮氏企業，小心謹慎，盡量低調經營。

二、東風夜放花千樹

　　1978 年，鄧小平復出，在內地推行改革開放政策，於是改革的東風吹到香港。同年，榮家二房傳人榮智健開始闖蕩香江。榮智健是榮毅仁的兒子，1942 年生於上海，解放後隨父親留在內地。他於 1965 年在天津大學畢業後，被分派到吉林長白山水電站實習，文革爆發時，受父親被批鬥所牽連，調往四川涼山襲嘴水電站當苦工，1972 年調回北京機電部電子研究所工作。到了 1978 年，他單身隻馬，南下香港。他那時 36 歲，在內地電力部門工作了十四年。到了香港後，他初期參與電子行業的開發和投資。1986 年，他加盟成立不久的香港中信公司，為他帶來事業上的突破。香港中信公司後來更名為中信集團（香港）有限公司，是他父親榮毅仁在北京決定成立的分公司。早在改革開放初期，榮毅仁得到鄧小平的點將和支持，在內地籌辦中國國際信託投資公司（中信集團），並出任董事長兼總經理。數年後，中信集團在香港成立分公司，榮智健加盟，出任分公司副董事長兼總經理。到了這時，榮氏二房的父子兵便正式聯手上陣，京港呼應，開展了一連串叱咤風雲的戰役，為榮智健贏得「商界拿破崙」的稱號。

　　榮智健採取收購合併的策略，長矛直指香港的龍頭企業，在短短十年間，過關斬將，戰績彪炳，令他主持的中信泰富資產節節上升，威震一時。他的戰績可以簡列在以下的龍虎榜上：

1987 年：收購國泰航空公司 12.5% 股份

1989 年：收購香港電訊公司 20% 股份

1990 年：收購港龍航空公司 38.3% 股份

1992 年：全面收購恒昌行股份

1997 年：持有中華電力公司 20% 股份

2004 年，榮智健登上福布斯大陸富豪榜榜首，達到他事業的高峰。[22] 但不久之後，他便遭遇滑鐵盧之役。2008 年，中信泰富向外宣佈在西澳鐵礦外匯投資上虧損 155 億港元，接着香港證監會對中信泰富展開調查，而母公司中信集團則向中信泰富注資 15 億美元，幫助其子公司渡過難關。翌年，榮智健辭任中信泰富主席職位，並接受香港有關機構長達八年的調查。到了 2017 年，香港政府市場審裁處裁定：榮智健沒有從事市場失當行為。[23]

成敗論英雄

內地改革開放的東風，把榮智健送到香港的經濟舞台上來。舞台場景一變，換成香港前途談判的緊張佈景，四處戰鼓隆隆。榮智健在台上大展身手，演出一幕接一幕的六國大封相，過五關、斬六將，每次勝利，都有煙花賀慶，火樹銀花，燦爛奪目。但好景不常，榮智健終於馬失前蹄，黯然而退。這個翻雲覆雨的榮智健現象，應該如何解讀呢？

鄧小平在 1978 年點將，把榮毅仁父子召到改革陣前，這決定是經過高層醞釀，得到其他元老支持的。葉劍英大力推薦重用榮家來打開局面，他曾經向身邊人員這樣解釋：「你說要開放，要引進外國資金，你共產黨，人家不一定相信你，⋯⋯ 榮毅仁在國際上有知名度，家族中又有很多人在國外，⋯⋯ 利用榮氏家族的優勢，⋯⋯ 榮毅仁的這個優勢，別人替代不了，共產黨員替代不了⋯⋯」[24]

初抵香港的時候，榮智健得到二房親戚的幫助，特別是他的堂

兄弟榮智鑫，協助他站穩陣腳。但他急於求成，因為受到文革衝擊，歲月蹉跎，已經過了而立之年，不能再去進修深造。背負盛名之下，他只能一往無前，借助家族和國家匯合的力量，企圖闖出名堂。在闖蕩江湖之際，他緊記先輩的庭訓：要牢牢掌握話事權。在這方面，他們父子倆皆忠實履行。榮毅仁在北京開展中信集團旗幟之前，首先取得鄧小平授予的尚方寶劍：「由你全權負責處理……包括用人權。」而榮智健加盟中信（香港）的時候，亦向他在北京的父親開出相同條件：「決定用人制度、並賦予相當權力。」[25]

　　但中信集團是國營企業，歸國務院管理，這是陳雲批准其成立的條件。榮毅仁就是得鄧小平授予尚方寶劍，他如何能夠掌握大權呢？中信集團成立不久，榮毅仁便主動要求成立黨組織。但如果榮毅仁仍然是黨外人士，在制度上他便不能實際掌權。為了解決這個難題，榮毅仁在 1985 年加入中國共產黨，但這事在他生前不向外公開。[26] 在榮毅仁入黨之前，葉劍英推薦熊向暉為中信黨組書記兼副董事長，協助榮毅仁作為董事長的工作。熊向暉是中共情報工作「後三傑」之首，解放前長期潛伏在國軍胡宗南身邊，解放後任中央調查部副部長，剛退休便被葉劍英提名進入中信集團。根據為榮毅仁作傳的計泓賡記述：「熊向暉向我提供了一大包材料，其中有一本是他在中信的調查手記，記錄了很多人的談話。」[27]

　　在國營企業的框架下，榮毅仁父子遵從先輩庭訓，緊握用人的話事權。另一項他們奉行的先輩策略，便是在企業高層安放家人，倚靠血緣關係，在國營企業之內建立起一個家族企業的雛形核心。榮毅仁在香港剛開設中信集團分支，榮智健便響應加盟，形成京港呼應的父子兵。榮智健於香港把中信分支改組成為中信泰富，在出任主席之後，他的兒子榮明杰便於 1993 年加入，榮明杰那年只有 25 歲。不久，榮明杰便成為中信泰富執行董事。榮智健的女兒榮明方在 1995 年緊隨其兄長，參加中信泰富工作，那時芳齡 24 歲。十年

之後，她的職位是中信泰富高級經理及集團財務部之董事。[28]

　　榮毅仁代表的榮家二房，在香港和澳門都築建起豐厚的姻親網絡，為榮智健初抵香江的時候，提供助其冒起的彈床，亦為他後來的騰空飛躍，提供助其安心的安全網。這個姻親網絡的重要連結，包括保華建築的車家騏、澳門三大家族之一的馬萬祺，以及偉倫紡織的陸鍾漢。車家騏和馬萬祺在 1985 年出任北京中信集團的董事，陸鍾漢則為香港中信泰福的非執行董事。

　　車家騏的父親是車炳榮，浙江德清人，1946 年在上海創辦保華建築，曾經承建無錫申新三廠。1949 年，他把保華建築遷移到香港，成為香港建築界的著名企業，承建項目包括香港政府總部、希爾頓酒店、九龍海港城、香港海底隧道和香港會所新大樓等等。1956 年，他的兒子車家騏迎娶榮家大房榮鴻元的女兒為妻，車家和榮家成為姻親。其後，兩家親上加親，榮家二房的榮智鑫和車炳榮女兒結為夫婦。1959 年，車炳榮支持他的女婿榮智鑫成立美聯煙草有限公司，美聯後來成為香港三大煙草公司之一。1978 年，榮智健到港初期，便是和榮智鑫兩兄弟合作成立電子公司，開始站穩陣腳的。[29]

　　馬萬祺，生於廣東南海，是澳門著名愛國商人，在解放後和葉劍英建立起深厚的友誼。他把兩個兒子都送到內地讀書，文革期間，葉劍英把馬家兄弟接到家中居住。1973 年，馬萬祺的二兒子經人介紹，認識了榮毅仁的女兒，墮入愛河，但這時文革仍未結束，榮毅仁對女兒可能嫁到境外澳門去，心存疑慮。後來這項婚事得到廖承志、葉劍英及周恩來的支持，馬榮二家才在同年結為秦晉之好。[30]

　　陸鍾漢是偉倫紗廠創辦人陸菊森（編按：陸佐霖之子）的兒子，陸菊森和吳昆生合作創立偉倫紗廠，陸吳二家輪流擔任偉倫紗廠的領軍人，所以在吳中一退休之後，陸鍾漢便接任成為偉倫紗廠的董

事總經理。他在 1994 年開始成為中信泰富的非執行董事，同時亦是富聯美國運通旅遊有限公司主席、中電控股以及香港上海滙豐銀行之董事。陸鍾漢的妻子是方寧生，香港前政務司司長陳方安生的胞妹，所以陸鍾漢在香港的商界和政界，均有深厚的人脈。[31]

榮智健在香港具備豐厚的姻親網絡，可資運用，但他的實業經驗薄弱，成為他在商場馳騁的致命傷。1990 年在全面收購恒昌行後，他興致勃勃拉隊前往歐美及日本巡迴推廣中信泰富。但外界反應不如理想，日本商界人士更是一針見血的指出：「他本人沒有自己經營的生意，不可以作為長綫投資對象。」[32]

三、眾裏尋他千百度

當二房傳人榮智健在香港經濟舞台中央翻雲覆雨的時候，大房傳人榮鴻慶卻罕見蹤影，甚少在傳媒面前公開露面，可說是大隱於市。在 1980 年代，香港《南華早報》報道南洋紗廠動向時，幾次都説南洋紗廠是「嘉道理家族控制」的企業，不説它是「榮家企業」。[33] 1990 年，榮鴻慶在闊別上海四十三年之後，首次重回他的出生地。這次回滬之旅，他先到北京拜會堂兄榮毅仁，了解政策，然後去到上海，和當地紡織業領導人會面。兩年後，他決定把南洋紗廠的機器運回上海，和上海國棉 22 廠合作，成立申南紗廠，榮鴻慶為大股東，出任董事長。榮鴻慶感觸良深，説：「命運好像跟我開了一個大玩笑，上海的國棉二十二廠，就是當年父親被收歸國有的申新九廠。時光流轉，原來父親的事業現在卻成了我的事業的合資夥伴。」[34]

申南紗廠，就是申新加上南洋，榮家企業正式在上海重生。「每次到了上海，我都會到申南紗廠的廠房走一圈，去看看廠房，也看

看員工……紡織機器震耳欲聾的聲音，對我來說是再熟悉不過，在廠房裏，我每次總要上上下下走遍每一個角落，呼吸當中也感到棉絮在飄浮……」[35]榮鴻慶不禁想起他父親，因為父親老來得子，兩父子年齡相差 50 歲。在他年少時，父親總是牽着他的小手，在上海各大紗廠巡視，常常對他說：「多利用時間巡訪工廠，遠勝於看幾場電影。」[36]申南紗廠取得成功，第一年便獲利，生產「金山牌」牛仔布，全部出口，賺取外匯。申南着意更新機器，加上已有一套成熟的管理機制，生產成本遠較香港為低。在上海營運成功後，先在蘇州開設分廠，然後於 2005 年遷往太倉，繼續經營，持續獲利。[37]

榮鴻慶與上海商業儲蓄銀行

榮鴻慶的事業長期以來，都是多元發展，行業上不限於紡織，地域上也不限於香港。他在台灣經營的銀行業務，便顯示出他具備「放長線、釣大魚」的眼光和本領。他涉足銀行業務的緣由，可追溯至榮家和上海商業銀行的悠久關係。1915 年，陳光甫在上海創辦一間「小小銀行」，以民營方式支持中小企業發展。1921 年，榮宗敬和榮德生兩兄弟已經成為上海商業銀行的最大股東。[38]這不足為奇，因為榮氏兄弟是在上海錢莊當學徒出身，初出茅廬時也是經營錢莊生意。

1949 年，上海銀行的董事包括榮家大房的榮鴻元和二房的榮爾仁。時局動盪，陳光甫南下，在香港另外註冊成立上海銀行分行。另一方面，上海銀行嘗試在台灣復業，但遭到重重困難。1954 年，陳光甫在台召開上海銀行股東大會，但只能成立管理處。1956 年，上銀申請解凍在美國的資產，需要台灣政府認證，但蔣介石不贊成。1957 年，上銀再度申請，蔣批示「不行」。1958 年，上銀答應蔣訂出的三項條件，才獲得放行。1960 年，上銀申請復業，得到眾多高官支持，但蔣介石不贊成。1961 年，上銀再度申請，蔣依然不

同意。1964 年，上銀三度申請，蔣終於同意許可。[39]上銀在台復業的過程如此曲折，原因可能有幾個。首先，蔣介石曾經邀請陳光甫赴台出任要職，但陳光甫猶豫不前，令蔣介石覺得他「不忠誠」。其次，遷台後國民黨要牢牢控制金融命脈，故此蔣介石掌握最後把關的大權。結果是民營企業遭受融資困難的苦況，長期需要依靠高利貸來經營。到了 1965 年，上海銀行作為首家民營銀行，終於能夠在台復業，而榮鴻慶是董事之一。

上海銀行在台北復業的時候，資本額僅有新台幣 1,500 萬元。「此後，由於經營風格保守，業務擴張速度緩慢。使得叱咤風雲的上海商銀在金融界的角色與地位逐漸被人遺忘。」[40]這段緩慢發展時期維持了十八年，期間榮鴻慶作為董事，默默耕耘，不為外界所知。情況在 1983 年開始轉變，榮鴻慶當選為副董事長，「一改以往保守作風，廣設分行，大幅擴增營業據點，業務蒸蒸日上，並購置多處不動產作為行舍，其中尤以斥資購下原美琪大飯店，經改建後巍峨壯觀，以為總行新大樓一舉，令各界刮目相看。」[41]但上銀在發展上的大轉向，開始振翅高飛，仍然要多等待八年。榮鴻慶在 1991 年當選為董事長，掌握決策權，終於可以大展身手。從上銀在台灣復業開始，他一直靜待了二十六年。他出任董事長那年，上銀只有五家分行，資本額為 4.5 億新台幣。他掌舵五年後，即 1996 年，上銀已經擴展至四十四家分行，資本額達到 62.1 億新台幣。此後十年，上銀發展節節向上，2006 年的稅後盈利高達 115.8 億新台幣。[42]

上銀在榮鴻慶領導下，得到飛躍發展，在台灣金融界可說是傲視同群。它的成功要訣是甚麼呢？榮鴻慶眼光獨到，廣設分行，改善服務，同時穩健經營，避過濫發信用卡危機等等，這些當然重要。但歸根究底，最關鍵的要素還是時來運到，榮鴻慶準確的掌握了天時、地利與人和。1991 年，他登上台灣上銀董事長的寶座，每月需從香港飛往台北一星期處理銀行事務。同年，他亦要經常往返

上海，因為他正在密鑼緊鼓，籌建申南紗廠這個合作項目。他一定是忙得不可開交，只能夠盡量一眼關七，穿梭於兩岸之間，金融紡織業務一起推。他能夠活躍於兩岸，左右逢源，全憑當年的天時契機。中國大陸剛從幾年前的六四運動衝擊回過氣來，重拾改革開放動力，着意吸引外來投資。海峽這邊的台灣剛經歷了解嚴鬆綁，金融方面容許民營銀行競爭，工業方面則容許台商往彼岸投資。於是兩岸在經濟活動上開始解凍，一個春暖花開的時代降臨。在報道榮鴻慶接任上銀董事長這新聞時，台灣《聯合報》便敏銳地指出這個解凍天時的來臨：「不過隨着政治局勢演變，大陸和香港、以及大陸和台灣間關係變化，上海銀行在榮鴻慶接任董事長後，對與大陸有關的金融性服務不再保守不前。目前上海銀行以香港上海銀行為中介，進行兩岸間接通匯，就和榮鴻慶的作風改變極有關連。」[43]

解凍初期，台灣政府容許民間企業往內地投資，但設有嚴苛條件。「在陳水扁政府執政之前，台資企業對中國的投資資金限制於資產淨值的 40%。儘管馬英九上台後，兩岸資金往來已經放鬆，但是仍有 60% 的資產淨值限制。資金若是匯回台灣，將可能要面臨課稅的問題，若要再匯出，也要經過台灣經濟部投資審議委員會的審查，過程費時。」[44] 兩岸之間通商交往，亦不可以直接進行，而需要經由第三地作為緩衝。由於地利條件，香港順理成章的擔當起這第三地角色。台資企業於是先落戶香港，尋求融資或在當地股票市場上市，籌集到足夠資金，再進入內地。上海商業銀行在台在港都設有分行，而台灣上銀亦是首家民營銀行，和台灣中小企業早有業務往來，故此為渡海而來、不太熟悉香港環境的台商提供金融服務，便大佔優勢。榮鴻慶接任台灣上銀董事長的時候，同時亦為香港上海銀行的董事，所以上銀在台灣與香港之間的聯繫得以暢通無阻。其後，榮鴻慶為兩岸三地的上海銀行締結兄弟盟：「台灣上海商業儲蓄銀行、香港上海商業銀行與大陸上海銀行，均簡稱『上海銀行』，

源自上海。2000 年開始，這三家銀行就結盟開展業務合作和人員交流互動，探討業務合作模式，並每年定期舉辦業務研討會。」[45] 自 2003 年起，「三行於台商進出頻繁之機場推出共同之形象廣告，例如春節拜年等，民國九十四年（2005），三行進一步由行員穿着相同款式之制服，以塑造三行緊密合作之形象，此於兩岸三地金融同業間誠為一大創舉。」[46] 到了 2011 年，三家銀行在台北簽署業務合作備忘錄，「具體業務合作項目包括同業往來、匯出匯入匯款、進出口外匯、應收賬款收買及銀團貸款。」[47] 至此，榮鴻慶利用上海銀行在台、港、滬皆有據點的地利優勢，成功打通了兩岸三地之間的一條金融經脈，創造出驕人成績。

榮鴻慶住在香港，出任台灣上銀董事長後，每月都飛往台北，處理銀行事務。雖然他不是常駐寶島，但他在彼岸並非人地生疏。他擁有獨特的人脈網絡，令他在台灣消息靈通，享有人和之利。他姊夫王雲程在 1948 年時，即按照他大哥榮鴻元的部署，把上海申新一廠的部分機器運往台灣，在那裏成立申一紡織股份有限公司，是台灣第一間紡織廠，並擔任台灣申一的董事長兼總經理。到了 1964 年，王雲程把在美國大學畢業的兒子王建民派到台灣，接替他擔任申一紡織廠的總經理。王建民主持台灣申一紗廠業務三十多年，直到 1996 年台灣民進黨上台，申一才結束營業。[48]

除了姊夫王雲程及外甥王建民之外，榮鴻慶在台的親屬還有堂姊榮輯芙。榮輯芙是榮德生七女，第一任丈夫是華伯忠。她在 1949 年移居香港和美國，1962 年再嫁給魏道明為續弦妻子。魏道明在 1947 年抵達台灣，受蔣介石任命為台灣省政府主席，其後在 1966 至 1971 年間出任中華民國外交部部長。姊夫、外甥、堂姊及堂姊夫之外，榮鴻慶在台灣還有一個堂外甥，即楊世緘。楊世緘生於 1945 年，父母是楊通誼和榮漱仁。榮漱仁是榮德生長女，1949 年和丈夫攜同只有四歲的楊世緘到台北，兩夫妻然後返回上海處理事務，留

在上海不能再到台北。楊世緘在台灣長大，留學美國，然後加入台灣政府工作。1991年，榮鴻慶出任台灣上銀董事長的時候，楊世緘的官職是經濟部工業局長。在那時，兩岸媒體盛傳榮毅仁可能被中共內定為海峽交流基金會對口單位的負責人，當傳媒就此傳聞追問楊世緘時，他避談他的舅舅榮毅仁，只說兩人從未謀面：「我沒有見過他。」榮鴻慶亦公開表示和榮毅仁保持距離，台灣《聯合報》的有關報道冠以〈同祖不同父〉為標題，並在報道中說：「據了解，榮毅仁和榮鴻慶兩個家族因政治立場不同，所以榮鴻慶這一支族系一直在港發展。」[49]另一篇台灣《財訊雜誌》的文章則指出：「榮鴻慶……與活躍於香港、中共間的中信集團榮毅仁是堂兄弟，但據了解，其早已不相往來，榮鴻慶在香港可說是親國民黨派，雙方政治立場迥異，這也是政府還准其持有上海商銀股份的理由。」[50]

2015年，台灣上銀慶祝創立100周年。作為董事長，榮鴻慶列舉上銀在他領導下之驕人成績：「回顧1915年陳光甫先生以十萬圓資本創立本行，1965年本行以資本額新台幣1,500萬元在台復業，而本人自1983年主導本行營運發展32年來，本行資本額由1982年之4.5億元增至2015年之381億元，營業單位由5家增至75家……營運規模今昔相比，實天壤之別。」[51]

2021年，榮鴻慶正式退休，卸下台灣上銀董事長職務，而他兒子榮智權及長孫榮康信均當選為新董事會的董事。早在2007年，他兒子榮智權已當上香港上海商業銀行的董事長。台灣上銀是香港上銀的母公司，擁有後者超過半數股權。至此，榮鴻慶可說是實現了榮氏企業奠基人，即他父親和叔父的初心，在金融業界樹立了模範。2022年，榮鴻慶在百歲生日後離世，遺下他的處世格言：「多看、多聽、少說話」。[52]

結語

在 1930 年代，榮氏企業經歷重大財政危機，榮家的拍擋王禹卿協助榮宗敬渡過難關，曾經感慨萬千地說過：

> 環顧我們出來經商的人，多少人在投機中栽了筋斗⋯⋯多少人因營業不善、揮霍浪費而失敗了，能夠站穩腳跟的真是寥若晨星。[53]

到了 2007 年，上海光明牛奶公司前總經理王佳芬出版回憶錄，敍述她和王雲程一家合辦雪糕廠的經歷，中肯地指出王家及榮家企業的特色：

> 作為華人企業家的代表⋯⋯他們身上不屈不撓的奮鬥精神和老馬識途的生存能力，尤其是他們謙和中的堅定、大度中的精明、左右逢源中的中庸，充分展現了幾十年、幾代人的積澱，也是他們優秀民族氣節的昇華。[54]

注　釋

1　王國璋翻譯拙著《移民企業家：香港的上海紗廠老闆》，在 2022 年由香港中華書局出版。拙著出版後，香港歷史博物館邀請我在此書的基礎上，以「奮力圖強：戰後香港的上海工業家」為題，作公開講座，於 2023 年 2 月 25 日舉行。講座後，我修訂草稿，成為本文，並把題目改成現在的樣子，以更貼近內容。

2　許維雍、黃漢民：《榮家企業發展史》（北京：人民出版社，1985），頁 32–34、238–242。

3　"Obituary. Mr. Yung Tsung-ching of Shanghai. Flour & Cotton King," *South China Morning Post* (*SCMP*), 14 February 1938, 10；榮德生：《樂農自訂行年紀事》（上海：上海古籍出版社，2001），頁 136–137。

4　許維雍、黃漢民：《榮家企業發展史》，頁 214。

5　同上，頁 257。

6　榮德生：《樂農自訂行年紀事》，頁 215–216。

7　〈中航客機空中霸王墮毀　卅三人慘死〉，《華僑日報》，1948 年 12 月 22 日，第 2 張第 1 頁；陳天權：〈火石洲紀念碑〉，《大公報》，2014 年 6 月 23 日，B17。

8　"Cotton Mills in Hongkong, H.E. The Governor Discusses Trade Conditions with Owners," *SCMP*, 26 March 1949, 13.

9　有關大元紡織的資料，見上海社會科學院經濟研究所經濟史組編：《榮家企業史料（下冊，1937–1949 年）》（上海：上海人民出版社，1980），頁 647–650；蔣小馨、唐曄：《唐翔千傳》（香港：三聯書店，2014），頁 118；"88th Birthday is Sweet Sou for Mrs. Yung," *The New York Times*, 8 February 1976, 36；香港特別行政區政府公司註冊處，大元紡織股份有限公司資料。

10　有關榮鴻慶，見《榮鴻慶先生與上海商業儲蓄銀行》（台北：上海商業儲蓄銀行，1992），頁 2–3；有關王雲程，見曹可凡、宋路霞：《蠹園驚夢——無錫王曹家族往事》（香港：中華書局，2017），頁 133–135。

11　有關嘉道理和南洋紗廠，見香港特別行政區政府公司註冊處，南洋紗廠有限公司資料；曹可凡、宋路霞：《蠹園驚夢》，頁 252；〈嘉道理家族簡史〉，香港社會發展回顧項目網站，擷取自 https://www.hongkongheritage.org/nodes/view/25833（瀏覽日期：2023 年 8 月 2 日）。

12　"Visit to Cotton Mills. Governor Shows Keen Interest in Textiles Manufacture," *SCMP*, 21 July 1953, 13.

13　曹可凡、宋路霞：《蠹園驚夢》，頁 248–250。

14　見香港特別行政區政府公司註冊處，偉倫紡織有限公司資料。

15　有關吳中一，見〈1959.7.12 上海市社會主義學院中右派分子的思想動態〉，權利運動網站，2015 年 7 月 27 日，擷取自 https://www.chinahrc.org/content/14358/（瀏覽日期：2023 年 2 月 9 日）；陳冠任：《中國大陸首富榮智健》（北京：中央編譯出版社，2005），頁 75。

16　"Tour of Textile Factory. By Member of Labour Group," *SCMP*, 7 September 1954, 13.

17　〈「愛情是很難說的一樁事情」——小咪姐李麗華〉，文匯網網站，2020 年 7 月 1 日，擷取自 https://wenhui.whb.cn/third/QQ/202007/01/358175.html（瀏覽日期：2023 年 8 月 2 日）。

18　上海社會科學院經濟研究所經濟史組編：《榮家企業史料（下冊，1937–1949 年）》，頁 666–667。

19　有關李國偉回國，見趙米南：《榮氏實業驕子—李國偉》（新北市：大堯文創，2012），頁 176–180、187。有關九龍紡織結業，見〈榮譽院士李棐先生讚辭〉，香港中文大學榮譽院士名錄網站，擷取自 https://honfellow.cuhk.edu.hk/Citation/chi/2_leefei.pdf（瀏覽日

期：2023 年 2 月 16 日）。

20　見香港特別行政區政府公司註冊處，偉倫紡織有限公司資料。

21　見曹可凡、宋路霞：《蠹園驚夢》，頁 253–254。

22　以上有關榮智健的敍述，取材自陳冠任：《中國大陸首富榮智健》。

23　周亦圖：《榮智健敗局》（香港：財大出版社，2009），頁 9–100；鄭寶生：〈中信泰富
08 年炒燶澳元 Accumulator 涉 147 億　榮智健獲裁無市場失當〉，《香港 01》網站，
2017 年 4 月 11 日，擷取自 https://www.hk01.com/ 財經快訊 /83547/ 中信泰富 08 年炒
燶澳元 accumulator 涉 147 億 - 榮智健獲裁無市場失當 ?utm_source=01webshare&utm_
medium=referral&utm_campaign=non_native（瀏覽日期：2023 年 8 月 3 日）。

24　轉引自計泓賡：《榮毅仁》（第二版）（北京：中央文獻出版社，2006），頁 196。

25　陳冠任：《中國大陸首富榮智健》，頁 206。

26　周亦圖：《榮智健敗局》，頁 209、212–215。

27　計泓賡：《榮毅仁》（第二版），頁 407。

28　《中信泰富二零零五年年報》（香港：中信泰富，2006），頁 63。

29　有關車炳榮和車家駟，見 The Industrial History of Hong Kong Group, "Shanghainese
Builders in Hong Kong (Part Four) – Paul Y. and Dao Kwei Kee," accessed 16 February
2023. https://industrialhistoryhk.org/shanghainese-builders-in-hong-kong-four-paul-y-and-dao-
kwei-kee/；車家和榮家結為姻親，見 "Married in New York," SCMP, 3 June 1956, 3。

30　周亦圖：《榮智健敗局》，頁 170–173。

31　《中信泰富二零零五年年報》，頁 62；中電控股有限公司新聞稿，香港，2000 年 4 月 17
日；〈陳方安生妹夫淺水灣豪宅昏迷　送院後危殆〉，《星島日報》，2019 年 1 月 20 日。

32　引自陳冠任：《中國大陸首富榮智健》，頁 255。

33　"Nanyang Cotton Policies Under Fire," SCMP, 23 June 1988, 33; "Kadoorie Family Boosts
China Interests," SCMP, 19 March 1988, 19.

34　陳雅慧：《獨木不成舟——上海銀行董事長榮鴻慶和父親榮宗敬的故事》（台灣印刷，
2007），轉引自曹可凡、宋路霞，《蠹園驚夢》，頁 281。

35　同上，頁 282。

36　《榮鴻慶先生與上海商業儲蓄銀行》，頁 3。

37　何登選：〈他，穿梭於兩岸三地——訪香港金融實業家榮鴻慶太平紳士〉，《滬港經濟》，
1996 年第 6 期，頁 30–31；曹可凡、宋路霞：《蠹園驚夢》，頁 282。

38　謝國興：〈1949 年前後來臺的上海商人〉，《臺灣史研究》，2008 年 3 月，第 15 卷第 1 期，
頁 160–161。

39　陳鴻明：〈政治巨變與企業因應：上海商業儲蓄銀行遷臺與復業的曲折發展（1950–

1965）〉，《國史館館刊》，第 60 期（2019 年），頁 89–138。

40　林彩惠：〈上海商銀經營風格大轉向〉，《財訊雜誌》，1990 年 3 月號，轉載於《榮鴻慶先生與上海商業儲蓄銀行》，頁 74–75。

41　《榮鴻慶先生與上海商業儲蓄銀行》，頁 3。

42　何登選：〈他，穿梭於兩岸三地〉，頁 29；謝國興：〈1949 年前後來臺的上海商人〉，頁 161。

43　《聯合報》，1991 年 11 月 5 日，轉載於《榮鴻慶先生與上海商業儲蓄銀行》，頁 73。

44　何彩滿：〈香港裕元與蔡氏家族〉，載鄭宏泰、何彩滿編：《華人家族企業與股票市場》（香港：香港中文大學香港亞太研究所，2012），頁 101。

45　錢誼娟、肖石：〈兩岸三地「上海銀行」的兄弟盟〉，《中國經濟周刊》，2011 年第 44 期，頁 49。

46　邱怡仁編：《世紀至真：上海商業儲蓄銀行一百年》（台北：上海商業儲蓄銀行，2015），頁 51。

47　錢誼娟、肖石：〈兩岸三地「上海銀行」的兄弟盟〉，頁 49。

48　曹可凡、宋路霞：《蠹園驚夢》，頁 250、256。

49　《榮鴻慶先生與上海商業儲蓄銀行》，頁 73。

50　同上，頁 75。

51　邱怡仁編：《世紀至真》，頁 12–13。

52　劉曉霞：〈專訪掌門人榮鴻慶　上海商銀拚金融股王　百年榮家再創新局〉，《鏡週刊》網站，2019 年 2 月 5 日，擷取自 https://www.mirrormedia.mg/story/20190129fin001/（瀏覽日期：2023 年 8 月 7 日）；〈哀悼榮鴻慶先生，JP 辭世〉，上海商業銀行新聞稿，香港，2022 年 3 月 7 日；〈百年上海商銀掌舵 30 年　榮鴻慶逝世享嵩壽 100 歲〉，中時新聞網網站，2022 年 3 月 4 日，擷取自 https://www.chinatimes.com/realtimenews/20220304004542-260410?chdtv（瀏覽日期：2023 年 8 月 7 日）。有關榮智權為香港上海商業銀行董事長，見《上海商業銀行有限公司二零零七年年報》（香港：上海商業銀行，2008），頁 4。

53　朱龍湛：〈王堯臣、王禹卿與福新麵粉公司〉，載《近代中國工商人物志（第一冊）》（北京：中國文史出版社，1996），頁 253。

54　王佳芬：《新鮮：我和光明 15 年》（北京：中信出版社，2008），轉引自曹可凡、宋路霞：《蠹園驚夢》，頁 288。

亞維與維記牛奶：
大時代下的經歷際遇

鄭宏泰、鄭心靈

前言

　　1919 年 8 月 22 日晚上約 9 時 15 分，九龍深水埗青山道東端起點近大埔道，一名外籍警員截查可疑人物並打算搜身時遭激烈反抗，糾纏期間，該警員被對方槍傷大腿，負傷洋警「於受傷之後頻頻放槍以擊之」，[1] 但未能成功阻截賊人，匪徒更「向山邊遁去」。這宗襲警事件，原來與當日發生的一宗入屋行劫案有關：約下午 6 時半，十名蒙面的持槍匪徒突然闖入紅磡九龍城道一所大宅，綁起住所內的家人與傭人，幸好有人趁機逃出屋外報警，警察迅速掩至並捕獲部分匪徒，但由於仍有數人逃脫，警方於是派員四出搜索。[2] 上文提及槍擊洋警的兇徒正是在逃的劫匪，而被爆竊的則是本文主角陳伯維的家族大宅。

　　時至今日，陳伯維及其家族的事蹟早已淹沒在歷史中，恐怕甚少人聽過這個名字，更遑論了解其故事。但其實陳伯維在一百二十多年前所創立的公司至今仍然存在，且是香港其中一個著名品牌，並曾在 2011 年獲香港品牌發展局頒發「香港名牌」的獎項，[3] 相信大多數香港人也曾購買其產品，這間公司便是「維記牛奶」（Ahwee's Dairy），亦即現在廣為人知的「九龍維記牛奶」（The Kowloon Dairy）。

圖右建築物為陳伯維的家族大宅「Albert Villa」，位於界限街。相中右一站立於遠處的是陳伯維，圖中三名男孩是陳伯維的兒子。圖左建築物外牆清晰可見「Kowloon Dairy」，即「九龍牛奶公司」。攝於 1907 年。
圖片來源：https://gwulo.com/media/43661
鳴謝：Daniela Ahwee[4]

九龍維記牛奶公司創辦人陳伯維（Albert Ahwee）。攝於 1917 年。
鳴謝：Daniela Ahwee

　　根據公司官方網頁的資料，這間據稱是「全港銷量冠軍的牛奶品牌」創立於 1940 年，香港品牌發展局在「香港名牌」中的簡單介紹亦如此。公司官網則深入一點介紹，指該公司是「李蘭生先生投入資本擴大業務，與 Mr. George Ahwee 和蔡永禧先生攜手，成立今天的『九龍維記牛奶有限公司』」。[5]

　　李蘭生父親李石朋為東亞銀行創辦人，蔡永禧父親蔡寶綿為歐亞混血富商，二人同是香港的巨富望族，只有 George Ahwee 名不見經傳。不過，若深入翻查歷史檔案及文獻，可以肯定官網上介紹的公司歷史並不正確：公司既非創立於 1940 年，而是早在 1902 年已經成立；創辦人亦非李蘭生及友人，而是陳伯維（Albert Ahwee）。

　　絕大部分公司都會以自己有悠久的歷史而自豪，九龍維記牛奶明明是一間過百年的「老字號」，為何卻在正規介紹中自動減齡，甚至連創辦人也張冠李戴？出現這樣的情況，可能是因經歷逾百年的變遷與戰火摧毀，大部分資料已佚失，加上早年欠缺保存歷史檔案的意識，內部對公司歷史亦不清不楚，外人自然更無從得悉，結果把僅能找到的殘缺段落當成真象，令陳伯維家族留下的痕跡及這家公司充滿傳奇的發展歷程就此湮沒，殊為可惜。接下來讓我們耙梳歷史，重新發掘陳伯維家族的故事，細看他們在西風東漸的文化衝擊下，如何應變與發展。

一、走出去與走回來

　　牛奶在 20 世紀前並非華南人民常喝的飲品，至英國強佔香港後才由洋人引入。早在 1875 年的商業名錄中，已見洋人在香港設立公司，飼養牛隻及生產牛奶，那便是 Hawkins' Horse Repository（日後稱為「大馬房牛奶舖」），地址在花園道美利兵房後方，東主為 J.

Williams。及後亦有華人加入市場成為「牛奶商」（milkmen），那本商業名錄亦記載了八家華資商行，分別是祥合、祖利、柏記、勝合、東成、偉利、和記、有益，地址分散於威靈頓街、結志街、些利街、摩羅廟街、荷李活道等。[6]

到了 1886 年，蘇格蘭籍醫生孟生（Patrick Manson）夥同遮打（Paul Chater）及賴理（Phineas Ryrie）等著名歐洲商賈公開集資，創立了「牛奶公司」（The Dairy Farm Co., Ltd.），在港島薄扶林開闢大規模農場養殖乳牛生產牛奶，供歐西洋人及西化華人所需。[7]到了 1902 年，又一間牛奶公司成立，是為「九龍牛奶公司」（The Kowloon Dairy Co.），登記東主名為 Albert Ahwee，亦即上文提及 Mr. George Ahwee 的父親。

翻查資料，Albert Ahwee 原名陳伯維，又名陳亞維，資料顯示他生於 1855 年，原籍客家。Albert 這個英文名應是他在外國生活時所改的，而 Ahwee 則是客家話「亞維」的英語拼音。為何本來姓陳名伯維的他，會以 Albert Ahwee 的英文姓名行走天下，甚至去掉自己的姓氏，令子女後代均跟着改以 Ahwee 的名字作姓氏呢？[8]

最早找到相信關於陳伯維的資料，是於 1874 年在斐濟（Fiji）出版的商業年曆，當中記錄了有一位名為 Chin Ahwee 的人，在該地擔任「園藝匠」（gardener）。[9]因早年普羅社會對名字的稱呼，多通俗地加上「亞」字，陳伯維便俗稱「亞維」，或寫成「陳亞維」。若這位 Chin Ahwee 便是本文主角，推斷他當時約 19 歲，從他年紀輕輕便要離鄉謀生，加上工作性質主要是花園種植等農務作業，相信他並非來自富貴人家，學歷亦不會太高。但顯然他並不甘心一直從事出賣勞力的工作，庸庸碌碌地在貧窮線下掙扎，故在工餘不斷把握機會充實自己，特別是努力學習英文，所以我們再找到關於他的紀錄時，他已換了一份更體面的工作。

在 1957 年出版的《占美加華僑年鑑》中，亦出現陳伯維俗稱

陳亞維的紀錄，英文為 Albert Chin Ahwee。[10] 此書主要記錄早年華人到中美洲牙買加（Jamaica，早年譯作占美加）工作的資料。據該《年鑑》記載，1884 年 5 月 6 日，總數達 680 人的華工乘坐「鑽石號」（SS *Diamond*）從香港出發，[11] 向西南航行，經過澳門、新加坡，取道蘇伊士運河打算前往位於加勒比海的牙買加，他們是第三批受聘到當地開墾、種植甘蔗的華工。[12] 不過航程並不順利，途中歷經波折，遇上颱風令船隻破損，在抵達加拿大後改乘「亞力山大太子號」（SS *Prince Alexander*），最終於 7 月 12 日才抵達牙買加首府京斯敦（Kingston）。而陳伯維亦在乘客名單上，他是船上的翻譯員，在那次長達 67 天的航程中，負責協助外籍船員與華工溝通。

受資料所限，我們無法得悉陳伯維在 1874 至 1884 這十年間有何遭遇，又或是何時離開斐濟或曾否更換工作。不過可以推算，他在外國深入接觸西方文化後，感到世界潮流的走向，因此努力學習英語，期望未來能有所發揮。而且相信他亦是在這段時間皈依了基督教，獲得心靈寄託之餘，也擴展了人脈，故能從園丁改行為翻譯。此外，由於「鑽石號」上的華工大多是居於東莞或寶安的客家人，推測陳伯維亦是來自當地的客家人，能操流利的客家話，因而成為合適的人選。

之後，我們在牙買加「公民登記」（Civil Registration）檔案中找到陳伯維婚姻的紀錄。資料顯示，Albert Ahwee 與 Maria Leau Neuk Kong 於 1885 年 12 月 10 日在教區教堂結婚，男女方均屬初婚，男方當時 31 歲，居於海港街（Harbor Street）77 號，職業為店主（shopkeeper），父親姓名為 Ching Pow；女方當時 19 歲，沒職業或工作，居於下街（Lower Street）173 號，父親姓名為 Leau Neuk Kong。另一則與他相關的記錄，是 1891 年 8 月他們一名女兒 Bernice Mary Alberta Ahwee 出生，當時的居住地址報稱下街 153 號。[13]

顯然，在「鑽石號」充當翻譯員的陳伯維，下船後並沒返回中國，而是在牙買加定居下來，並於翌年底結婚。雖然這位 Albert Ahwee 報稱 31 歲，年齡略有出入，但因中國人有計算虛歲的習慣，加上早年不少人都會因方便工作等原因自行「調節」上報的年齡，故相信此人應是陳伯維。他的妻子名為 Maria，婚後隨他改姓 Ahwee，女兒亦以 Ahwee 為姓，而「陳」（Chin 或 Chan）這個姓氏亦沒有再出現，應該是為了方便在外國生活，也可能是他基本上已全盤西化了。

在 1891 年京斯敦的商業名錄中，還找到陳伯維開辦雜貨店的資料，記錄是「Ahwee, Albert, 43, 51, 113. Retail Provisions.」，[14] 位處於 Barry Street East and West 街道，可見能說中英雙語的陳伯維在牙買加定居後沒有繼續從事翻譯工作，而是改為行商，並經營起不需太多起動資金的雜貨店。而他善用自己能溝通中西的優勢，加上一定的經商能力，成功獲得足夠客戶群支持，生意不俗，七年間陸續在同一街道上開設了數間分店，經濟情況也不斷好轉。

既然陳伯維在牙買加發展不俗，且又結婚生子，生活安定，為何最後卻又在 19 世紀末、20 世紀初離開當地，遷到香港重新開始呢？確切原因現已無法考究，只能憑點滴零散資料拼湊出粗略的事態發展圖像。

學者李安山有關早期華人在牙買加生活的文章中，提到如下一段有趣傳說：「根據口頭流傳下來的記載，（作者按：牙買加／京斯敦）最初有兩個中華會館。一個由陳亞維領導，該會館因『僑胞不擁護，自行解散』。另一個則是存在至今的中華會館。」[15] 由此可見，陳伯維在牙買加不但經營有道，分店越開越多，且社會地位也隨着經濟能力而提升，成為早年牙買加華人社區的「僑領」，但不知為何最後卻失去華人支持，他領導的會館亦因而解散。

翻查資料，在 1887 年時牙買加已有一所華人會館，名為「致公

堂」（Chee Kung Tong，乃洪門組織），作為團結及維護當地華人的社會組織，至 1891 年再增加一間會館，那家便是李安山所指「存在至今」的中華會館（Chinese Benevolent Association）。這家會館由 Chin Tung-kao 創立，地址位於 Barry Street 129 號，[16] 與陳伯維位於 Barry Street 113 號的零售雜貨店只相隔十數個號碼，算得上是十分接近。[17] 到底陳伯維領導的會館是否就是先成立的致公堂，還是其他中華會館？現時未有資料可説得清楚。

當時牙買加華人數目不多，據 1893 年的調查所指，那時「全島華僑人數約有八百之譜」，[18] 且大多為客家人，一般而言大家應相互認識、關係緊密。既然已有致公堂作團結華人的組織，為何在 1891 年又要另外成立中華會館？若然陳伯維是原先致公堂的領導，那家新成立的會館便是衝着他而來，反映有人對他相當不滿，甚至不惜另起爐灶直接競爭，可見族群內的矛盾或衝突已不是私下或口頭抱怨的程度。競爭結果明顯是陳伯維落敗，會館最後關門大吉，可以想到，事件對他造成相當打擊，不但失了面子，更可能令他在「朝見口、晚見面」的小社區中被排擠，甚至影響到講求與客戶保持良好關係的生意，而促使他最終選擇離去。

至於陳伯維選擇香港作為新落腳地，原因亦有跡可循：當時香港「賣豬仔」及轉口貿易活躍，更是國內外匯款的中轉站，故他每次離鄉或回國，如之前遠赴斐濟或牙買加時應曾取道香港；而在經營民生物資雜貨店時，亦可能曾透過香港採購各種貨品，或是安排資金滙兌等。他對香港的商貿情況應該有基本認識，亦可能有一定人脈關係與網絡，才會在離開牙買加後決定於香港重新起步。

二、抵港初期試水

　　雖然資料不多，但從一些政府及私人文件記錄，我們仍可大約整理出陳伯維到香港初期的一些發展。首先，是他來港的時間，儘管確實日期並不可考，但在殖民地政府有關土地租賃、交易、按揭或擔保等文件中，仍可推斷出較可能的日子。據香港歷史學者施其樂（Carl Smith）的筆記所指，在 1894 年 3 月 9 日，有一宗以 Albert Ahwee 名義進行的租務事項，地址是內地段 1305 號威靈頓街位置，[19] 可見他應在 1894 年以前已來到香港，租用威靈頓街可能是用作安置家人或打算做生意。而這亦與上文提及 1891 年新中華會館成立後，他爭取僑領位置失敗而離去的時間線吻合。

　　接着再找到陳伯維於 1900 年 4 月參與土地交易及按揭的資料。文件中，他報稱自己是貿易商（trader），業務地址為永樂街 13 號，同時他乃卑利街（Peel Street）40 號及第二街（Second Street）77 號的業主，以此充當承包商（contractor）廖亞義（John Joseph Liu A Yee）的擔保人，擔保金額達 1,000 元，[20] 這在當時屬於不少的數目。到了 1904 年 7 月，在政府的文件中，又有一則涉及廖亞義與陳伯維的私人契約擔保紀錄，金額為 500 元，[21] 其特別之處是廖亞義的地址報稱為第二街 77 號，陳伯維則只報稱為卑利街 40 號業主，雖然找不到交易資料，但有可能陳伯維將上述物業售予廖亞義。

　　之後，再找到兩次陳伯維以土地物業為他人作擔保的記錄。一次是 1906 年 10 月，在政府文件記錄的私人擔保契約中，他報稱乃德輔道中 243 號業主，為報稱是史丹利街（Stanley Street）44 號業主的陳春祥（Chan Chun Cheung）作擔保，貸款 1,000 元。[22] 另一次他的名字則是出現在一份遺囑上，一位名叫「亞文」（Ah Man，又名 Low Mun）的人於 1909 年 9 月去世前訂立的遺囑中，提及陳伯維是擔保人，乃德輔道中 243 號業主。[23] 即是說，在 1906 年前，

他應先後擁有卑利街 40 號、第二街及德輔道中 243 號之物業，並以這些物業作擔保的主要憑藉；直至 1909 年，相信他仍至少持有德輔道中 243 號的物業。由此可見，他當年來港時應有一定財力，離開牙買加亦非因生意不濟。

陳伯維來港時已年近半百，但他並沒有退休享清福，而是繼續從商，故在上文提及的文件中報稱自己為商人。雖然未找到他早年營商的資料，但相信應是老本行雜貨業，後來再加入轉口貿易生意，因為在 1915 年鄭紫燦編輯的《香港中華商業交通人名指南錄》中，陳伯維的名字再度出現，資料指他在一間名為「維安祥」的金山莊任職司理，[24] 該公司位於德輔道中 243 號，東主為廖新基，另有司賬（帳）陳怡和、書記江瑞英、司貨劉翰雲。由於當時的維安祥並非有限公司，在公司註冊處未能找到相關資料，[25] 僅憑其他記錄得悉這家公司歷史悠久，創立於 1884 年，[26] 即陳伯維離港赴牙買加那年。

從公司創立年份可以確定陳伯維並非維安祥創辦人，但若說他單純只是一名司理，這點卻甚有商榷的餘地。首先，他不是赤手空拳來港，他擁有一定資產，精通外語又擁有多年在美洲經商的經驗，按道理不會當打工仔從頭由低做起，何況公司東主廖新基較他年輕，無論是按中國人論資排輩的習慣，還是以陳伯維的性格，都不太可能接受這樣的安排。更重要的是，公司位於德輔道中 243 號，而如上文所述，這個地址於 1906 年或以前便已是陳伯維的物業。綜合各種證據，陳伯維應該不是一名普通僱員，而是公司的股東之一，不過受限於《指南錄》的格式只設一名東主，故他的身份亦被「降級」了。

陳伯維回港後之所以會在維安祥工作，相信與廖新基有關。廖新基廣為人知的身份是客家僑領，並曾聯同香港其他客家僑領如賴際熙、李瑞琴和黃茂林等，於 1921 年 9 月創立了崇正總會，[27] 反映廖氏在族群中有一定地位。惟他於創立崇正總會大約半年後的 1922

年 4 月 1 日突然去世，《南華早報》報道他的死訊時指他居於堅道，享年 58 歲，乃維安祥經理 —— 與 1915 年《指南錄》記載東主的身份不符。報道中提及他生於牙買加，在當地有很大生意，大約十多年前回到香港，乃一位著名客家僑領。[28] 廖新基去世後，家人把他葬於香港華人基督教聯會薄扶林道墳場，從墓碑上的資料看，他生於 1864 年 12 月 25 日，歿於 1922 年 4 月 1 日，[29] 年紀較陳亞維小近十歲；英文姓名的寫法為 Esau Lyen。

憑着這個生於牙買加、英文姓名寫法為 Esau Lyen 的線索，我們同樣在牙買加「公民登記」檔案中找到與他相關的資料：記錄顯示他於 1905 年與一位名叫 Martha Russel Chung 的女子在教區教堂結婚，女方當時 26 歲，從未結婚，男方那時已屆 41 歲，報稱鰥夫（widower），職業則為商人，父親姓名為 Lyen A Kong，女方父親姓名只寫 Chung，兩人的地址均在國王街（King Street）104 號。[30]

上述資料有一點特別值得留意，那就是廖新基父親的姓名與陳伯維外父 Leun Neuk Kong 甚為相近，因 Lyen 與 Leun 發音接近，而 Neuk Kong 或可能俗稱為 A Kong，如陳伯維俗稱陳亞維一樣。此外，由於早期海外華人姓名的英文翻譯沒有劃一準則，譯法五花八門實乃尋常事，如永安郭氏家族便被翻譯不同姓氏，故很可能廖新基父親與陳伯維外父乃同一人。即是說，陳亞維與廖新基不但同屬客家人，亦同曾在牙買加居住，又同在 1900 至 1910 年代左右來港，二人甚至可能有姻親關係 —— 就算不是直接姻親關係，亦應有間接關係，如 Leun Neuk Kong 與 Lyen A Kong 乃堂兄弟之類。由於二人關係密切乃至合夥做生意，故維安祥金山莊可能便是兩家合作的生意，而《指南錄》提及的陳怡和、江瑞英、劉翰雲等人，亦很可能是合夥人或是合夥人的代表。

正因維安祥歷史悠久，是眾人合資的企業，而非陳伯維的獨資公司，故他並沒有把所有精力投入其中，反而視之為來到香港初期

探水溫、摸索生意門路的一種過渡性安排。事實上，到了後來，他確實創立了自己的生意，那便是令他的名字留存至今的「維記牛奶」。

三、九龍維記牛奶

若說陳伯維投身維安祥金山莊是牙買加雜貨店的生意延續，那麼創立九龍維記牛奶公司，可說是他在斐濟投身園藝匠經歷的伸展。他之所以選擇這個行業，一方面是當時香港不斷發展，洋人社會及富裕西化華人階層不斷擴大，對新鮮牛奶及肉食有相當需求，但供應尚未到位，是一門甚有發展潛力的生意；另一方面，他青年時期在斐濟有農務經驗，對現代農牧業有一定認識，可能在澳洲亦有可靠的關係網絡，故他在 19 世紀末決定開展牛奶生意，投入資本創立了九龍牛奶公司。

正如前文提及，洋人東來不久便因飲食習慣不同而引入飼牛取奶的生意，孟生於 1886 夥同著名洋人精英創立牛奶公司，基本反映本地牛奶及高檔肉食品市場已有一定需求。到 20 世紀初，在陳伯維創立九龍維記牛奶公司之前，市場上已有多家牛奶公司，其中規模較大的，包括前文提及位於花園道的大馬房牛奶舖，以及農場設於薄扶林，辦事處及門店則在雲咸街的牛奶公司。此外，還有一家「東山牛奶公司」（East Point Dairy Farm Co.），註冊地址在德忌笠街。[31] 當然還有前文粗略提及華人經營的那些較細規模的公司。

到 1902 年陳伯維創立九龍維記牛奶公司時，他已年近半百，又有多年貿易經驗，相信必然有過一番深入思考與市場調查，最後才作出飼牛取奶、投身牛奶市場的決定。當時的市場其實競爭激烈，而他的主要對手更是深具實力的洋資企業，要搶佔市場並不容易，但他亦找到一個突破點，那就是將牛場設於九龍 —— 更實際地說是

九龍維記牛奶公司位於馬頭圍的牛棚入口。圓拱之下右邊的是陳伯維。圖右是新鮮牛奶裝瓶的地方。攝於 1917 年。
圖片來源："Dairying in Southern China," *Hoard's Dairyman* 55 (1918), 273.
鳴謝：Hoard's Dairyman Magazine

九龍維記牛奶公司位於馬頭圍的牛棚。整座牛棚面積為 50 x 70 英呎，樓高 10 英呎；每頭乳牛被圈養在 6 x 8 英呎的木製牛欄內。據 1918 年一篇有關華南牛奶業發展的專題報道，當時陳伯維飼養了二十七頭乳牛，每頭乳牛每天平均可生產 26 磅新鮮牛奶。牛棚鋪上瓷磚地板，並以混凝土建成排水溝，窗戶亦十分通風。攝於 1917 年。
圖片來源："Dairying in Southern China," *Hoard's Dairyman* 55 (1918), 273.
鳴謝：Hoard's Dairyman Magazine

新九龍（New Kowloon）。

　　雖說當時洋人較集中於香港島，當地市場自然也較大，但陳伯維仍決定另闢蹊徑，一方面是競爭對手全數集中於港島，供應接近飽和，新加入者較難競爭；同時九龍是新發展區，地價較平，有助降低生意成本。此外，由於尖沙咀設有威菲路軍營，吸引了不少外籍人士移居附近，土生葡人尤多，對牛奶產品便有了一定市場，公司設於九龍，既可減輕運輸成本，亦能以提供的牛奶較其他公司更新鮮作賣點，招攬更多生意。

　　從政府土地登記資料看，陳伯維於 1898 年向港英政府「承租」當時稱為新九龍地段 10 及 16 號（New Kowloon Lot Nos. 10 and 16）地皮，承租期為七十五年。[32] 該地皮位於九龍城紅磡附近山腳，陳伯維將之闢作農場，並從澳洲及加利福尼亞州等地購入乳牛到香港飼養，同時亦興建廠房及房舍，作為牛奶生產及員工宿舍之用。當然，陳伯維沒有放棄港島的市場，並於荷李活道 45 號設立銷售點，每天兩次向客戶提供新鮮牛奶。當牛奶生意穩定後，再增加經營優質肉食，全面爭取洋人及富裕西化華人階層的市場。[33]

　　由於農場設於九龍區，陳伯維將寶號稱為「九龍牛奶公司」（The Kowloon Dairy Co.），而他刻意去除原來的中文姓名，經常以英文 Albert Ahwee 或中文「維記」作宣傳。加上早年社會常以東主姓名稱呼商號，例如 *The China Mail* 因第二任主編德臣（Andrew Dixon）經營期間名聲驟起而被稱為《德臣西報》，九龍牛奶公司便被普羅民眾稱為「維記」或「九龍維記」。

　　為了爭取市場，公司經常在英文報章打廣告，指維記的乳牛是從美國及澳洲挑選的優質品種，而農場運作仿照歐洲模式，強調產品新鮮衛生，相信有助建立客戶對維記產品的信心，故啟業不久便取得不錯發展，包括很快增加了產品種類，由初時只有新鮮牛奶供應，隨後推出「未脫脂牛奶」這種新產品，之後更按照計劃飼養雞

九龍維記牛奶公司位於清水灣道的牧場，現址為彩雲邨。攝於 1955 年。
鳴謝：Daniela Ahwee

九龍維記牛奶公司位於清水灣道牧場內的牛棚。攝於 1955 年。
鳴謝：Daniela Ahwee

豬，加入新鮮雞蛋、乳豬等高檔食品的供應。銷售門店亦不斷增加，除荷李活道外，還先後加入德輔道中維安祥、威靈頓街及九龍尖沙咀北京道等門店。

在 1915 年出版的《香港中華商業交通人名指南錄》中，「鮮牛奶公司」這個分類列出了由華人經營的鮮牛奶公司共十一家（見下表），除維記外，其他十家只列出公司名稱、東主姓名和地址，而在維記寶號之下，不但列出東主陳伯維，還有司理陳伯壽、司帳胡雨公等資料，反映公司規模應該較大。

1915 年香港島上華人經營的鮮奶公司

公司名稱	地址	東主
1. 祥安	皇后大道東 247 號	黃秀綠
2. 合記	第三街 125 號	周程
3. 香港九龍牛奶公司	荷李活道 68 號 A	曾景雲
4. 洪利	荷李活道 41 號	黃沃生
5. 利記	士丹利街 56 號	麥氏
6. 萬成	閣麟街 36 號	伍祐之
7. 民興	威靈頓街 100 號	黃靜波
8. 勝記	閣麟街 40 號	劉滿
9. 維記	荷李活道 45 號	陳伯維
10. 榮富公司	皇后大道西 479 號	林翠榮
11. 永勝	閣麟街 22 號	沒注明

資料來源：鄭紫燦總編：《香港中華商業交通人名指南錄》（香港：出版社缺，1915），頁775。

　　概括而言，陳伯維進軍牛奶市場的舉動取得很大成功，創立後
生意節節上揚，自然招人嫉妒，也惹來一些風雨。如在 1915 年，
有人向政府舉報維記生產的牛奶摻入了雜質 —— 硼酸（boric acid）
—— 一種主要用於消毒、防腐、可溶於水的無機酸，影響消費者
健康，維記因此被告上法庭。[34] 最後法庭裁定指控不成立，雜質並
非來自維記生產的牛奶，還了維記牛奶的清白。陳伯維隨即在報章
上大賣廣告，指「擲來的炸彈也不能摧毀九龍維記牛奶無懈可擊的
信譽，我們供應的牛奶時刻保持新鮮」，[35] 又在廣告中特別強調維記
牛奶「絕對新鮮，不會銷售隔夜牛奶」，[36] 銷量與生意反而進一步提
升。1918 年，據一篇有關華南牛奶業發展的專題報道，陳伯維經營
的九龍牛奶，被稱為「幾乎是華人管理經營中最先進和衛生的牛奶」
（is probably the most modern and sanitary dairy under Chinese
management）。[37]

職員正在把新鮮的牛奶裝入印有「九龍維記牛奶」字樣的玻璃瓶。
攝於 1955 年。
鳴謝：Daniela Ahwee

清水灣道的九龍維記牛
奶公司牧場。相中兩位
女士是陳伯維的孫女
兒，二人皆為中德混血
兒；位於中間的小童，
是陳伯維的外曾孫女。
攝於 1954 年。
圖片來源：https://gwulo.
com/media/43732
鳴謝：Daniela Ahwee

位於清水灣道的九龍維記牛奶公司牧場，現址為彩雲邨，圖左遠處見獅子山。
相中少年為陳伯維的孫兒 Hugo Ahwee，是名中德混血兒。據說當年路經清水灣
道，必定會看見圖中以水泥倒模而成的巨型牛奶瓶，這正是九龍維記牛奶的地標
和廣告物。攝於 1955 年。
圖片來源：https://gwulo.com/media/44100
鳴謝：Daniela Ahwee[38]

陳伯維孫兒 Hugo Ahwee 在九龍維記牛奶公司清水灣道牧場餵飼乳牛。攝於 1950
年代末。
鳴謝：Daniela Ahwee

四、連番變故與死於非命

　　正當九龍維記生意持續發展之際，與陳伯維結婚超過三十年的
妻子 Maria Ahwee，突然於 1916 年 9 月 13 日在山頂醫院因病去
世，享年只有 51 歲。家人為她舉辦了體面的喪禮，到場致祭親友甚
多，遺體安葬於紅毛墳場。[39] 本來，生老病死是人生必經階段，家人
縱使哀慟，亦會隨着時間平復，生活慢慢回歸正常，但想不到其妻
之死，卻成了陳伯維人生事業的轉折點，不僅激化家族內部矛盾，
人生及生意上亦出現意料之外的變化。

　　在妻子下葬後不久，陳伯維突然於 1917 年 2 月 15 日在報章上
刊登啟示，宣告廢除於 1910 年 12 月時簽下給予女兒 Rosetta Ahwee

的法律授權（Power of Attorney）。[40] 雖然啟示內容十分簡單，亦沒說明授權的範圍，但按常理可解讀為在 1910 至 1917 年期間，Rosetta 或曾協助父親管理財產或生意，亦有權代父親簽署一些法律文件。現在陳伯維將相關權力收回，反映他不滿或不再信任女兒，顯然父女關係出現矛盾，嚴重程度甚至不能在家族內部好好調解，必須公開處理。

　　1917 年 6 月初，報章又再刊出一則關於陳伯維的啟示，這次內容是維安祥金山莊公告陳伯維已於該年 4 月 30 日退出公司，雙方自那時起不再存在任何權益與責任關係。[41] 理論上，投資應是純粹理性計算，合則來不合則去，但陳伯維與維安祥結束合作，卻似乎並非商業決定。一來，他與維安祥合作多年，與公司的主要股東不但有同鄉之情，甚至可能有姻親關係，若非雙方有極嚴重的衝突，理應不會無故拆夥；另一方面，他當時已六十多歲，牛奶生意亦有盈利，應該不是為了套現而退股。所謂一動不如一靜，他會在暮年主動或被動地退出維安祥，最大可能是他與生意拍檔因故鬧翻。

陳伯維與妻子 Maria Ahwee 之墓碑。攝於 2023 年香港墳場。
鳴謝：Daniela Ahwee

自 1916 年起，一連串糟心事接踵而來，先是喪妻，後又與子女及多年拍檔反目，相信陳伯維並不好過，但在一堆爛事當中也發生了一件好事，令他的投資獲得意外回報。原來當時政府有意在寶靈街與佐敦道之間開闢一條與彌敦道平行的小街，即日後的庇利金街，惟計劃中部分地皮屬九龍維記牛奶所有，因此政府在 1917 年以較理想的條件，向維記提出換地，方案最終於 1918 年 1 月落實，令他「不勞而獲」地得到一幅更優質的土地，身家也因而水漲船高。

但人生總是順逆難料，禍福相倚。方案拍板一個月後是中國人最重視的農曆新年，陳伯維或許仍因換地消息而興奮，認為是代表新年的「好兆頭」，或許正籌劃着未來投資的新方案，卻沒想到自己的生命會因一宗慘劇戛然而止。1918 年 2 月 26 日，農曆正月十六日，銅鑼灣跑馬地賽馬場舉行「周年大賽」，據悉陳伯維屬「馬迷」一族，平日也喜好賽馬賭馬，當天他亦隻身入場觀看大賽。期間，看台棚架突然倒塌，更波及附近熟食檔的煮食爐，引發沖天大火，造成香港歷史上死亡人數最多的火災，超過 600 人蒙難。[42]

災難發生後，家人知道陳伯維亦有入場觀賽，立即四出奔走，在醫院與馬場之間找尋陳伯維的身影。但直至翌日 2 月 27 日，他們才在眾多蒙難者中找到確信是陳伯維的遺體，並迅即於當日舉喪，然後下葬於紅毛墳場，與一年多前去世的妻子 Maria Ahwee 作伴。[43] 歷經無數起落波折、走遍世界不少地方，打拼出一番事業、積累不少財富的陳伯維，想不到最後卻因橫禍而過身，享年只有 63 歲。

從陳伯維死後經法庭認證的遺囑，終於讓我們找到相信是他與家人及夥伴鬧意見的原因。但在討論前，先簡述這份立於 1917 年 6 月 26 日的遺囑之重點。在遺囑中，他指自己原名 Chan Pak Wai（陳伯維），香港商人，並指派 Luk Albert Chanson 及 Chan Fo Po 兩位友人為執行人，把名下物業財產遺贈遺孀陳吳氏，以及 George

Emanuel Ahwee、Julia Ahwee、Henry William Ahwee 及 Irene Ahwee 四名子女。他更特別寫明，不會把財產留給部分子女：「出於我個人清楚的原因，我有目的地拒絕給予 Rosetta Ahwee、Mary Ahwee、Alexander Ahwee、Albert Ahwee 及 Emily Ahwee 任何遺產。」（I purposely refused to give my children ... any legacy or gift for reasons personally known to myself.）[44]

　　這份遺囑有數點值得留意。首先，陳伯維的妻子 Maria Ahwee 在八個多月前去世，但遺囑中提到他仍有一名姓吳的妻子。由於他是基督徒，須遵從一夫一妻的教義，故吳氏應該不是妾侍而是續弦，即他在元配死後不足一年即再婚，而這份遺囑是他續弦後才訂立的；其次，他將五名子女排除在繼承名單外，其中包括長子長女，做法相當少見；最後，他指派的遺囑執行人 Luk Albert Chanson 及 Chan Fo Po[45] 並非來自維安祥金山莊「系統」，進一步說明他與原來合夥人關係變質，不再來往。

　　從以上的蛛絲馬跡，可以推斷續弦一事便是陳伯維與部分子女及拍檔反目的導火線。由於他在妻子死後不久即續弦，不排除他與吳氏之間早有往來，與妻子曾因第三者而起衝突，甚至妻子的病情可能因此轉差而去世，才令年長的子女難以接受。他們或許為母親仗義執言而與父親起衝突，大家感情急劇惡化，陳伯維亦因此取消了不聽話子女的繼承權。至於生意拍檔方面，前文曾提及廖新基父親與陳伯維外父的姓名讀音甚為相似，若他們真的是同一人，那廖新基即為陳伯維元配 Maria Ahwee 的兄弟，自然不想見到自己的姐妹受委屈，可能亦曾代為出頭多番勸阻，二人亦因而反目。

　　自妻子去世後的連番變故與矛盾，令陳伯維與眾子女及多年生意夥伴暨親友們的關係變差，情況一如當年他在牙買加時與其他華人起衝突，導致他當時「敗走」。雖然這次他是「勝利者」，作為「大家長」有話事權，可以固執己見，踢走不聽話的子女親友，但想深

311

一層，這次站在其對立面的是他的子女、親戚與多年生意夥伴，就如政府的宣傳廣告所言，「贏咗場交，輸咗頭家」，又有何值得慶賀之處？

五、股權屢易下維記長存

無論陳伯維與家人朋友因何事鬧翻，他的突然離世始終令事情告一段落。之後，財產亦按他生前訂立的遺囑分配，即包括長子（Albert Ahwee）及長女（Rosetta Ahwee）在內的兩子三女被排除在繼承之列。而他最主要的資產九龍維記牛奶公司，則由陳榮光（George E. Ahwee）負責管理，後來原本在東方海外公司（Oriental Overseas Co.）任職的陳顯利（Henry W. Ahwee），亦有加入協助。

儘管陳伯維突然去世後，並沒有出現子女爭奪家產的問題，企業接班過程也尚算順利，但之後家族及企業的發展卻一波三折，似乎未能擺脫「惡運」。如在 1919 年 8 月便發生了文章開首提及的入屋搶劫案，家族位於九龍城牛場的大宅，招來十多名賊人光顧，過程險象環生。事後調查更發現其中三名賊人乃牛場前員工，由他們作內應聯合外人打劫前僱主。而陳宅吸引匪徒的其中一個原因，據報是家族財富豐厚，但保安洞開、不夠重視，引起賊人垂涎。[46] 這次劫案除了令陳家眾人擔驚受怕外，恐怕或多或少亦會影響到他們對僱員的信任。

接下來的 1920 年代，社會及經濟常有巨大波動，九龍維記牛奶的發展動力已遠不如陳伯維領導時巨大，加上不知是因陳榮光缺乏打拼與開拓精神，還是對營運業務興趣不大或不太熟悉，在 1930 年代開始，他的經營方向似乎都是將公司業務「外判」，以減輕自己的工作負擔。如在 1938 年 10 月，他將代表「維記牛奶」的註冊商標

以及貨品經銷授予一家「香港牛奶供應有限公司」（The Hong Kong Dairy Supply Co., Ltd.），[47] 換言之，即是將公司日常營運交予他人。但就如俗語所謂「力不到不為財」，結果自然並不如意，業務大幅倒退，香港牛奶供應有限公司更因經營不善，財政出現困難，最後倒閉收場。

陳榮光因此向香港牛奶供應有限公司提出訴訟，要求對方賠償損失。法庭上資料顯示，九龍維記牛奶的牛場已由九龍城道搬到牛池灣，而供詞中提及公司業務自 1930 年代開始變差，陳榮光更打算出售股權。據說當時的龍頭企業牛奶公司有意接手，並曾提出以 10 萬元作收購，惟最後沒有談攏。由此可見，陳榮光對經營公司缺乏興趣，不但無心打理而將公司外判，甚至有意將家族企業打包出售，套現離場。[48]

最後陳榮光贏了官司，相信亦獲得一定賠償，但他最大意欲仍是出售維記牛奶，故之後仍不斷尋找買家，或至少找到新的合夥人注資。在 1940 年他終於成功找到願意接手者，因為在公司註冊處找到的文件顯示，在 1940 年 3 月 21 日九龍維記牛奶以有限公司模式註冊，英文名稱改為 The Kowloon Dairy Limited，而排首位的主要股東卻不是陳榮光（George E. Ahwee），而是一位名為 W. H. Choy（蔡寶綿）之人。[49] 根據註冊資料，蔡寶綿報稱為股票經紀，住址在赤柱沙灘道；陳氏則報稱為牛奶商（dairyman），住址在九龍牛池灣稅關道（Custom's Pass Road）維記牛奶公司。[50] 自此時起，公司已不是陳氏的家族企業了。

顯然，在解決了與香港牛奶供應有限公司的官司輾轉後，陳榮光又在積極尋找買家，並把維記牛奶大部分股權轉售蔡寶綿，所以蔡寶綿的位置於陳榮光之上，公司亦因此改以有限公司方式註冊。而陳榮光幼弟陳顯利有股票經紀的牌照，此一交易相信他從中亦有出力，但由於維記是私有企業，交易是私下進行，毋須公開，加上

公司註冊文件沒留下股權分配等資料，因此難以得知作價或具體條款。

蔡寶綿的加入為維記牛奶帶來了新資金及新動力，公司一方面向澳洲增加訂購乳牛，計劃提高產量；另一方面則重新展開廣告宣傳攻勢，強調會恢復每日兩次派送牛奶的安排。[51] 同年 5 月 29 日，總共有二十五頭小乳牛由澳洲運抵香港，[52] 之後陸續有了更多新鮮牛奶出產，尤其強調是「新鮮並經消毒牛奶」（fresh pasteurized milk），[53] 顯示了擴張開拓的發展動力。

可惜的是，維記牛奶恢復活力不久，卻遇到日軍侵略香港，社會掉進黑暗歲月。日佔時期，沒法逃離的蔡寶綿和陳榮光等繼續經營牛奶業務，惟因資料缺乏，沒法知道業務發展狀況。不過由於所有繼續在港營業的公司必須向日軍政府重新登記，而相關文件又能保留下來，因此可讓人看到維記牛奶公司股權結構的狀況。至於登記文件中採用了中文名字，才知悉 George E. Ahwee 及 Henry W. Ahwee 的中文姓名為陳榮光與陳顯利，而 W. H. Choy 為蔡寶綿。

該文件顯示，日治時期繼續經營的維記牛奶公司，陳氏家族已淪為小股東，蔡寶綿家族才是大股東，蔡寶綿及其兒子蔡永禧（Rudy Choy）各持 800 股，陳榮光和陳顯利兩兄弟則各持有 300 股及 100 股。即是說，在總數 2,000 股的股權中，蔡氏家族持有八成，陳氏家族只佔兩成。[54] 惟不知此一股權結構在此之前是否已經如此，抑或在日治時期重新登記時才有所調整。

日軍投降後，九龍維記牛奶隨即踏上恢復生產之路。香港重光初期，政府為了穩定社會民生，曾推出價格管制，公司有次因違背相關規定遭到檢控和罰款，當時是由陳顯利出面作為營運負責人承擔法律責任，[55] 可見公司大股東雖是蔡寶綿家族，惟飼牛取奶的工作是由具實質經營經驗的陳氏家族負責，而兩家合作似乎相當順利，公司業務回復正軌。不過陳榮光的名字則沒有再出現，據聞他在戰

後已離開香港移居澳洲了。[56]

到了 1959 年陳顯利去世，[57] 由於陳氏家族無人願意接手生意，於是改由蔡永禧主持業務，[58] 但不久後連蔡氏家族成員亦無意參與經營，股權乃先後轉售予李蘭生等不同人士，九龍維記牛奶的控股權再次易手。更換新控股家族不久的 1972 年，受城市發展影響，維記牛奶將牛池灣牛場地皮交回政府，換取在元朗新田設立牛場，並在屯門工業區設置生產廠，「不但地方更見寬敞，現代化設備的改良也自此開始」。[59] 自從牛場和廠房分家後，因發展條件改善以及市場規模壯大，公司取得更大發展。

進入 1980 年代，維記牛奶如不少港商一樣，將生產線北移至閩粵一帶，把牛場遷至廣州，但產品仍維持由屯門工廠生產，並在接着的歲月秉持集中牛奶產品的發展策略，逐步開拓中國大陸市場，取得一定成績。[60] 這種按部就班、做專做強本業的策略，令公司能一直穩步前進。雖然控股權屢易，今日的九龍維記牛奶與陳伯維家族已毫無關係，但陳伯維的故事，仍能隨着以他命名的「維記」，一起經歷不同經濟與社會變遷，隱約地記錄在香港的商業發展史中。

結語

「前人種樹，後人乘涼」，九龍維記牛奶公司之所以保持發展至今，取得豐碩成果，絕對不是如該公司官方網頁所言始於 1940 年，更非「由李蘭生與友人合作成立」。雖說公司能有今日的規模及成就，李氏家族居功不少，但仍不能抹殺最開初由陳伯維於 1902 年奠下的基石。此外，在還原維記的誕生及發展時，可以見證在西學東漸下，巨大的衝擊帶來不同發展機遇，亦折射出歷史洪流中個人或家族的應變和抉擇，以及人算不如天算等際遇——尤其馬場大火令

陳伯維死於非命，因而改寫了家族和企業的發展前路。

以 1902 年創立計算，維記牛奶發展至今已屬超越 120 年的長壽企業。一個有趣且值得思考的問題是：在控股權屢易的過程中，「維記」的名字為何得以保留下來，沒有變更？一個較可能的解釋，相信與名稱不帶家族色彩有關。可以想像，若然公司名稱為「陳記」，當蔡寶綿家族成為大股東時，很大機會會立即改名，以正其名；就算蔡氏可能因與陳氏兄弟有協議而不能改，到控股權落入李蘭生家族手中，為免名不正、言不順，改名亦成了必然的選項。有趣的是，其實陳伯維一直以 Ahwee 為姓，將公司命名為「維記」本來極具家族色彩，但發展下來卻沒人為意，甚至以為不帶家族色彩，令家族的名字在陰錯陽差下保存下來。

注 釋

1　《華字日報》，1919 年 8 月 26 日，第一張三頁。

2　*South China Morning Post (SCMP)*, 25 August, 9–10 September & 22–24 October 1919.

3　〈香港名牌：維記牛奶〉，香港品牌發展局網站，擷取自 https://www.hkbrand.org/tc/gallery/1/brand/32?page=3&activePage–1（瀏覽日期：2023 年 7 月 24 日）。

4　Daniela Ahwee 為陳伯維曾孫女。

5　〈品牌故事：維記牛奶的成長路〉，維記牛奶網站，擷取自 https://www.kowloondairy.com/story/（瀏覽日期：2023 年 7 月 24 日）。

6　*The Chronicle & Directory for China, Japan, & the Philippines, for the Year 1875* (Hongkong: The Daily Press, 1875), 237–238.

7　Cameron, N., *The Milky Way: The History of Dairy Farm* (Hong Kong: The Dairy Farm Company Ltd., 1986), 21–44.

8　陳伯維以自己名字作為子孫姓氏的做法，在早期一些西化家族亦常出現。例如在澳門，憑經營「興記酒店」發跡，且曾充當買辦的梁興記家族，家族後人便以「梁興記」作姓氏，所以子孫的姓名稱為 Anthony Leung Hing Kee、Augustus Leung Hing Kee 及 Mary

Leung Hing Kee 等。香港的何東家族同屬西化買辦家族，部分子孫的英文姓氏改為何東，如何鴻章和何鴻卿（英文寫法分別是 Joseph Hotung 和 Eric Hotung），但部分成員仍維持姓何，如何鴻毅（英文寫法是 Robert H. N. Ho）等。不過，以去中國姓氏色彩而言，無論梁興記或何東，均仍有原來姓氏痕跡，陳伯維則完全不見原來姓氏的蹤影了。

9　Turpin, E. J., *Turpin's Fijian Nautical and Commercial Almanac and Fiji Directory, 1874* (Levuka, Fiji: William Cook, 1874), 30.

10　李譚仁：〈第三批到占美加的華工〉，《占美加華僑年鑑（1957）》（京斯敦：占美加華僑年鑑社，1957），頁 32–33；另見該年鑑英文部分，頁 11–12。

11　這批人除二十多名為四邑人，其他皆為居於東莞、惠陽及寶安的客家人。以性別和年齡劃分，這 680 人中，501 名男性（成人）、105 名女性（成人）、54 名男童、17 名女童（其中 3 名嬰兒）；1 人途中去世，3 名嬰兒在途中出生。引自《占美加華僑年鑑（1957）》，頁 32–33。

12　牙買加於 1509 年被西班牙佔據，成為其殖民地，惟到 1655 年時遭英國佔領，並於 1866 年宣佈成為英國殖民地，然後由非洲輸入奴隸，進行開荒拓殖工作；後來又在中國招聘廉價勞工到那裏進行種植工作。

13　MyHeritage, "Albert Ahwee," accessed 24 July 2023. https://www.myheritage.com/names/albert_ahwee

14　Jamaican Family Search, "Kingston Business Directory, 1891," accessed 24 July 2023. http://www.jamaicanfamilysearch.com/Members/1891bd03.htm

15　李安山：〈生存、適應與融合：牙買加華人社區的形成與發展（1854–1962）〉，《華僑華人歷史研究》，2005 年第 1 期，頁 41。

16　The Chinese Benevolent Association, "Celebrating the 150th Anniversary of the Arrival of the Chinese in Jamaica (1854–2004)," accessed 24 July 2023. https://cbajamaica.com/assets/docs/CBA_Timeline.257142138.pdf

17　但根據牙買加中華會館網頁，會館起初的地址是 Barry Street 113 號，即陳伯維的雜貨店所在，未知兩個地址相同是因為會館曾經搬遷，還是手民之誤。相關內容可參考中華會館網站，擷取自 https://www.cbajamaica.com/new/index.php/about/（瀏覽日期：2023 年 7 月 24 日）。

18　李譚仁：〈第三批到占美加的華工〉，頁 34。

19　"Ahwee," Carl Smith Collection, Hong Kong Public Records Office.

20　"Liu A Yee," Carl Smith Collection, Hong Kong Public Records Office.

21　Despatches, April–June 1907, CO 129/340, 551, The National Archives.

22　Ibid., 554.

23　Ah Man @ Low Mun, 5 May 1911, HKRS143-2-951, Hong Kong Public Records Office.

24　鄭紫燦總編：《香港中華商業交通人名指南錄》（香港：出版社缺，1915），頁 44。

25　此公司在 1927 年改以有限公司模式註冊，但那時的維安祥早已人事全非，不是陳伯維在生時的維安祥，因此略過不表。

26　〈江瑞英父子：深圳著名的僑領家族〉，深圳市檔案館網站，2014 年 6 月 26 日，擷取自 http://www.szdag.gov.cn/dawh/szzg/content/post_99185.html（瀏覽日期：2023 年 7 月 24 日）。

27　張容嘉：〈香港崇正總會與世界客屬想像〉，《全球客家研究》，第 12 期（2019），頁 1-36。

28　"Obituary. Mr. E. Lyen," *SCMP*, 3 April 1922, 7.

29　〈初探香港華人基督教聯會薄扶林道墳場（一）〉，Soldier 的世界網站，2015 年 5 月 20 日，擷取自 https://lausoldier.blogspot.com/2015/05/blog-post_20.html（瀏覽日期：2023 年 7 月 24 日）。

30　MyHeritage, "Esau Lyen," accessed 24 July 2023. https://www.myheritage.com/names/esau_lyen

31　*The Chronicle & Directory for China, Japan, Corea, ... the Philippines, &c. for the Year 1898* (Hongkong: The Daily Press, 1898), 267.

32　早期寫法是「承租」，應與新界土地乃英國向清政府租借之故，但實際上具購入性質，因此該地皮日後應由其兒子陳榮光（George E. Ahwee）繼承。見 Crown Land Roll: Miscellaneous Lots, 1935–1948, HKRS59-4-54, Hong Kong Public Records Office.

33　*SCMP*, 5 April 1905, 25–26 August 1919, 8 February 1939, 30 January 1940, 18 November 1947 & 16 February 1959.

34　*SCMP*, 23 December 1915.

35　*SCMP*, 22 January 1916.

36　*SCMP*, 26 January 1916.

37　Levine, C. O., "Dairying in Southern China," *Hoard's Dairyman* 55 (1918), 273 & 284.

38　相中少年 Hugo Ahwee 是陳伯維曾孫女 Daniela Ahwee 的父親。

39　*SCMP*, 14–15 September 1916.

40　*SCMP*, 19 February 1917.

41　*SCMP*, 9 June 1917.

42　*SCMP*, 27 February & 6–29 March 1918.

43　Lim, P., *Forgotten Souls: A Social History of the Hong Kong Cemetery* (Hong Kong: Hong Kong University Press, 2011), 511; *SCMP*, 28 February 1918.

44　Albert Ahwee @ Chan Pak Wai, 26 June 1917, HKRS144-4-3145, Hong Kong Public Records Office.

45　Ibid.

46　*SCMP*, 26 August & 23 October 1919.

47　*SCMP*, 31 January & 8 February 1939.

48　*SCMP*, 30 January & 1 February 1940.

49　蔡寶綿乃中華煉糖廠（China Sugar Refinery Company，渣甸洋行子公司）買辦蔡立志之子，蔡立志乃祖籍福建的著名商人，與何東家族乃姻親。見 Ho, E. P., *Tracing My Children's Lineage* (Hong Kong: Hong Kong Institute for the Humanities and Social Sciences, The University of Hong Kong, 2010), 298–301。

50　日佔時期 1943 年出版的《電話番號簿》紀錄指九龍維記公司，電話號碼為 57113 號，在牛池灣稅關道。見香港電話局：《電話番號簿》（香港：香港電話局，1943），頁 3。

51　*SCMP*, 24 April 1940.

52　*SCMP*, 30 May 1940.

53　*SCMP*, 2 July 1941.

54　The Kowloon Dairy Limited, 21 March 1940 – 26 September 1944, HKRS122-5-196, Hong Kong Public Records Office.

55　*SCMP*, 18 November 1947.

56　陳伯維諸子女只有小部分留在香港，大部分早已移居世界不同地方；二戰之後則有更多人離去，陳榮光亦應在那時離港，相信定居澳洲，惟未獲確實直接的證明。

57　*SCMP*, 16 February 1959.

58　*SCMP*, 9 November 1968.

59　〈品牌故事：維記牛奶的成長路〉，維記牛奶網站，擷取自 https://www.kowloondairy.com/story/（瀏覽日期：2023 年 7 月 24 日）。

60　同上。

也道山青：火紅織染百業興

責任編輯：白靜薇
版式設計：Sands Design Workshop
封面設計：簡雋盈
排　　版：陳美連
印　　務：劉漢舉

主編　鄭宏泰　周文港

助編　李明珠

出版　中華書局（香港）有限公司
　　　香港北角英皇道 499 號北角工業大廈 1 樓 B
　　　電話：（852）2137 2338　傳真：（852）2713 8202
　　　電子郵件：info@chunghwabook.com.hk
　　　網址：http://www.chunghwabook.com.hk

發行　香港聯合書刊物流有限公司
　　　香港新界荃灣德士古道 220 至 248 號
　　　荃灣工業中心 16 樓
　　　電話：（852）2150 2100　傳真：（852）2407 3062
　　　電子郵件：info@suplogistics.com.hk

印刷　美雅印刷製本有限公司
　　　香港觀塘榮業街 6 號海濱工業大廈 4 樓 A 室

版次　2024 年 7 月初版
　　　© 2024 中華書局（香港）有限公司

規格　16 開（230mm×170mm）

ISBN　978-988-8862-09-2